BAEDEKER SMART

Sizilien

erlag Karl Baedeker – www.baedeker.com

Wie funktioniert der Reiseführer?

Wir präsentieren Ihnen Siziliens Sehenswürdigkeiten in fünf Kapiteln. Jedem Kapitel ist eine spezielle Farbe zugeordnet.
Um Ihnen die Reiseplanung zu erleichtern, haben wir alle wichtigen Sehenswürdigkeiten jedes Kapitels in drei Rubriken gegliedert: Einzigartige Sehenswürdigkeiten sind in der Liste der »TOP 10« zusammengefasst und zusätzlich mit zwei Baedeker-Sternen gekennzeichnet. Ebenfalls bedeutend, wenngleich nicht einzigartig, sind die Sehenswürdigkeiten der Rubrik »Nicht verpassen!«. Eine Auswahl weiterer interessanter Ziele birgt die Rubrik »Nach Lust und Laune!«.

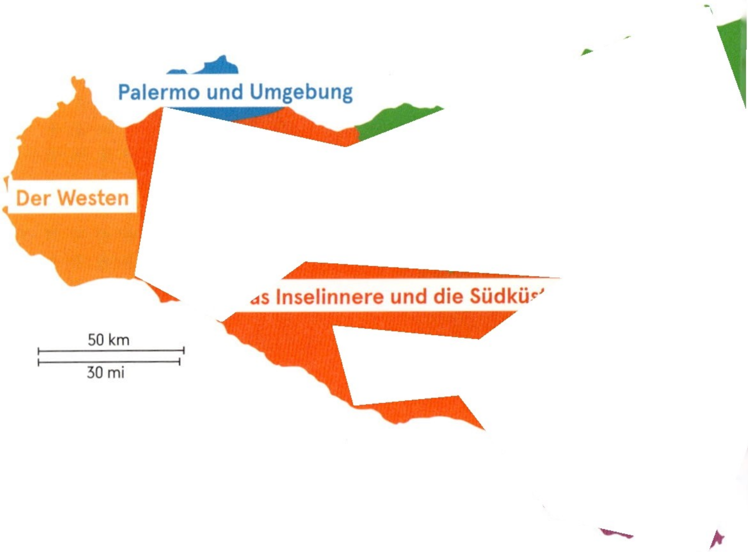

Das Magazin

Palermo und Umgebung

Der Ätna und der Nordosten

Der Südosten

Das Inselinnere und die Südküste

Der Westen

Touren & Ausflüge

Praktische Informationen

Anhang

Magische Momente

Kommen Sie zur rechten Zeit an den richtigen Ort
und erleben Sie Unvergessliches.

Blick auf den Ätna, an dessen Hängen sich bis hinunter ans Meer Catania, die zweitgrößte Stadt Siziliens, erstreckt.

Siziliens Seele ergründen Sie am besten auf den Piazzas der Insel, die sich vor allem im Sommer in eine riesige Freiluft-Bar verwandeln.

1

2

3

4

5

6

7

8

ISTITUTO
CARDINALE GUARINO
9

★★ Baedeker Topziele

Unsere TOP 10 helfen Ihnen, von der absoluten Nummer eins bis zur Nummer zehn, die wichtigsten Reiseziele einzuplanen.

❶ ★★ Monreale
Überwältigend ist die Pracht der überaus kostbaren Mosaiken im Dom von Monreale – eine mittelalterliche Bilderbibel aus bunten Glas- und Goldplättchen (S. 46)!

❷ ★★ Etna
Das schneebedeckte Wahrzeichen der Feuerinsel ist der höchste Vulkan Europas. Er lockt zu Wanderungen oder kräftesparender Erkundung per Seilbahn und Jeep (S. 78).

❸ ★★ Agrigento
Griechische Heiligtümer aus honiggelb leuchtendem Tuff thronen hoch über dem glitzernden Wasser der Straße von Sizilien (S. 134).

❹ ★★ Noto
Kunst nach der Katastrophe: Nach dem verheerenden Erdbeben von 1693 finanzierte der Adel eine Planstadt mit Kirchen und Palästen, die zu den prächtigsten Beispielen barocker Urbanistik zählt (S. 106).

❺ ★★ Taormina
Das Ionische Meer und der Gipfel des Ätna bilden die Kulisse für die Ruine des antiken Teatro Greco von Taormina – ein atemberaubender Anblick in Siziliens mondänstem Badeort (S. 83).

❻ ★★ Siracusa
Ein archäologisches Museum von Weltrang, ein herrlicher Dom, frühchristliche Katakomben und eine geheimnisvolle Riesengrotte machen Syrakus zu einem Topziel einer Sizilienreise (S. 109).

❼ ★★ Villa Romana del Casale
Der Besitzer des spätrömischen Landguts ließ die Böden seiner Villa mit Mosaiken pflastern, die u. a. die berühmten Bikinimädchen von Piazza Armerina zeigen. (S. 139)

❽ ★★ Selinunte & Marinella
Eine außergewöhnliche Kombination: Unweit der großartigen Tempel von Selinunt liegt das Fischerdorf Marinella, einer der charmantesten Urlaubsorte der Südküste (S. 164).

❾ ★★ Cattedrale di Palermo
In kolossalen Sarkophagen aus Porphyr ruhen die Könige Siziliens, u. a. der Stauferkaiser Friedrich II., das »Staunen der Welt« (S. 52).

❿ ★★ Cefalù
Der normannische Dom vor der Kulisse des Burgbergs überragt mit minarettartigen Türmen den malerischen Badeort (S. 86).

Ein Gefühl für Sizilien bekommen …

Erleben, was die Insel ausmacht, ihr einzigartiges Flair spüren. So, wie die Sizilianer selbst.

Eis zum Frühstück

Wer Sizilianer schockieren will, muss lediglich Joghurt, Müsli oder gar Prosciutto, Mortadella und Käse zum Cappuccino-Frühstück verzehren. Für Einheimische gilt: Ein schwarzer Espresso und ein Cornetto (Croissant) – oft in der Bar nebenan – genügen vollkommen. Außer im Hochsommer, wenn die Temperatur schon am Vormittag an der 30-°C-Grenze kratzt. Dann setzen die Insulaner ihre dunklen Designer-Sonnenbrillen auf und löffeln schon frühmorgens Granita, ein sorbetähnliches Wassereis mit Mandel-, Maulbeeren- oder Limonengeschmack, in das sie eine Brioche (Milchbrötchen) tunken. Erfrischend!

So viel Zeit muss sein!

Wer als Beamter oder Angestellter nicht demonstrativ während der Arbeitszeit einen Espresso auf der Piazza trinken und ein Schwätzchen halten kann, verliert das Gesicht. Machen Sie es also den Sizilianern auf Ihrer Reise nach und hetzen Sie nicht von Sehenswürdigkeit zu Sehenswürdigkeit, sondern lassen Sie sich von der sizilianischen Siesta inspirieren. Denn wie so oft gilt: Weniger ist mehr!

Eine Sprache ohne Worte

Die Sizilianer sind Meister der Körpersprache. Um die unterschiedlichen Fremdherrscher im Lauf der Jahrhunderte auszutricksen, haben sie einst ein ganzes Sammelsurium an geheimen Zeichen entwickelt. Bohrt ein Gesprächspartner den Zeigefinger in den Mundwinkel, so hat es ihm geschmeckt, nickt er kurz, so bedeutet das ein schroffes Nein. Versuchen Sie ruhig, sich ein bisschen was abzuschauen. Aber fragen Sie im Zweifelsfall besser nach, um Ihr Gegenüber nicht mit falsch verwendeten Gesten zu provozieren.

Zu Gast bei Mamma

Merke: Nur in Touristenorten oder teuren Restaurants gibt's Speise-

Typisch sizilianisch: Das Frühstück besteht oft aus einer Granita und einer Brioche.

Religiöser Höhepunkt für alle Sizilianer ist die Karwoche. Besonders inbrünstig werden die Osterprozessionen in Trapani gefeiert.

So viel Zeit muss sein: schnell die Vespa parken und leidenschaftlich über dies oder das diskutieren!

karten mit Preisangaben – überall sonst verrät der »cameriere«, was die »Mamma« heute kocht, oder er präsentiert den Gästen stolz den Fischfang des Tages zum Auswählen. Solche authentischen sizilianischen Mittagessen können schon mal vier Stunden dauern und schließen mit einem Glas Averna und einer fairen Rechnung.

Frommes Sizilien

Scheppernde und schleppende klagende Musik, tränenreiche Statuen der Schmerzensreichen Muttergottes, Kinder, die als Nonnen und Mönche verkleidet tapfer bei Nachtprozessionen teilnehmen: Auf der Insel ist der Glaube ein öffentliches Ereignis. Ostern wird mit südeuropäischem Prunk gefeiert, die unzähligen Kathedralen, Kirchlein und Kapellen erhellt das ganze Jahr über ein Lichtermeer aus Votivkerzen, und Heilige wie Rosalia, Agathe oder Alfio werden angefleht, bei Fußballspielen, Krankheiten oder Razzien zu helfen.

Auf der Vespa durchs »Centro storico«

Dieser Spaß hat ganz pragmatische Vorteile, spart man sich doch die mühselige Parkplatzsuche mit dem Auto. Vor allem aber spürt man den Rhythmus des »traffico siciliano«. Und zwar, ohne um Leib und Leben fürchten zu müssen. Denn die Sizilianer sind flinke wie rücksichtsvolle Autofahrer, die zwar selten rote Ampeln, dafür aber Fußgänger und langsamere Verkehrsteilnehmer respektieren. Übrigens: Das Fahrrad ist eher für Überlandtouren angesagt. Radwege sind in Palermo, Catania oder Messina erst im Entstehen.

Üppige Vegetation

Zitronenhaine, Oleanderbüsche, gelb blühende Wolfsmilch oder Feigenkakteen – die Insel der Fruchtbarkeitsgöttin Demeter ist mit einer unglaublich vielfältigen und üppigen Vegetation gesegnet. Streifen Sie über Märkte, um die aromatischen Früchte und Gemüsesorten des führenden Bio-Anbaugebiets Italiens zu kosten und tauchen Sie bei Wanderungen durch mannshohe Macchia oder mediterrane Blütenteppiche in die faszinierende Natur der Insel ein.

Nein zur Mafia!

In den 1990er-Jahren erwachte Palermos Zivilgesellschaft zu neuem Leben. Viele Palermitani waren es leid, sich dem Terror der Mafia zu unterwerfen. Sichtbares Symbol wurde das Logo der Antipizzo-Kampagne, ein orangefarbener Kreis mit Kreuz in der Mitte. Es kennzeichnet Geschäfte, die die Zahlung von Schutzgeldern (»pizzo«) an die Mafia verweigern: Restaurants und Bars, Parfümerien und Boutiquen. Setzen Sie also beim Shoppen ein Zeichen und unterstützen Sie die mutigen Unternehmer, die der Cosa Nostra die Stirn bieten (S. 26)!

Wer La Rocca, den Felsen oberhalb von Cefalù, erklommen hat, wird den schweißtreibenden Aufstieg schnell vergessen haben.

Das Magazin

Geologie- und Archäologie-begeisterte, Gourmets und Naturliebhaber kommen auf der Mittelmeerinsel gleichermaßen auf ihre Kosten.

Seite 12–35

Insel des Feuers

Sizilien ist nicht nur die größte Insel des Mittelmeers, sondern – dank des schwelenden Ätna, der lavareichen Boden liefert – auch eine der fruchtbarsten. Der Ätna hält als größter und aktivster Vulkan Europas den Weltrekord für Eruptionen. Da ist es nur wenig verwunderlich, dass die Sizilianer schon seit vielen Generationen Ehrfurcht und Respekt vor dem feuerspeienden Monstrum haben.

Nachweislich geologisch aktiv ist der Berg seit rund 6000 Jahren, das erste historisch überlieferte Rumoren geht auf die Zeit um 1500 v. Chr. zurück, als die Ureinwohner Siziliens, die Sikuler, den Feuergott Adranos unter dem Vulkan verehrten. In späterer Zeit wurde Adranos mit dem griechischen Gott Hephaistos gleichgesetzt, von dem es hieß, er habe den Berg zu seiner Schmiede gemacht. Seitdem führte Hephaistos' Spiel mit dem Feuer zu einer endlosen Reihe von kleineren und größeren Eruptionen.

Schwer aktiv

Die gewaltigste fand am 11. März 1669 statt, als Lavaflüsse ganze Dörfer am Fuß des Berges zerstörten und einen Teil der Stadt Catania verschlangen. Über 20 000

Der Ätna auf einen Blick

- Die Höhe des Ätna variiert je nach Kraterbildungen und -kollapsen zwischen 3330 und 3350 m.
- An seinen unteren Hängen wachsen zahlreiche endemische Arten wie der Ätnaginster, das Ätnaveilchen und das Ätnabesenkraut.
- Die fruchtbare Vulkanasche macht den Berg ideal zur Anpflanzung von Olivenhainen, Nussplantagen und köstlichen Weinen.

Die Krater des Ätna bilden eine ausgedehnte, oft wolkenverhangene »Mondlandschaft«.

Menschen kamen ums Leben. 1971 begrub Lava das Ätna-Observatorium aus dem 19. Jh., zerstörte die erste Seilbahn auf den Berg und wurde zu einer ernsthaften Bedrohung für mehrere kleine Dörfer an der Ostflanke. In den Jahren 2001 und 2002/2003 zeigten weitere große Eruptionen, dass der Ätna auch im 3. Jt. n. Chr. immer noch äußerst aktiv ist; manche von ihnen waren gar aus dem Weltall sichtbar.

Die Landschaft des Berges ist unbeständig und ändert sich mit jedem Spucken, Aufstoßen und Schluckauf aus seinen vielen Mündern. Der neueste Krater, Bocca Nuova (neuer Mund) genannt, entstand im November 2006, als Lavakaskaden den Berg einhüllten. Im Dezember 2015 kam es nach vier Wochen mit relativ moderaten Entladungen zu massiven Eruptionen mit über 1000 m hohen Lavafontänen. Darauf folgte der zweitägige Erguss eines Lavastromes in das Tal Valle de Bove an der Südostflanke.

Gipfelsturm? Besser nicht!

Wegen der Unbeständigkeit des Ätna ist es kaum möglich (und ohne Bergführer sehr gefährlich), zum Gipfel aufzusteigen. Die meisten Besucher begnügen sich damit, Lavafelder und erloschene Nebenkrater zu erkunden oder den Feuerberg aus der Ferne zu beobachten.

Das gleiche gilt für diejenigen, die einen Ausflug zu der anderen großen Pyrotechnik-Show auf der Äolischen Insel Stromboli machen – kaum mehr als eine Vulkanspitze, die aus dem Wasser ragt. Ihre Kaskaden aus Lava und Gesteinsbrocken lassen sich am besten bei Nacht von einem sicheren Boot aus beobachten.

Der Schmelztiegel

Bei Ihrer Reise durch Sizilien werden Ihnen die teilweise bizarren ethnischen, kulturellen und historischen Paradoxa auffallen. Ein Blick in die Geschichte der Insel, einen der frühesten Schmelztiegel der Welt, hilft bei deren Erklärung.

Bei einer Erkundung der Insel entdecken Sie schnell Zeugnisse für eine Vermischung der Kulturen, etwa die Koexistenz architektonischer Überreste antiker griechischer Tempel, byzantinischer Mosaike und Kathedralen, die eher für Nordfrankreich typisch sind – und die Abwesenheit von Renaissancegebäuden. Sie spiegelt sich wider in der Küche der Insel, in der Sesambrot und Artischocken, orientalisches Marzipan und Zuckerzeug zu Hause sind. Und sie löst das Mysterium, warum Sizilianer mitunter blaue Augen und rote Haaren haben und so gar nicht wie Südländer aussehen.

Antike Weltmächte vereint

Sizilien stieg im 8. Jh. v. Chr. mit der Kolonisierung durch die Griechen auf ihrer Suche nach neuem Land und Handelsrouten aus dem Nebel der Geschichte auf. Es entstand

Nordafrikanische Künstler schufen die Mosaiken der Villa Romana del Casale (S. 139).

Das arabische Erbe

Die Araber hatten schon ab ca. 700 ein Auge auf Sizilien geworfen, aber eine erfolgreiche Invasion erfolgte erst 827; bis 965 eroberten sie die ganze Insel. In arabischer Zeit stieg Palermo zur glänzenden und kosmopolitischen Hauptstadt Siziliens auf. Der Ort, an dem die Araber ihr dauerhaftestes Erbe hinterließen, ist allerdings die Landwirtschaft: Sie besiedelten das Land neu, erweiterten das Bewässerungssystem, führten neue Kulturpflanzen wie Baumwolle, Zuckerrohr, Dattelpalmen und Zitrusbäume ein. Sie brachten neue Ideen in Wissenschaft und Philosophie mit und dank ihrer religiösen Toleranz wurde Sizilien zu einem Zentrum der Wissenschaft. Bis heute erinnern Ortsnamen an diese Zeit – alle mit dem Präfix »calta« (Burg) sind ein Überbleibsel ihrer Herrschaft.

eine blühende Kultur mit Kolonien in Catania, Syrakus, Agrigent und Selinunt. Prächtige Tempel und Städte wurden gebaut, die mit denen der Phönizier im Westen der Insel wetteiferten. Im 3. Jh. v. Chr. gelangte die Insel dann aber ins Blickfeld einer aufsteigenden Macht. Die Römer, die Sizilien fortan als Kornkammer ihres Reiches betrachteten, gründeten 241 v. Chr. hier ihre erste Provinz überhaupt. Im Lauf der nächsten 600 Jahre absorbierten und verdrängten sie frühere Kulturen, »romanisierten« die Insel und mussten erst im 5. Jh. n. Chr. einfallenden Goten und Vandalen weichen.

Die goldenen Jahre

Deren Herrschaft war nur von kurzer Dauer. Es folgten die Byzantiner aus Konstantinopel, die für rund 300 Jahre blieben – bis zur Ankunft der Araber in der ersten Hälfte des 9. Jahrhunderts. Sie erweckten die Insel wieder zum Leben und machten sie so zu einem verlockenden Ziel für die Normannen, die im 11. Jh. als Söldner lokaler Herrscher nach Süditalien gelangt waren. Seit 1061 griffen sie nach Sizilien über, wo schließlich Roger II. zum König gekrönt wurde. Die Normannen beherrschten Sizilien nur für wenig mehr als ein Jahrhundert, hinterließen aber unauslöschliche Spuren in Verwaltung, Justiz, religiöser Toleranz und Kunst.

Der lange Weg nach Italien

Noch kürzer war das staufische Intermezzo, das Sizilien unter Friedrich II. in der ersten Hälfte des

13. Jhs. nochmals stabile Verhältnisse bescherte. In der Folgezeit wurde Sizilien zum Spielball von Mittelmeermächten, die die Insel abwechselnd besetzten und herunterwirtschafteten. Ab Ende des 14. Jhs. blieb Sizilien 400 Jahre lang in spanischer Hand. Eine Provinz, vernachlässigt, geplündert und von den Fortschritten der Renaissance abgeschnitten.

Erst im 19. Jh. schienen die Zeiten für die teilweise verarmte Insel etwas besser zu werden, 1860 wurde Sizilien Teil des neu vereinten Italiens: Die Piemontesen hatten mit Unterstützung der Franzosen nach und nach Teile Norditaliens u. a. den Habsburgern entrissen. Um den »Risorgimento« (»Wiedererstehung«) weiter anzufachen, schürte Giuseppe Garibaldi Unruhen in Süditalien. Begleitet von einer bunt gemischten Truppe aus ca. 1000 Mann, revolutionär gekleidet in roten Hemden, landete er im Mai in Marsala. Er besiegte die regierenden Bourbonen und marschierte triumphierend Richtung Palermo. Tausende Sizilianer schlossen sich ihm an, während er sich seinen Weg über die Insel erkämpfte, im Juli Messina eroberte, dann die Meerenge über-

Einige Daten aus Siziliens Geschichte

9. Jh. v. Chr.: Phöniker (Phönizier) gründen in Westsizilien erste Handelsniederlassung.
735 v. Chr.: Erste griechische Siedler an der Ostküste
397 v. Chr.: Sieg der Griechen unter Hieron über die phönizischen Karthager
241 v. Chr.: Sizilien wird römische Provinz.
5. Jh. n. Chr.: Goten und Vandalen auf Sizilien
535: Beginn der byzantinischen Herrschaft
827: Muslimische Invasion und neues goldenes Zeitalter
1061–1091: Normannen erobern die Insel.
1130: Krönung Rogers II.
1198–1250: Regentschaft des Staufers Friedrich II.
1282–1285: Peter III. von Aragon regiert über Sizilien.
1291–1712: Systematische Ausbeutung der Insel unter spanischer Herrschaft
1860: »Zug der Tausend« unter Giuseppe Garibaldi; Sizilien wird Teil des vereinten Italiens
1866–1890: Aufkommen der Mafia
1890–1920: Ein Viertel der Bevölkerung wandert aus, überwiegend in die USA.

Ein Held seiner Zeit – König Roger II.

Der größte sizilianisch-normannische Herrscher, Roger II. (1095–1154), verwandelte Sizilien von einem arabischen Außenposten in ein christliches Königreich. Nach dem Tod seines Bruders 1105 Graf von Sizilien, regierte er die Insel ab 1113. Seit 1130 König von Sizilien, herrschte er schließlich über die Insel selbst und das gesamte süditalienische Festland. Er führte eine starke Zentralregierung ein, etablierte Sizilien als führende Seemacht des Mittelmeers und machte die Hauptstadt Palermo zu einer der prächtigsten Städte Europas. Es war ein goldenes Zeitalter mit einer blühenden Koexistenz aus Arabern, Byzantinern und Normannen; deren Erbe sind die wunderbaren Kirchen und Paläste.

querte und schließlich die Bourbonen für immer vertrieb.

Der Enthusiasmus war allerdings nicht von Dauer, da die anhaltenden Probleme bei Landreform und Investitionen ignoriert wurden. Und so war die Zeit reif für das Aufkommen der Mafia (S. 26). Zudem verließen Hunderttausende Sizilianer die Insel, besonders Richtung Amerika. Nichtsdestotrotz ist Sizilien, dessen Schicksal seit dem Risorgimento an das Italiens geknüpft ist, heute ein integrativer Teil des italienischen Staates, der gleichwohl immer noch wirtschaftlich dem Norden der Nation hinterherhinkt.

Während die Griechen in den Tempeln von Agrigent die Götter des Olymps verehrten, errichteten die Normannen christliche Kathedralen (im Bild der Dom von Monreale).

Die Kunst des Barocks

Überschwängliche und kunstvolle Barockarchitektur ist in ganz Europa vertreten, aber nirgendwo kann man sie besser unverfälscht erleben als auf Sizilien, wo ganze Stadtzentren eine prachtvolle Parade aus Design, Ausgelassenheit und Zurschaustellung bilden.

Entstanden in Rom Ende des 16. Jhs., erreichte der Barockstil Sizilien in seiner vollen Blüte rund 100 Jahre später, wo er in etwas Einzigartiges verwandelt wurde: eine Vermengung aus Stadtplanung, Architektur und Ornamenten, gespickt mit einem speziellen sizilianischen Zauber.

Wie Phönix aus der Asche

Der sizilianische Barock hatte seinen Ursprung in einer verheerenden Katastrophe. 1693 wurde der Südosten der Insel von einem Erdbeben erschüttert, das Catania, Noto, Ragusa und Modica mehr oder weniger dem Erdboden gleichmachte. Mit dem Geld der Aristokratie bauten Barockarchitekten daraufhin komplett neue Städte, in denen die Betonung auf dem Ganzen lag und das gesamte Stadtbild ein wesentlicher Teil der Vision war: Perspektiven, breite Straßen und visuelle Effekte sind die Wahrzeichen barocker Städte, verzierte Fassaden von Kirchen, Palazzi und Villen spiegeln Reichtum und Status ihrer Eigentümer wider. Überschwängliches Dekor ist ein weiteres Merkmal. Das Exterieur prunkt mit sinnlich gewundenen Treppen, graziösen Balkonen, kunstvollen Ornamenten, Obst- und Blumengirlanden und wild gestikulierenden Heiligen, während das Interieur mit einer Fülle an Stuckverzierungen und prachtvollen mehrfarbigen Marmorintarsien aufwartet. All das ist auch heute noch präsent, teilweise bröckelnd, aber nach wie vor die Kulisse des Alltags.

Die schönsten Barockstädte

Noto (S. 106), das Musterbeispiel einer Barockstadt, wurde ab 1693 komplett neu erbaut. Für einen großen Teil des neuen Stadtbilds verantwortlich war der Architekt Rosario Gagliardi (1698–1762);

raffinierte Fassaden mit einer Kombination aus Grandezza, Extravaganz und Rhythmus sind seine Wahrzeichen.

Zweierlei Wege beschritt man in Ragusa (S. 114): Während die von Grund auf neu errichtete Oberstadt von Ragusa einen perfekten barocken Straßenplan aufweist, kombiniert die Unterstadt Ragusa Ibla den mittelalterlichen Grundriss aus der Zeit vor dem Erdbeben mit überschwänglicher Architektur.

Einzigartig ist auch die Stadtanlage von Grammichele mit seinem perfekten sechseckigen Platz (S. 120) im Zentrum; auch dieser Ort entstand nach 1693.

Die breiten Straßen von Catania (S. 118) lenken den Blick auf den Ätna; die bühnenartigen Piazzas und beeindruckenden Fassaden, vielerorts ein Werk von Giovanni Battista Vaccarini (1702–1768) sind Charakteristika des Barocks. Und auch in Palermo (S. 52) sind die Fassaden – allen voran die der Quattro Canti – und das Interieur einzelner Plätze und Kirchen Paradebeispiele für den überschwänglichen Baustil.

Sizilianischer Barock: Domplatz in Syrakus (oben links), San Giorgio in Ragusa (oben rechts), Detail in San Giogio in Modica (unten links), Balkon am Palazzo Villadorata in Noto (unten rechts)

So einfach, so gut: Pasta alla Norma mit Auberginen, Tomaten, Basilikum und gesalzenem, frischem Ricotta.

La cucina siciliana

Saisonal, lokal und frisch – schon für das Essen alleine lohnt sich eine Reise nach Sizilien. Intensive Aromen und Ausgewogenheit sind die Grundlagen, während die Geschichte der Insel einzigartige Kombinationen hervorgebracht hat. Griechen, Römer, Araber, Normannen und Spanier haben bei Zutaten wie Rezepten ihre Spuren hinterlassen.

Es ist das arabische Erbe, das sizilianisches Essen so anders macht. Zur Geltung kommt es in den Zusammenstellungen der Gerichte, der Liebe zu Auberginen, Zitrusfrüchten, Couscous und Mandeln, den subtilen Gewürzen wie Safran, der Schärfe der Peperoncini, den aufwendigen »pasticcini« (Backwaren) und den Süßspeisen.

Kosten Sie die Pasta con le Sarde, Nudeln mit einer Soße aus Sardinen, Anchovis, wildem Fenchel, Pinienkernen, Rosinen und Safran, oder eines der Fisch- und Couscousgerichte im Westen der Insel. Oder entscheiden Sie sich für eine Caponata, ein süßsaures Gemüsegericht mit Auberginen und Tomaten, oder Sarde a Beccafico, Sardinen mit Pinienkernen und Korinthen. Sizilien hat sogar sein eigenes Fast Food, z. B. die Arancini, arabisch inspirierte, frittierte und gefüllte Reisbällchen.

Pasta und Fisch

Nudeln gibt es in Sizilien bereits seit den Arabern und Sie werden sie wahrscheinlich täglich essen – mit Fisch und Meeresfrüchten, Gemüse, Kräutern, Nüssen oder Semmelbröseln. Probieren Sie Spaghetti alle Vongole, Pasta mit winzigen Venusmuscheln und einem Hauch Chili. Oder Pasta alla Norma, ein Gericht, das von Bellinis Opernheldin inspiriert worden sein soll. Oder Timballo, eine aufwendige, herzhafte Pastete. Und genießen Sie die Gerichte wie die Einheimischen – ganz einfach mit Brot.

Fisch und Meeresfrüchte beherrschen die Speisekarten – Muscheln, Fritto misto (gemischter frittierter Fisch), »orata« (Brasse), »sogliola« (Seezunge) und die kleine, aber köstliche Sardine erhalten Sie praktisch überall. Hinzu kommen »tonno« (Thunfisch) und der leckere »pesce spada« (Schwertfisch), der meist gegrillt und mit Zitrone und Olivenöl serviert wird.

Ein Löffelchen voll Zucker

Die sizilianische Kochkunst zeigt sich in »dolci« (Süßspeisen und Desserts), die in »pasticcerie« (Konditoreien) angeboten werden. Am bekanntesten sind die Cannoli, frittierte Teigröllchen, gefüllt mit süßem Ricotta, kandierten Früchten und Schokolade, und die Cassata, ein weiteres arabisches Erbe mit Ricotta, Biskuitkuchen, kandierten Früchten und Mandelpaste – beides sündhaft süß. Auch Mandeln sind allgegenwärtig: etwa in den Frutte alla Martorana, unglaublich echt aussehenden Marzipanfrüchten und -gemüsesorten, die ursprünglich die Nonnen des gleichnamigen Klosters in Palermo hergestellt haben. Erfrischender sind die wunderbaren »gelati« (Eiscremes) und sorbetähnlichen »granite« frischen Zutaten, die in nahezu jeder denkbaren Geschmacksrichtung im Angebot sind.

Lohnende Tropfen

Die lokalen Weine sind oft sehr schmackhaft; wenn Sie aber etwas Besonderes möchten, bieten sich folgende Tropfen an.

Grillo: weiße Marsala-Rebe, auch trocken ausgebaut
Corvo: trockene, fruchtige Weiß- und massive Rotweine
Alcamo: ein feiner trockener Weißwein, der gut zu Fisch passt
Etna: Rot- und Weißweine aus Trauben von den Vulkanhängen
Cerasuolo: Rotwein aus Vittoria
Marsala: Süßweine aus Marsala
Moscato: Dessertwein aus Pantelleria
Vino alla mandorla: Mandelwein aus Taormina

Der sizilianische Weg des Todes

Vielleicht ist es das fast greifbare Gespür für die Vergänglichkeit. Vielleicht ist es die inbrünstige religiöse Überzeugung oder ein Vermächtnis der klassischen Geschichte. Eines aber ist sicher: Der Tod und die damit verbundenen Riten und Bräuche sind in Sizilien stärker verankert als überall sonst in Italien.

An Allerseelen (2. November) besuchen die Sizilianer ihre Familiengräber und zünden Kerzen an.

Bei einem Spaziergang durch die Straßen jeder beliebigen Stadt Siziliens werden Sie schwarz umrandete Tafeln mit Todesanzeigen sehen, manchmal mit einem Foto, immer mit Namen und Daten. Sie geben den Tod eines Bewohners mit Details zur Beerdigung bekannt, die wenige Tage später stattfindet. Während dieser Zeit hält die Familie eine Totenwache ab. Ist jemand nicht zu Hause gestorben, wird er zurück in seine Wohnung gebracht und in einem offenen Sarg aufgebahrt.

Unser Weg

Die Vordertür des Hauses wird Tag und Nacht offen gelassen, sodass die Menschen dem Verstorbenen die letzte Ehre erweisen und mit der trauernden Familie zusammensitzen können. Freunde, Familie und Bekannte sprechen über den Verstorbenen, ihre Gefühle, ihre Trauer. Einige Familien lassen ein Fenster offen, damit die Seele leicht entfliehen kann – und niemand käme auf die Idee, dies für ein Verbrechen auszunutzen. Der Tod als großer Gleichmacher ist dafür zu heilig. Enge Freunde der Familien bringen »il conzu«, typische Gerichte der Insel, und versorgen die Trauernden so mit Essen.

Die Riten des Todes …

Zur Totenmesse bei der Beerdigung sind die Kirchen voll und eines der unzähligen Blumengestecke wird außen neben der Kirchentür platziert, um die Passanten zu informieren. Dann wird der Sarg geschlossen und nach dem Gottesdienst macht sich die Prozession auf den Weg zum Friedhof. Die Menschen bekreuzigen sich, während der Trauerzug vorbeizieht, am Grab selbst wird der Leichnam unter weiteren Gebeten der Erde übergeben. Wie auch anderswo in Italien bleiben die Körper auf Sizilien nicht für immer unter der Erde, sondern werden nach einigen Monaten in Nischen in der Friedhofsmauer beigesetzt, die bei Nacht von einer flackernden Lampe beleuchtet werden … und die Hinterbliebenen bekommen eine jährliche Rechnung für die Stromkosten.

Nach dem Tod eines nahen Verwandten tragen die Angehörigen auf Sizilien bis zu einem Jahr lang schwarze Kleidung, eine Witwe manchmal den Rest ihres Lebens. Bis in die 1970er-Jahre war es gar üblich, dass Frauen in der Regel ab ihrem 30. Lebensjahr generell die Farbe der Trauer trugen, da die älteren Verwandten der Großfamilie nach und nach verstarben.

… und der Geburt

Die Geburt ist genau wie der Tod ein öffentliches Ereignis. Halten Sie die Augen offen nach Schleifenbändern an den Eingangstüren, Balkongeländern und Fenstern. In Pink oder Blau verkünden sie stolz die Niederkunft eines süßen kleinen Jungen (»un bel maschio«) oder Mädchens (»una bellissima femmina«).

Nicht nur Witwen tragen auf Sizilien häufig Schwarz.

Unsere Sache

Bis heute plagt die schöne Insel Sizilien der Einfluss des organisierten Verbrechens. Obwohl Touristen die weitreichenden Effekte der Mafia kaum bemerken werden, ist »la cosa nostra« (unsere Sache) für die Sizilianer Teil ihres Lebens.

Vergessen Sie die Verherrlichungen aus Film und Literatur! Die Realität einer der langlebigsten kriminellen Organisationen der Welt besteht aus politischer Korruption, Bestechung, Diebstahl und Mord.

Sie brauchen einen Job? Dann müssen Sie die richtigen Leute kennen, um eine entsprechende »raccomandazione« (Empfehlung) zu erhalten. Sie haben ein Geschäft? Zahlen Sie Ihren »pizzo« (Schutzgeld) oder riskieren Sie die Konsequenzen. Sie wollen einen Vertrag abschließen? Alles hat seinen Preis und den bestimmt die Mafia. Sie kontrolliert die Wirtschaft und die Besetzung öffentlicher Ämter. Sie leitet Gelder für die Entwicklung Siziliens um, ernennt Politiker, wäscht Geld und tötet Richter.

Doch mutige Geschäftsleute, Studenten und linksliberale Politiker begannen in den 1990er-Jahren zu rebellieren. Die Addiopizzo-Bewegung (S. 200) etwa verweigert Schutzgeldzahlungen, klärt in über 150 Schulen auf und unterstützt mafiafreie Trattorien und Läden.

Vergangenheit und Gegenwart

Der Begriff »Mafia« leitet sich wohl vom arabischen Wort »mu'afah« ab, das frei übersetzt Sicherheit und Schutz bedeutet. Einige Experten glauben, dass die Ursprünge der Organisation bis ins 12. Jh. zurückreichen. Andere bringen sie mit dem Aufkommen der »gabelloti« in Verbindung, Mieteintreiber oder Mediatoren zwischen feudalen Landbesitzern und dem Landvolk, die sich zu einer separaten Klasse mit eigenem Ehrenkodex entwickelten. Zusammen mit weiteren Vertretern – den »amici« (Freunden) und »uomini d'onore« (Ehrenmännern) – bildeten sie im 20. Jh. die heutige Mafia. Mussolini war ihr Feind und hätte sie ausgerottet, hätten die Alliierten nicht das Wissen der Mafia zur Invasion Italiens 1943 benötigt. Nach Ende des Zweiten Weltkriegs verlagerte die Mafia ihre Aktivität in die Städte – das Bau- und Bankwesen und Drogen waren die neuen Geschäftsfelder.

Die italienische Regierung reagierte mit der Einrichtung einer Anti-Mafia-Kommission, die einen seit 1963 bis heute andauernden Mafia-Terror provozierte. Im Fadenkreuz sind Journalisten, Anwälte, Richter, Priester und Politiker. Die Ermordung von Polizeichef Dalla Chiesa (1982), der wegen Korruption in hohen Politikerkreisen ermittelte, führte zu den »maxiprocessi« (Mammutprozessen), in denen zahlreiche »pentiti« (Kronzeugen) aussagten. Doch das Blutvergießen ging auch während der Prozesse weiter und gipfelte 1992 in der Ermordung der Richter Giovanni Falcone und Paolo Borsellino. Die Empörung der Öffentlichkeit führte zur Verhaftung von Salvatore Riina, dem »capo dei capi« (Boss der Bosse); seitdem haben sich Verhaftungen und Ermordungen unverändert fortgesetzt. Im März 2010 verhaftete eine Anti-Mafia-Einheit u. a. Salvatore Messina Denaro, Bruder des großen Mafiabosses Matteo Messina Denaro. Dieser ist nach dem Tod Provenzanos (2016) und Riinas (2017) der letzte Pate der sizilianischen Cosa Nostra.

Anti-Mafia-Proteste 2013 in Palermo; Papst Benedikt XVI. an der Gedenkstätte für Giovanni Falcone

2012 wurde mit Rosario Crocetta ein ausgewiesener Anti-Mafia-Politiker zum Regionalpräsidenten der Insel gewählt. Die Krake Mafia ist auf dem Rückzug, hat aber immer noch mächtige Fangarme.

Und »la verità« – die Wahrheit?

»Die Mafia bedeutet Unterdrückung, Arroganz, Gier, Selbstbereicherung, Macht und Hegemonie über und gegen alle anderen ... Sie ist eine kriminelle Organisation, die von ungeschriebenen, aber eisernen und unerbittlichen Regeln bestimmt wird ... Es gilt, den Mythos des mutigen und großzügigen ›Ehrenmannes‹ zu zerstören, denn ein Mafioso ist genau das Gegenteil.« Diese deutlichen Worte, geschrieben von Richter Cesare Terranova kurz vor seiner Ermordung 1979, schildern die harte Realität des Lebens unter der Mafia.

Inseln vor der Insel

Im Norden, Westen und Süden Siziliens liegen kleine Archipele, die Sonnenanbeter und Naturhungrige anlocken. Wo einst die Fischerei dominierte, spielt heute längst der Tourismus die Hauptrolle.

Die Gewässer rund um die Inseln gehören zu den fischreichsten des Mittelmeeres. Ihre herrliche Natur, aktive Vulkane und archäologische Schätze machen die Inseln zu einem beliebten Reiseziel.

Die Äolischen Inseln (Isole Eolie)

Die sieben schönen Äolischen bzw. Liparischen Inseln vor der Nordostküste Siziliens sind vulkanischen Ursprungs. Lipari ist die größte der Gruppe, ihr Hauptort Lipari mit malerischem Hafen, schicken Hotels und guten Restaurants eines der beliebtesten Urlaubsziele Siziliens. Die Besucher kommen wegen der herrlichen Strände, dem klaren Wasser und der spektakulären Landschaft mit Berghängen aus ausgebleichtem Bimsstein, Obsidianströmen und erloschenen Kratern. Live und in Farbe erleben Sie den immer noch aktiven Stromboli mit seinem nächtlichen Schauspiel aus roten Funken, Vulkandonner und geschmolzenen Trümmern (S. 197). Ähnlich dramatisch ist Vulcano mit

Von Liparis Belvedere Quattrocchi schweift der Blick hinüber nach Vulcano.

beißenden Fumarolen, schwefelhaltigem Rauch und stinkendem, aber heilendem Schlamm. Die anderen Inseln – Salina, Panarea, Filucudi und Alicudi – sind nur im Sommer vom Tourismus geprägt. Hier verdienen die Einheimischen ihr Geld auch noch mit Fischerei, Wein und Kapern.

Die Ägadischen Inseln (Isole Egadi)

Favignana, Levanzo und Marettimo bilden die Gruppe der Ägadischen Inseln, die nur einen Katzensprung von Trapani an der Westküste Siziliens entfernt sind. Hauptattraktionen der größten und am stärksten bevölkerten Insel Favignana sind die Tuffsteinlandschaft, die Strände und das Meer – früher wurden hier beim jährlichen Frühjahrsfang 150 000 t Fisch gefangen. Bis vor wenigen Jahren veranstaltete Favignana als letzter Ort überhaupt die rituelle »mattanza«: Thunfische wurden durch trichterförmige Netze zum Schlachtplatz getrieben, wo sich das Meer vom Blut der harpunierten Tiere rot färbte. Die Bestände des Roten Thuns sind allerdings wegen Überfischung im Mittelmeer dramatisch zurückgegangen. Auf Marettimo, einer eigenständigen, bergigen Insel, ist man gerne für sich und macht wenig Zugeständnisse an die Touristen, die wegen der Felsformationen und Meeresgrotten hierher kommen. Auch Levanzo hat einige Grotten zu bieten, darunter die Grotta del Genovese mit ihren 10 000 Jahre alten Felsgravuren und -malereien.

Ustica, Pantelleria und die Pelagischen Inseln (Isole Pelagie)

Etwa 56,5 km nördlich von Palermo liegt die Insel Ustica, ein Mekka für Taucher. Die sehr grüne Insel selbst eignet sich gut zum Wandern. Ganz im Süden schafft Panterelleria die Balance zwischen Tourismus und traditioneller Landwirtschaft und Fischerei. Die Bauern hier leben noch in traditionellen »dammusi«, Häusern mit quadratischen Kuppeldächern, die Schutz gegen die Hitze bieten. Noch weiter südlich und näher an Tunesien als an Sizilien liegen die Pelagischen Inseln: Lampedusa, Linosa und das unbewohnte Lampione. Diese Außenposten stehen neuerdings durch den Ansturm Asyl suchender afrikanischer Flüchtlinge im Fokus der Weltöffentlichkeit.

Die farbenfrohe Unterwasserwelt rund um Ustica ist ein beliebtes Tauchrevier.

Vom Papyrus zum Film

Lange bevor Mario Puzo das sizilianische Mafiaepos »Der Pate« schrieb, der auch als Grundlage für die gleichnamige Film-Trilogie von Francis Ford Coppola diente, waren Sizilien und die vorgelagerten Inseln über Jahrtausende hinweg Thema zahlreicher Werke auf Pergament, Papyrus und Papier.

Die Griechen waren fasziniert von der Insel und besonders von der Mystik des Ätna. Der Philosoph Empedokles soll sich im 5. Jh. v. Chr. gar in den Krater des Vulkans in den Tod gestürzt haben. Prominent vertreten ist Sizilien auch in Homers Werken »Ilias« und »Odyssee«.

In neuerer Zeit sind rund ein Dutzend fiktive Werke entstanden, die zu unterschiedlichen Zeiten in Sizilien spielen. Dazu zählen »Sizilianische Novellen« von Giovanni Verga, eine Serie aufrüttelnder Kurzgeschichten, die im 19. Jh. angesiedelt sind.

Einfühlsam erzählt Giuseppe Tornatore die Geschichte eines sizilianischen Dorfes in »Cinema Paradiso« (links: Philippe Noiret und Salvatore Cascio). In »Der Postmann« verbindet den chilenischen Dichter Pablo Neruda eine besondere Freundschaft mit einem schüchternen Fischer, dargestellt von Massimo Troisi (rechts).

Weitere Werke mit Sizilien-Bezug

Gespräch in Sizilien von Elio Vittorini ist eine treffende politische Geschichte der 1930er-Jahre, die auch ein Bild der Eigenheiten und Bräuche der Inseln zeichnet, von denen einige – wie der Klang der Hirtenflöten, die die Geburt in den Bergen feiern – noch heute fortbestehen.

Don Giovanni in Sizilien von Vitaliano Brancati behandelt die sizilianische Reaktion auf das faschistische Regime mit einer Mischung aus passivem Widerstand und Gleichgültigkeit. 1967 wurde auf Grundlage des Romans ein kesser italienischer Film gedreht.

Fliegenspiel. Sizilianische Geschichten von Andrea Camilleri. Einer der meistgelesenen Autoren Italiens schreibt Geschichten über seine Heimat. Dabei wird offensichtlich: Auf Sizilien ist alles anders.

Novellen für ein Jahr von Luigi Pirandello. Die zeitlosen Kurzgeschichten aus der Feder des Sizilianers, der 1934 mit dem Literaturnobelpreis ausgezeichnet wurde, schildern die menschliche Ohnmacht gegenüber dem Schicksal.

»Der Leopard« (auch: »Gattopardo«) von Giuseppe Tomasi di Lampedusa, 1957 posthum veröffentlicht, wurde ein bisher unerreichter italienischer Bestseller und 1963 mit Burt Lancaster und Claudia Cardinale in den Hauptrollen verfilmt. Er spielt Mitte des 19. Jhs. zu Beginn von Garibaldis Zug der Tausend und hat die daraus resultierenden sozialen Unruhen zum Thema.

Von den zahlreichen Filmen und Fernsehdramen, die auf Sizilien spielen, dürfte die »Pate«-Trilogie die bekannteste sein. Dabei sind nur wenige Szenen auf Sizilien angesiedelt, u. a. das Massaker von Palermo am Ende von »Der Pate – Teil III«. Daneben spielen »Cinema Paradiso« (1989), »Der Postmann« (1994, hauptsächlich gedreht auf Salina, einer der Äolischen Inseln), »Stromboli« (1949, mit Ingrid Bergman in der Hauptrolle) und »Der Zauber von Malèna« (2000) auf dem sizilianischen Archipel.

Zu den neueren Werken zählt die in Italien und Deutschland äußerst beliebte Fernsehserie »Il Commissario Montalbano« über den mürrischen Detektiv und Liebhaber der sizilianischen Küche, eine Figur von Andrea Camilleri. Sie spielt u. a. an der Marina di Ragusa und wird vor allem in der Provinz Ragusa gedreht (S. 102, 114).

Wildes Sizilien

Einst fast vollständig von Eichenwäldern bewachsen, ist Sizilien bis heute eine unglaublich fruchtbare Insel mit Oliven- und Zitrushainen, Mandelbäumen und Weinbergen, Palmen an der Küste und ausgedehnten Weizenfeldern im bergigen Landesinnern. Lassen Sie also Kultur und Strand für ein paar Tage hinter sich und machen Sie sich auf in das wilde Sizilien.

Auf der 24 807 km² großen Insel kommen über 200 endemische Pflanzenarten vor. Zwar haben Armut und die Forderungen der großen Landbesitzer viel Schaden angerichtet, aber Sizilien ist auch heute noch ein Garten voll wilder Pflanzen und magischer Landschaften.

Raus in die Natur!

Erst allmählich entdeckt man auch in Süditalien den Reiz des Wanderns. Inzwischen gibt es auch im tiefsten Hinterland häufig markierte und mitunter gut ausgebaute Pfade und Wege. Das Angebot reicht von anstrengenden Routen an den Hängen des Ätna und durch die Bergwelt der Monti Nebrodi und der Madonie (S. 186) bis hin zu Küstenwegen durch Dünen und Salzpfannen, dem Zuhause zahlreicher Vogelarten. Eine der beliebtesten Gegenden ist das Naturreservat Zingaro (S. 174), ein 7 km langer Küstenabschnitt im äußersten Nordwesten, wo im kristallklaren Wasser kleiner Buchten gebadet werden kann. Besonders reizvoll sind Wanderungen im Frühling, wenn Wildblumen farbenprächtige Blütenteppiche bilden.

Einige Teile von Sizilien sollten Sie auf keinen Fall verpassen – schon allein wegen der Aussicht. Das Wahrzeichen Cefalùs ist die Rocca, ein atemberaubender, 278 m hoher Felsen, der bedrohlich über der malerischen Stadt östlich von Palermo hängt. Der Aufstieg ist anstrengend, aber für jeden machbar. Für eine spektakuläre Aussicht nehmen Sie die Treppe ab der Piazza Garibaldi und folgen den Schildern »Accesso alla Rocca«. Die gesamte Tour dauert ca. eine Stunde und

Im Frühjahr präsentieren sich die Madonien noch sehr grün, Wildblumen setzen bunte Farbakzente und die Temperaturen sind perfekt für Wanderungen.

führt an den Ruinen des Tempio di Diana (Tempel der Diana) aus dem 5. Jh. v. Chr. vorbei. Um zum Gipfel zu gelangen, müssen Sie sich weitere 30 Minuten den Berg hinaufmühen, bevor sie die antiken Befestigungen sehen und mit einer fantastischen Aussicht von Palermo im Westen bis Capo d'Orlando im Osten belohnt werden.

Weitere Informationen

Erste Informationen zum Naturreichtum Siziliens finden Sie online auf www.parks.it, Italiens Nationalparkportal. Auskünfte zu einem Wanderurlaub finden Sie unter www.walksicily.de. Und Vogelbeobachter sollten die Seite von Ornitologia Siciliana (www.ornitologiasiciliana.it) besuchen.

Einige Parks

Parco Regionale dell'Etna (S. 78): vielseitiger Park mit vulkanischen Lavalandschaften bis hin zu Wäldern und Bergwiesen.

Parco Regionale dei Nebrodi: das größte Waldgebiet der Insel, Heimat von Buchen, Eichen, Ilex und vielen Säugetieren und Wirbellosen.

Parco Naturale Regionale delle Madonie (S. 186): ein Park in den Bergen, der besonders für seine herrliche Kalksteinflora im Frühjahr bekannt ist. Hier leben 150 der 200 endemischen Arten Siziliens.

Riserva Naturale dello Zingaro (S. 174): ein ebenfalls für seine schöne Kalksteinflora bekanntes Wanderparadies an der Küste mit Meeresarmen, Schluchten und Buchten.

Hier finden Sie die seltensten Blumen

Le Madonie: reiche Kalksteinflora mit zahlreichen seltenen Orchideen-, Pfingstrosen-, Lilien- und Schachblumenarten sowie vielen weiter verbreiteten Pflanzen.
Zingaro: Küsten- und Binnenkalksteinflora, mediterrane Macchia sowie zahlreiche Orchideen.

Die besten Ziele für Vogelbeobachter

Saline di Trapani (Trapani): Salzpfannen, die zahlreiche einheimische und überwinternde Küsten- und Wasservögel anziehen, darunter auch Flamingos (S. 176).
Lago di Lentini (Syrakus): eines der wichtigsten Feuchtgebiete Italiens und Überwinterungsgebiet für seltene Möwen, Moorenten, Löffler und Störche.
Vendicari (Syrakus): äußerst vielseitige Lebensräume, in denen seltene Möwen, Raubwürger, Goldregenpfeifer und Triele beheimatet sind (S. 119).
Oasi del Simeto (Agrigento): eine Flussmündung mit Sanddünen, die zahlreiche Zugvögel und Wintergäste anlockt.
Foce del Fiume Platani (Agrigento): Zwischenstopp für unzählige Zugvögel auf ihrem Weg von bzw. nach Afrika, daher am schönsten im Herbst und Frühjahr.
Zingaro (Trapani) – hervorragender Ort zur Beobachtung von Küstenvögeln (S. 175).

Artenreiche Flora und Fauna

Botaniker machen sich auf in das 1970 m hohe Gebirge Le Madonie (S. 186), dessen Kalksteinflora zur vielfältigsten Italiens zählt. Im Frühjahr sind die Berge übersät von farbenprächtigen Blumen; selbst zahlreiche Orchideen und andere seltene Arten gedeihen hier. Diese finden Sie auch an den unteren Hängen des Ätna (S. 78) und in den Nebrodi, wo die dichten Wälder eine völlig andere Flora beheimaten. Das Waldland ist auch die Heimat zahlreicher Tiere: Nicht selten begegnet man auf den einsamen Bergstraßen Siziliens Füchsen und Wildschweinen.

Für Vogelbeobachter hat Sizilien überall etwas zu bieten – von Greifvögeln im bergigen Hinterland bis zu See- und Watvögelkolonien an der Küste. Die Insel ist zudem eine wichtige Station für Zugvögel: Halten Sie also die Augen auf nach Exoten wie Bienenfressern und dem bezaubernden Wiedehopf mit seinem schmetterlingsähnlichen Flug.

Das große Blau

Und dann ist da natürlich das Meer, das zum Baden, Schwimmen, Schnorcheln, Tauchen oder Segeln einlädt. An der Küste Siziliens und seiner Inseln liegen gleich acht wichtige Meeresschutzgebiete, reich an Fischen und Meerestieren. Buchten, Klippen, Höhlen und Grotten warten auf ihre Erkundung, in flachen Lagunen können Sie Vögel beobachten und im tieferen Wasser tauchen.

Reiten wie die Cowboys

Ponyausritte sind ein beliebter Freizeitspaß, der vielerorts auf der Insel angeboten wird. Die Reiter können den Hufabdrücken der einstigen Viehhirten folgen, die hier früher zu Pferd ihr Vieh auf die Winterweiden trieben. Infos erhalten Sie bei den Tourismusbüros der Madonie, der Nebrodi, des Ätna und der Alcàntaraschlucht. Im Centro Ippico Giarrizzo bei Favara (nahe Agrigento) gibt es zudem eine Reitschule, die Ausflüge, Unterricht und Veranstaltungen anbietet (Infos unter Tel. 380 7 98 68 15).

»Mare e monti – Meer und Berge«: Wie in ganz Italien liegen die beiden Extreme auch in Sizilien (wie hier in Cefalù) oft nah beieinander.

Wer sich ins bunte Treiben des Mercato della Vucciria stürzt, erlebt Palermos sympathisch-chaotisches Wesen hautnah.

Palermo und Umgebung

Dynamisch, faszinierend, Furcht einflößend – das ist Palermo, der jahrtausendealte Schmelztiegel der Kulturen.

Seite 36–67

Erste Orientierung

Die Lage Palermos zwischen zwei Landzungen am Fuße des Monte Pellegrino ist eine der schönsten der ganzen Mittelmeerküste. In der geschichtsträchtigen Stadt haben verschiedene Herrscher erlesene Baudenkmäler hinterlassen.

Die explosive Kreativität der Bauherren und Künstler hat eine Melange erstklassiger Architektur hervorgebracht; sie reicht von der Strenge normannischer Bauten bis zum Überschwang barocker Kirchen. Inseln des Wohlstands und Gebiete großer Armut wechseln sich ab: Palermo ist laut und hat ein Müllproblem, gleichzeitig jedoch ist es höchst lebendig und verführerisch.

Kirchen, Paläste, Märkte

Das alte Palermo liegt südlich der von den Normannen gegründeten Cattedrale (Kathedrale), die einige Hundert Meter entfernt ist von den anderen großen Baudenkmälern Palermos: dem Palazzo dei Normanni (Normannenpalast) sowie den Kirchen La Martorana und San Cataldo. Hier finden Sie auch einige prächtige Barockbauten vor: neben den Quattro Canti, dem Herzen der Stadt, eine Reihe von Kirchen und drei Museen.

Abseits der Hauptstraßen verstecken sich im Labyrinth der Gassen zahlreiche Märkte. Weiter nördlich in Richtung des Monte Pellegrino erreichen Sie die im 19. Jh. entstandenen Stadtviertel und die Strände von Mondello. Westlich des Zentrums befinden sich die Katakomben der Kapuziner. Dahinter beginnen die – meist verstopften – Ausfallstraßen in Richtung Monreale mit den prachtvollen Mosaiken in der normannischen Kathedrale.

TOP 10

❶ ★★ Monreale

❾ ★★ Cattedrale di Palermo

Nicht verpassen!

⓫ Chiesa della Martorana & San Cataldo

⓬ Palazzo dei Normanni & Cappella Palatina

Nach Lust und Laune!

13 Museo Internazionale delle Marionette

14 Galleria Regionale della Sicilia

15 Mercato della Vucciria, del Capo, di Ballarò

16 Museo Archeologico Regionale

17 Quattro Canti & Piazza Pretoria

18 Catacombe dei Cappuccini

19 Mondello & Monte Pellegrino

Mein Tag auf den Spuren des Widerstands

Es gab Zeiten, düstere, blutige Zeiten, in denen in Palermo Gewalt und Terror herrschten, Morde und Schießereien an der Tagesordnung waren und viele Laden- und Restaurantbesitzer im Würgegriff der »Ehrenwerten Gesellschaft« und ihrer Schutzgelderpresser waren. Doch die Palermitaner eroberten ihre Stadt zurück, wie ein Spaziergang durch Palermo eindrucksvoll belegt.

9 Uhr: Mutige Frauen und Männer

Ein Streifzug durch die Inselhauptstadt, der auch zu den Orten des Widerstands und der Erinnerung führt, beginnt am besten auf der Piazza della Memoria. Hier wird der Juristen gedacht, die der Mafia die Stirn boten und mit ihrem Leben dafür bezahlten. Sie können an den Stufen entlangspazieren und die in den Stein gemeißelten Namen der Richter und Staatsanwälte lesen, die in Palermo eine kulturelle und gesellschaftliche Renaissance eingeleitet haben. Oder Sie setzen sich und lassen den Platz einfach nur auf sich wirken.

Von hier sind es nur wenige Schritte zum **15** Mercato del Capo, dem historischen Markt in dem einem die Augen übergehen angesichts der Berge von frischem Obst, Gemüse und duftenden Ge-

15 Uhr: Shoppen für einen guten Zweck

18 Uhr: Zum Abschluss noch mal richtig schlemmen

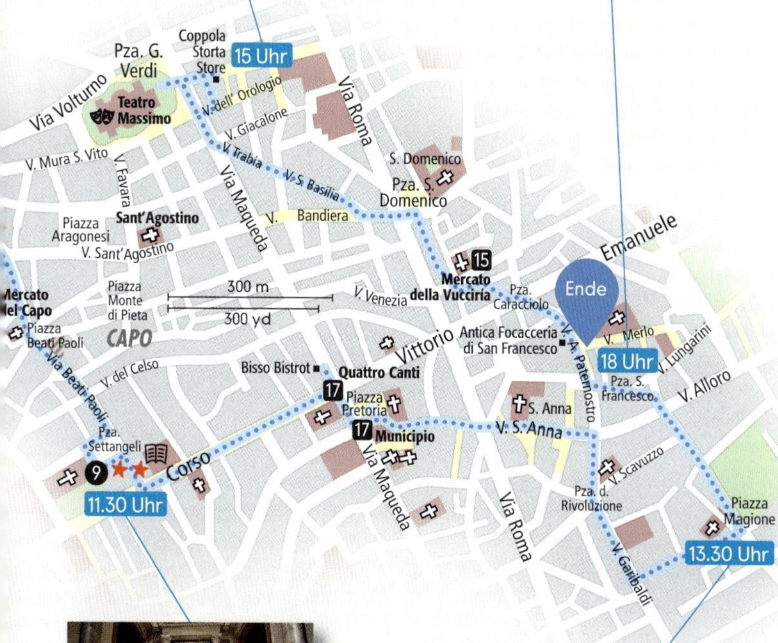

11.30 Uhr: Etwas zum Innehalten

13.30 Uhr: Noch etwas zum Nachdenken

Wer in das authentische Palermo eintauchen will, sollte die Märkte der Stadt besuchen. Und sich vielleicht ein Milzbrötchen schmecken lassen. Rund um die Uhr ein beliebter Szenetreff ist das Bisso Bistro.

würzen. Nur wenige wissen, dass die Mafia selbst bei den Marktverkäufern Schutzgeld eintreibt. Doch viele Händler setzen sich heute zur Wehr und treten der Vereinigung »Addiopizzo« (Tschüs Schutzgeld) bei. Mutige probieren hier das berühmte Pani câ Meusa (Milzbrötchen).

11.30 Uhr: Etwas zum Innehalten

Auch Palermos großartige ❾ ★★ Kathedrale ist ein Ort zum Verweilen und Sinnieren. Beispielsweise über die Verstrickung der Kirche mit der Cosa Nostra. Und über Pater Puglisi, der sich für die instrumentalisierte Jugend einsetzte, 1993 von der Mafia ermordet und 2013 von der Kirche selig gesprochen wurde. Heute werden seine sterblichen Überreste hier aufbewahrt.

12.30 Uhr: Zu Mittag essen und dabei Gutes tun?

Das können Sie im Bisso Bistrot, zu dem sie über die geschäftige Via Vittorio Emanuele schlendern: Das Lokal an den 17 Quattro Canti, einem der schönsten Plätze Palermos, ziert ein orangefarbener Kreis mit einem Kreuz und dem Schriftzug »Addiopizzo«. Das Logo der Cosa-Nostra-Gegner ist ein Garant dafür, dass Sie es sich hier schmecken lassen können, ohne dass Ihr Geld bei

Giuseppe »Don Pino« Puglisi bekämpfte die hohe Jugendarbeitslosigkeit auf Sizilien und legte sich mit einem mächtigen Mafiaclan an. Als ihn am 15. September 1993 zwei Mafiosi erschossen, soll er lächelnd gesagt haben: »Damit hatte ich gerechnet.«

der Mafia landet. Kommen Sie nicht zu spät, sonst ist die ehemalige Bücherei mit kleiner Karte, aber günstigen und leckeren Speisen gerammelt voll.

13.30 Uhr: Noch etwas zum Nachdenken

Nach dem Essen sollten Sie zur Piazza Magione mit dem Gedenkstein für Richter Falcone schlendern. Eine beachtenswerte Geste der Palermitani, die daran erinnert, dass Widerstand zukunftsfähig ist. Unterwegs kommen Sie an der wundervollen 17 Piazza Pretoria vorbei, die zugleich für die Verwicklungen zwischen Politik und Cosa Nostra steht. Mitte des 20. Jhs. hatte der korrupte Politiker Vito Ciancimino in Palermo für eine reibungslose Zusammenar-

Altbacken oder der letzte Schrei? Entscheiden Sie selbst! Eines ist jedoch sicher: Mit den Schiebermützen von Coppola Storta Store fallen Sie auf. Und ganz nebenbei setzen Sie ein Zeichen gegen die Schutzgeld-Praxis der Mafia.

beit zwischen den Clans und der öffentlichen Hand im hier angesiedelten Rathaus gesorgt. Erst in den 1990er-Jahren konnte Bürgermeister Leoluca Orlando einen Wandel herbeiführen und die Gewalt der Cosa Nostra eindämmen.

15 Uhr: Shoppen für einen guten Zweck

Der Nachmittag ist für einen Einkaufsbummel reserviert. Halten Sie nach Läden mit dem Addiopizzo-Logo Ausschau – Sie werden überrascht sein, wie oft man es entdecken kann. So z. B. am Coppola Storta Store. Hier bekommen Sie die typisch sizilianische Schiebermütze, die einst zum Markenzeichen des Mafioso wurde. Guido Agnello hat der Mütze ihre Würde zurückgeben, indem er sie zum schicken Accessoire in allen erdenklichen Mustern und Farben verwandelte – auch Schrilles ist dabei. Ein perfektes Souvenir und Mitbringsel für Trendpioniere zu Hause!

18 Uhr: Zum Abschluss noch mal richtig schlemmen

Einen Steinwurf entfernt liegt an der Piazza Giuseppe Verdi (S. 67)

»Klotzen, nicht kleckern!« Das Motto, das die Stadtherren an der Piazza Pretoria (ganz links) oder im Teatro Massimo (links) beherzigten, trifft weniger auf die Mafia zu, die lieber im Verborgenen agiert.

Ein weiteres »Addiopizzo«-MItglied lädt zum Abendessen: die Antica Focacceria di San Francesco (oben).

das Teatro Massimo, das ebenfalls zum Symbol des Neubeginns wurde. 23 Jahre lang blieb das Gebäude geschlossen, an dessen dubioser Sanierung die »Ehrenwerte Gesellschaft« ein erkleckliches Sümmchen verdiente. Im Zuge der Wiederbelebung der Zivilgesellschaft wurde es 1997 wiedereröffnet, seitdem wird in Italiens größtem Opernhaus wieder musiziert, gesungen und eine »bella figura« abgegeben!

Wer durchs Sightseeing hungrig wurde, sollte in der Antica Focacceria di San Francesco (S. 65) einkehren. Der Hausherr des Lokals hat nicht nur kein Schutzgeld gezahlt, sondern die Erpresser gleich angezeigt. Inzwischen ist das Traditionslokal so erfolgreich, dass es Filialen in Rom, Mailand und Bergamo eröffnet hat.

i

Länge: ca. 5 km

Addiopizzo
Stadtplan mit angeschlossenen Restaurants und Geschäften unter www.addiopizzo.org/index.php/palermo-map/

Bisso Bistrot
222 C2 Via Maqueda 172A 328 131 4595
http://bissobistrot.it Mo–Sa 9–23 Uhr

❶ ★★ Monreale

Was?	Bedeutendstes Kirchenbauwerk aus normannischer Zeit
Warum?	Die Mosaiken gehören zu den größten Kunstschätzen Italiens und sind Pflichtprogramm für jeden Sizilien-Reisenden.
Wann?	Am besten morgens im schönsten Licht
Wie lange?	Gut und gerne ein bis zwei Stunden
Was noch?	Toll ist ein Besuch des alten Ciambra-Viertels, wo einst die Domarbeiter wohnten.
Resümee	Himmlische Bildergeschichten als anschauliches Bibelstudium

Rund 8 km südwestlich von Palermo liegt der kleine Ort Monreale mit einem Panoramablick auf die Conca d'Oro, das »goldene Tal«. Hier steht der prachtvolle normannische Duomo di Monreale. 1174 von König Wilhelm II. von Sizilien gegründet, beherbergt er das zweitgrößte Mosaik der Welt: einen fantastischen, glitzernden Bilderbogen, der die biblische Geschichte von der Erschaffung der Welt und dem Sündenfall bis hin zur Erlösung durch das Opfer Jesu Christi am Kreuz darstellt.

Ziemlich beste Feinde

Monreale verdankt seine Existenz der tiefen Abneigung Wilhelms II. gegen seinen ehemaligen Lehrer, den mächtigen Erzbischof Walter von Palermo (S. 52). Das 1176 von Wilhelm gegründete Benediktinerkloster von Monreale, schon 1183 durch Papst Lucius III. zum Erzbistum erhoben, sollte daher ein Gegengewicht schaffen. Für den prachtvollen Dom, 1174 als Klosterkirche begonnen, wurden keine Kosten gescheut – Wilhelm rechtfertigte die enormen Ausgaben mit der Behauptung, die Jungfrau Maria selbst sei ihm im Traum erschienen und habe ihm den Ort eines Schatzes offenbart, mit dem er das Vorhaben finanzieren könne. Baumeister und Handwerker, darunter die besten griechischen Mosaizisten aus Konstantinopel, arbeiteten an Santa Maria la Nuova, der Kirche der neuen Heiligen Maria. Erwartungsgemäß war Walter nicht sehr erfreut und rächte sich mit dem Wiederaufbau des Doms in Palermo (S. 52).

Wer jedes individuell gestaltete Säulenpaar im Kreuzgang von Monreale studieren will, braucht einen langen Atem: Es sind exakt 228!

Der Dom

Bewundern Sie zunächst die 46 Tafeln auf den wunderschönen, von Bonnano da Pisa 1186 geschaffenen Bronze-Türflügeln am Hauptportal der Kathedrale sowie das kleinere Paar im Säulengang an der Nordseite, die 1179 von Barisano da Trani angefertigt wurde. Von hier aus gelangen Sie zum rückwärtigen Teil (Richtung Via del Arcivescovado), um das Highlight der Fassade zu bewundern: Die drei großartigen

»Schatzkammer des Mittelalters« wird Monreale auch genannt: Wer die großartigen Mosaiken im Dom zum ersten Mal erblickt (darunter Christus Pantokrator in der Apsis), versteht, warum.

Apsiden und ihre ineinander verschachtelten Spitzbögen sind typische arabisch-normannische Arbeiten.

Innen ziehen die Mosaiken den Betrachter sofort in ihren Bann. Nehmen Sie sich aber auch Zeit für die antiken Säulen des Mittelschiffs, die wunderbaren Mosaikböden im Altarbereich und die beiden für den König und seinen Erzbischof bestimmten Throne. Ein Mosaik über dem königlichen Thron zeigt Wilhelm, dem Christus die Krone Siziliens überreicht. Die Thronsessel sind seitlich mit Marmor verblendet, auf denen Geier und Löwen abgebildet sind.

Die Mosaiken

Die Mosaiken zeigen Episoden aus dem Alten und Neuen Testament, Geschichten, die auch auf diesem Weg den Menschen des 12. Jhs. »erzählt« wurden. Die großen Figuren in der Apsis sind sehr wahrscheinlich die Arbeit von griechischen Meistern aus Konstantinopel und zeigen Christus Pantokrator bei der Segnung der Jungfrau mit einer Reihe Heiliger. Einer von ihnen ist Thomas Becket, der englische Märtyrer, der nur wenige Jahre zuvor von Heinrich II. von England, Wilhelms Schwiegervater, ermordet worden war. Weitere Mosaiken reihen sich im Mittelschiff als grafische Illustrationen der beiden Testamente zu himmlischen Bildergeschichten aneinander. Sie künden von der Schöpfung, der Vertreibung Adams und Evas aus dem Paradies, der Arche Noah, Abraham, der seinen Sohn Isaak opfert, und im Querschiff vom Leben Jesu, von der Verkündigung bis zum Tod am Kreuz. Die Deckengewölbe im Querschiff zeigen die Martyrien der Heiligen Petrus und Paulus: die umgekehrte Kreuzigung Petrus' und die Enthauptung Paulus'. Die Mosaiken auf der rückseitigen Wand sind aus späterer Zeit (13. Jh.) und denen von San Marco in Venedig sehr ähnlich – vermutlich sind sie das Werk venezianischer Handwerker, die zur Arbeit an Monreale entsandt wurden. Beachten Sie auch den erlesenen Marmor und die Mosaikbasis unterhalb der Mosaiken sowie die Reliquien der Schatzkammer, bevor sie die 180 Stufen zur Dachterrasse erklimmen – eine Mühe, die mit einem fantastischen Blick auf Palermo und das blau glitzernde Mittelmeer üppig belohnt wird.

Das Kloster

Neben der Kathedrale liegt das von Wilhelm gegründete Benediktinerkloster. Sein Kreuzgang ist von einem Wandelgang mit 228 Säulenpaaren umgeben, wobei kein Säulenpaar dem anderen gleicht. Die teilweise mit leuchtenden Inkrustationen versehenen Säulen zieren Kapitelle, die von burgundisch inspirierten Steinmetzen stammen und u. a. Alltagsszenen, Tiere, Blattwerk, biblische Geschichten und Themen der Antike zeigen. Die Lebendigkeit ihrer Darstellung steht in Kontrast zur Strenge der Mosaiken im Dom. Den abgedeckten Brunnen in Form einer Palme nutzten die Mönche zum Händewaschen, bevor sie das Refektorium (Speisesaal) betraten.

KLEINE PAUSE

Rund um die Piazza Duomo gibt es mehrere Bars, die sich nicht groß voneinander unterscheiden und sich für einen Cappuccino oder kurzen Snack eignen.

✈ 213 E5 🚌 389 (von der Piazza Indipendenza)

Duomo (Kathedrale)
✉ Piazza Duomo ☎ 091 6 40 44 13
◑ Kathedrale/Schatzkammer Nov.–März Mo–Sa 8.30–12.30, 14.30–16.30, So 8–9.30,14.30–16.30, April–Okt. Mo–Sa 8.30–12.30, 14.30–16.45, So 8–9.15,14.30–16.45 Uhr, Terrassen Mo–Sa 9–12.30, 15.30–17.15 Uhr ✦ Schatzkammer und Terrassen 4 €, Terrassen 2,50 €

Kloster
✉ Piazza Guglielmo il Buono
☎ 091 6 40 44 03 ◑ Mo–Sa 9–19, So–13.30 Uhr ✦ 6 €

Das Vermächtnis Wilhelms II.

Mit dem Bau von Monreale wollte Wilhelm II. seinen Machtanspruch auch gegenüber dem Papst demonstrieren. Erhalten geblieben sind der Dom und der Kreuzgang.

❶ Ostfassade des Doms: Die Ostseite des Doms mit ihren drei Apsiden spiegelt die Begeisterung der Baumeister für orientalisch anmutenden Dekor: sich überschneidende, spitzbogige Blendarkaden und Intarsien aus schwarzer Lava und gelblichem Stein des Monte Pellegrino.

❷ Westfassade: Der linke der beiden Türme blieb unvollendet. Hinter dem schmiedeeisernen Tor (18. Jh.) verstecken sich bildlich geschmückte Bronzetüren.

❸ Im Innern: Kostbare Goldgrund-Mosaiken überziehen alle Innenwände. Insgesamt bedecken sie eine Fläche von über 6300 m²!

❹ Königliche Grablege: Rechts vom Sanktuarium stehen die Sarkophage von Wilhelm I. und Wilhelm II., auf der gegenüberliegenden Seite die von Margarete, der Frau Wilhelms I., sowie von dessen Söhnen

Roger und Heinrich; an der linken Wand befindet sich die Urne mit dem Herzen vom französischen Nationalheiligen, König Ludwig IX., der 1270 auf seinem Kreuzzug in Tunis starb.

5 Kreuzgang: Arabische Spitzbögen ruhen auf 228 Doppelsäulen. In einer Ecke befindet sich ein im Quadrat angelegter Brunnen. Ein Wunderwerk der Romanik sind die Kapitelle mit ihren Szenen aus christlicher und islamischer Welt, eine bunte Mischung von Heiligem und Heidnischem.

6 Aufstieg: Schön ist der Blick vom Kirchendach in den quadratischen Kreuzgang.

❾ ★★ Cattedrale di Palermo

Was?	Normannische Baukunst, Schätze und purpurne Sarkophage
Warum?	Um Friedrich II. die Referenz zu erweisen
Wann?	Am frühen Nachmittag entgeht man am ehesten dem Andrang.
Wie lange?	Rund zwei Stunden
Was noch?	Hinauf aufs Dach und Palermo aus der Vogelperspektive sehen!
Resümee	Ganz schön gewaltig!

Palermos Kathedrale ist ein imposantes Beispiel des normannischen Erbes Siziliens.

Auch wenn die Zeit ihre Spuren hinterlassen hat, die der heiligen Jungfrau Maria geweihte Kathedrale ist bis heute ein mächtiges Symbol für den Wohlstand und die Frömmigkeit des alten Palermo. 1185 auf den Fundamenten einer byzantinischen Basilika errichtet, diente sie in arabischer Zeit vorübergehend auch als Moschee. Bauherr war Erzbischof Walter von Palermo (Walter of the Mill), Lehrer des jungen Wilhelm II., der mit dem Neubau auf Wilhelms Kathedrale von Monreale (S. 46) reagierte.

Außen noch ein wenig normannisch, sonst viel Barock

Im 18. Jh. wurde das Gotteshaus durch Ferdinando Fuga völlig barockisiert. Gehen Sie um die Kirche herum zu deren Ostfassade, um dort die am besten erhaltenen Originale aus normannischer Zeit zu sehen: drei wunderschön ausgeschmückte, von zwei Türmen flankierte Apsiden. Den Haupteingang erreicht man vom Corso Vittorio Emanuele über einen weitläufigen Vorplatz. Der stattliche, dreibögige Portikus wurde 1426 im Stil der katalanischen Gotik ergänzt, das Mauerwerk rund um die Tür ist normannisch. Die erhabene Jungfrau darüber ist noch älter und stammt vielleicht gar aus der ursprünglichen Basilika. Die Säule zur linken mit arabischer Inschrift aus dem Koran ist ein Überbleibsel der Mauren. Zwischen den Bögen und dem Giebel sehen Sie einen gemalten, mit Vögeln, Tieren, Früchten und Blumen ausgeschmückten Lebensbaum aus dem Jahr 1296. Die Kuppel des Doms wurde im 18. Jh. von Fuga ergänzt.

Die ehemalige Innenausstattung hat Ferdinando Fuga weitestgehend zerstört. Auf der rechten Seite des Altars liegt der Eingang zur Schatzkammer und Krypta mit dem Grab Walters. Die Schatzkammer selbst enthält die 1210 angefertigt normannische Krone aus dem Grab der Konstanze von Aragon, der ersten Ehefrau von Friedrich II.

Die Königsgräber

Im hinteren Teil des südlichen Kirchenschiffs befinden sich die letzten Ruhestätten der normannischen Könige und Stauferkaiser: von Roger II. (†1154), seiner Tochter Konstanze (†1198) und ihrem Ehemann, Kaiser Heinrich VI. (†1197), sowie deren Sohn, Friedrich II. (†1250), bekannt als Stupor Mundi, »das Staunen der Welt«. Es handelt sich um vier Sarkophage aus Porphyr – jenem Material, das wegen seiner Purpurfarbe einst nur für die römischen und byzantinischen Kaiser reserviert war.

KLEINE PAUSE

Genießen Sie einen Imbiss – Gebäck, Eiscreme, Arancini oder Pizza – in der **Bar Marocco.**

Bar Marocco (€): Corso Vittorio Emanuele 494, Tel. 091 6 51 19 04, www.barmarocco.it, tägl. 5–20 Uhr

---

ⓘ

✣ 222 B3 ✉ Corso Vittorio Emanuele ☎ 091 33 43 73 🌐 www.cattedrale.palermo.it ◑ Kathedrale Mo–Sa 7–19, So 8–13, 16–19 Uhr, Staufergräber, Schatzkammer, Krypta & Dächer Mo–Sa 9–17.30 Uhr (Winter bis 13.30 Uhr), im Sommer Dächer auch 20.30–24 Uhr ➧ Staufergräber, Schatzkammer, Krypta & Dächer 7 €, ohne Dächer 3 €, Dächer allein 5 € 🚌 Touristenbus Linie A, 102, 103, 104

⓫ Chiesa della Martorana & San Cataldo

Was?	Zwei Kirchen mit Mosaiken und normannisch-arabischem Stilmix
Warum?	Die beiden Kirchen entfalten einen unentrinnbaren orientalischen Zauber.
Wann?	Am besten im frühen Licht des Morgens
Wie lange?	Rund eine halbe Stunde, mit viel Muße auch etwas länger
Resümee	Ausflug ins goldene Zeitalter Palermos

An der ehemaligen römischen Stadtmauer Palermos stehen – mit Blick auf eine hübsche Piazza – die beiden Kirchen La Martorana und San Cataldo. Von den Normannen errichtet, haben sie die Jahrhunderte überdauert. Ihre Innenräume geben Ihnen Einblicke in den Glauben und die ästhetischen Ideale der Menschen, die vor fast 1000 Jahren hier lebten.

Eine der schönsten griechischen Kirchen Siziliens

Bekannt als Santa Maria dell'Ammiraglio (Liebfrauenkirche des Admirals) wurde die Chiesa della Martorana 1146 durch Georg von Antiochien gegründet, einem griechisch-orthodoxen Admiral in Diensten des Normannenkönigs Roger II. Fast 100 Jahre später wurde die Kirche den Nonnen eines

Das charmante Kirchlein San Cataldo mit seinen drei roten Kuppeln (hier im Hintergrund) wirkt orientalisch streng.

nahe gelegenen Klosters überschrieben, das Eloise de Marturanu gegründet hatte. Sie erhebt sich über einem Grundriss in Form des Griechischen Kreuzes und weist einen filigranen Kampanile (Glockenturm) auf. Die glanzvollen Mosaiken im Innern wurden von Kunsthandwerkern aus Konstantinopel ausgeführt, die auch die Cappella Palatina (S. 56) und den Dom in Cefalù (S. 86) ausstatteten.

Die Frutti di Martorana, Palermos Marzipanfrüchte, wurden einst von den Nonnen der Martorana verkauft – heute gibt es sie in jeder Konditorei der Stadt.

In den 1680er-Jahren wurden zahlreiche Mosaiken und das normannische Interieur zerstört. Den Lichthof und den Narthex (Vorhalle) riss man ab, um die Kirche zu barockisieren. Konzentrieren Sie sich auf die erhaltenen Glanzstücke aus dem 12. Jh., die die Kuppel, die Apsis, die Seitengewölbe und zwei Tafeln im vorderen Teil ausschmücken. Die letzteren zeigen Georg, den Gründer, und König Roger II., in griechischer Schrift mit Rogerius Rex beschriftet. Das Hauptmosaik zeigt Christus und die Erzengel, die vier Evangelisten und Szenen aus dem Leben der Jungfrau Maria.

San Cataldo

Nach dem Überfluss der Martorana erzeugt die einfache Ausstattung von San Cataldo eine ergreifende Stimmung, die die Musikeinspielungen noch verstärken. Majo von Bari, Kanzler von Wilhelm I., legte 1154 den Grundstein der Kirche mit ihren drei kleinen roten Kuppeln. Er starb 1160 und hinterließ ein nüchternes Kircheninneres. Gerade die so entstandene Schlichtheit, bei der nichts von der Harmonie der Linien im Haupt- und den Nebenschiffen ablenkt, fesselt den modernen Betrachter. Der schmucklose Altar ist ebenso im Original erhalten wie die schönen geometrischen Bodenmosaiken.

KLEINE PAUSE

Direkt an der Ecke serviert die Pizzeria **Bellini** den ganzen Tag über Pizza. Suchen Sie sich einen Tisch direkt gegenüber der Martorana.

Bellini (€): Piazza Bellini 6, Tel. 091 616 56 91, tägl. 12–15 & 19–24 Uhr

---

222 C3 Piazza Bellini 3
Touristenbus Linie A, 101, 102, 103, 104

Chiesa della Martorana
345 8 28 82 31 Mo–Sa 9.30–13, 15.30–17.30, So 9–10.30 Uhr 2 €

San Cataldo
091 6 11 81 68 tägl. 9.30–12.30, 15–18 Uhr 2,50 €

⑫ Palazzo dei Normanni & Cappella Palatina

Was?	Ehemaliger Hof der Normannenkönige
Warum?	In der juwelengeschmückten Palastkapelle Rogers II. kommen Sie nicht mehr aus dem Staunen raus.
Wann?	Am besten am frühen Vormittag, dann sind die Menschenmassen noch überschaubar.
Wie lange?	Alles in allem anderthalb Stunden ... ohne Anstehen
Was noch?	Der Kreuzgang der Chiesa di San Giovanni degli Eremiti
Resümee	Außen unscheinbar, innen oho!

Am höchsten Punkt der alten Stadtanlage steht der Palazzo dei Normanni (Normannenpalast), von dem aus die Normannenkönige über ganz Süditalien herrschten. Die Wohnquartiere sind gewiss beeindruckend, das eigentliche Glanzlicht ist aber die juwelengeschmückte Cappella Palatina (Palastkapelle) Rogers II. Die mit Mosaiken bedeckten Wände zeugen vom Reichtum des Normannenreichs, dem Können ihrer Kunsthandwerker sowie der tiefen Gläubigkeit und religiösen Toleranz dieser Zeit.

Bereits die Phönizier erkannten die vorteilhafte Lage der Stadt und errichteten eine Festung, die von den Römern und später von den Arabern aus- und umgebaut wurde. Roger II. wählte sie zu seinem Hauptsitz, erweiterte die Gebäude und errichtete die Cappella Palatina. In den folgenden Jahrhunderten folgten weitere Umbauten, spanische Herrscher fügten im 17. Jh. die lange Frontfassade hinzu. Seit 1947 ist der Palast Sitz des sizilianischen Parlaments und daher nur begrenzt für die Öffentlichkeit zugänglich.

Schöner wohnen

Die ehemaligen königlichen Gemächer im obersten Stockwerk wurden im 19. Jh. ausgeschmückt. Zu den luxuriösen Räumen zählt die Sala dei Vicere mit den Porträts der sizilianischen Vizekönige von 1754 bis 1837. Hauptattraktion ist die normannische Sala di Re Ruggero (König Rogers Saal),

Leuchtende Mosaiken auf goldenem Grund hüllen die Cappella Palatina in ein magisches Licht.

Von außen wirkt der Normannenpalast indes noch recht unscheinbar.

die unter Wilhelm I. entstand. Die detailverliebten profanen Mosaiken, die die Wände des Privatgemachs schmücken, zeigen wilde Leoparden und stolze Pfauen unter Palmen und Orangenbäumen; daneben nehmen bewaffnete Zentauren Hirsche ins Visier. Suchen Sie an der Decke den Hasen in den Krallen des Raubvogels!

Multikulti im Zentrum der Macht

Die Cappella Palatina inmitten des Palasts wurde zwischen 1132 und 1143 als Privatkapelle Rogers II. errichtet und später gegen Einblicke von außen geschützt. Die kunstvolle Ausstattung repräsentiert die diversen Kulturen im Königreich Sizilien: Die herrliche Stalaktitendecke ist das Werk arabischer Holzschnitzer, die Mosaiken wurden von Griechen und Italienern gelegt, Normannen haben an den verschachtelten Schnitzereien der Kanzel und des riesigen Osterleuchters gearbeitet, römische Künstler sind für die Intarsien am Boden verantwortlich. Sie sind im sogenannten Opus-Alexandrinum-Stil ausgeführt. Roger legte die Ikonografie der Mosaiken mit Unterstützung von Theologen an. Sie symbolisieren einerseits Rogers Königreich, andererseits die Kraft des Heiligen Geistes und sein transzendierendes Licht.

Sie betreten mit diesem Ort eine magische Schatztruhe, in der schimmernde Oberflächen das Licht reflektieren. Die Kapelle wird durch Säulen in ein Haupt- und zwei Seitenschiffe unterteilt. Am östlichen Ende befindet sich der Altarbereich mit drei Apsiden, die besonders prächtige Mosaiken schmücken. In der zentralen Apsis ist Christus Pantokrator dargestellt, links die Madonna mit Kind und rechts die Krippe, umgeben von Erzählungen aus dem Neuen Testament. Die Mosaiken des Hauptschiffs wurden zuletzt ausgeführt und zeigen Episoden aus dem Alten Testament: die Schöpfungsgeschichte und den Bau der Arche, an der die für die kalten, nördlichen Gewässer der Normandie geeignete Bauart auffällt. Petrus und Paulus sind in den Bildern der Seitenschiffe zu sehen. Im hinteren Teil des Hauptschiffs befindet sich die Empore mit Mosaiken von Christus, Petrus und Paulus – Rogers Platz während der Gottesdienste.

Fünf rote Kuppeln krönen San Giovanni degli Eremiti.

San Giovanni degli Eremiti

Wenn Sie vom Ausgang des Palazzos der Straße folgen, kommen Sie zu einer weiteren Kirche Rogers, San Giovanni degli Eremiti, deren fünf rote Kuppeln das Wahrzeichen der Stadt sind. Dieses kleine Gebäude inmitten eines mit Palmen und Jasminbüschen bepflanzten Gartens wurde zwischen 1132 und 1148 zeitgleich mit der Cappella Palatina erbaut. Hier finden Sie zwar keine Mosaiken, dafür aber ein schlichtes Kircheninneres und einen idyllischen Innenhof aus maurischer Zeit sowie einen bezaubernden Säulengang.

Trattoria ai Normanni (€/€€): Piazza Vittoria 25, Tel. 091 6 51 60 11, tägl. 12–16 & 18.30–24 Uhr

KLEINE PAUSE

Direkt gegenüber dem Palazzo gelangen Sie durch einen Innenhof in die **Trattoria ai Normanni.**

---

i

222 A/B3 Piazza Indipendenza 1 ☎ 091 6 26 28 33 www.federicosecondo.org Mo–Sa 8.15–17.40, So 8.15–13 Uhr 10/12 € Touristenbus Linie A, 104, 105, 108, 110, 118

San Giovanni degli Eremiti
Via dei Benedettini ☎ 091 6 51 50 19 Mo–Sa 9–19, So 9–13.30 Uhr 6 € Touristenbus Linie A, 104, 105, 108, 110, 118

Nach Lust und Laune!

13 Museo Internazionale delle Marionette

Puppentheater sind eine traditionelle Form der Unterhaltung auf Sizilien. Dieses faszinierende, 1975 gegründete Museum zeigt nicht nur über 3500 Figuren, sondern veranstaltet auch Aufführungen.

Die schönste Marionettensammlung der Welt umfasst zauberhafte, handgearbeitete Gelenkpuppen, rund 80 cm groß und in prächtige Kostüme gekleidet. Viele sind jahrhundertealte Antiquitäten, andere kommen aus entfernten Ländern wie Indonesien, Indien und anderen Teilen des Fernen Ostens. Viele Marionetten verkörpern Figuren in glänzender Rüstung, die historische Gegebenheiten nachspielen – z. B. aus den Zeiten von Karl dem Großen, Wilhelm I. von Sizilien oder verwegenen Sarazenen. Der Held ist häufig eine Figur namens Orlando, der im Alleingang den Feind auf einer blutgetränkten Bühne vertreibt oder tötet.

222 E2 ✉ Piazzetta Antonio Pasqualino 5 (Via Butera) ☎ 091 32 80 60 🌐 www.museodellemarionette.it ◔ Di–Sa 10–18, So–Mo 10–14 Uhr 5 € Touristenbus Linie A, 103, 105, 139, 824

14 Galleria Regionale della Sicilia

Der im historischen Viertel Kalsa gelegene Palazzo Abatellis (1488) beherbergt die Sizilianische Regionalgalerie mit der exklusivsten Kunstsammlung Siziliens. Das Erdgeschoss ist fast ausschließlich der Skulpturensammlung vorbehalten. Ein Raum enthält das Gemälde »Triumph des Todes« aus dem 15. Jh.: Das Werk eines unbekannten flämischen Malers zeigt den Tod, der auf einem gespenstischen Pferd über geschundene Körper reitet und sich vergnügten Ahnungslosen nähert, die ihrem Schicksal nicht entrinnen können.

Im Obergeschoss finden Sie repräsentative Werke aus dem 13. und 14. Jh., die deutlich byzantinische Einflüsse aufweisen. Hauptattraktion ist die »Verkündigung« (1476) von Antonello da Messina. Das »Malvagna-Triptychon« des Flamen Mabuse zeigt die Jungfrau im Kreise engelhafter Musikanten.

222 E2 ✉ Via Alloro 4 ☎ 091 6 23 00 11 🌐 www.regione.sicilia.it/beniculturali ◔ Di–Fr 9–18.30, Sa & So 9–13 Uhr 8 € Touristenbus Linie A, 103, 105, 139

15 Mercato della Vucciria, di Ballarò, del Capo

Neben der Kirche San Antonio führen Treppen herunter zur Vucciria, Palermos ältestem Markt, der leider nur mehr ein Schatten seiner selbst ist. Der Name basiert auf dem Wort vicciria des lokalen Dialekts, was »Stimmen« oder »Stimmengewirr« bedeutet. Doch das finden Sie immer seltener in dem Labyrinth en-

Vom Zauber der »Pupi«

Es wird gekämpft und gestorben, geliebt und gehasst, gelacht und geklatscht: Vorhang auf für starke Ritter, zarte Prinzessinnen und Feuer speiende Drachen. Die »Opera dei Pupi« ist dynamisch und abwechslungsreich und voller Bewegung und fast möchte man meinen, dass in jeder hölzernen Puppe ein lebendiger Pinocchio steckt. In Mimmo Cuticchios Theater vergessen Sie die Zeit und entdecken das Kind in Ihnen, während Sie auf den Holzbänken sitzen, in deren Rückenlehnen das Schicksal des rasenden Rolands geschnitzt ist.
Teatro dell'Opera dei Pupi, Via Bara all'Olivella 95, Palermo, Tel. 091 32 34 00

Fangfrischer Fisch darf auf keinem der Märkte Palermos fehlen.

ger Gassen um die Piazza San Domenico vor.

Lebendiger geht es in den Marktgassen des Ballarò und des Mercato del Capo zu. An Dutzenden von Ständen bieten pausenlos palavernde Händler unter Lichterketten oder blanken Glühbirnen ihre Waren lautstark feil. Die Menge drängelt sich um Thunfisch- oder Schwertfischsteaks, um lebende Aale und Schalentiere, reife Früchte und frisches Gemüse. An anderen Ständen finden Sie Taschen, Zigaretten, DVDs und CDs, grellen Sweatshirts, Espressokannen und Küchengeräten. Achtung: Oft sind auch Fälschungen, Schmuggelware oder Raubkopien dabei! Besuchen Sie den Markt ganz früh, um den Kaufrausch in voller Pracht mitzuerleben.

222 B2, C3, D2 tägl. Sonnenaufgang bis 14 Uhr Touristenbus Linie A 101, 102, 103, 104, 107

16 Museo Archeologico Regionale

Das ehemalige Frauenkloster beherbergt heute das ausgezeichnete Archäologische Museum Palermos (das voraussichtlich noch bis Mitte 2019 in Teilen renoviert wird). Zu sehen sind Funde vom Meeresgrund und römische Skulpturen, darunter auch der als Rosettastein Siziliens bezeichnete Pietra di Palermo (Stein von Palermo): Das Fragment einer um 2500 v. Chr. entstandenen Inschrift wurde im 19. Jh. in Ägypten entdeckt; es enthält Hieroglyphen mit Informationen zu den Pharaonen und lieferte so Hinweise, um den rätselhaften Code zu entziffern.

Des Weiteren finden Sie herrliche griechische Figuren, z. B. einen massigen Gorgonenkopf aus Selinunte (S. 164) oder 19 Wasserspeier mit knurrenden Löwenköpfen aus Himera wie auch eine Sammlung etruskischer Graburnen, die Verstorbene beim fröhlichen Bankett im Jenseits abbilden. Außerdem zeigt das Museum eine unüberschaubare Sammlung von Terracotta-Votivgaben, außergewöhnliche hellenistische Figuren wie den Bronzewidder aus Syrakus (S. 109), Fragmente des Parthenon-Frieses und römische Mosaiken, die im Zentrum Palermos ausgegraben wurden.

222 C1 Piazza all'Olivella 24 091 6 11 68 07 www.regione.sicilia.it/beniculturali/salinas Di–Sa 9.30–18.30, So 9.30–13.30 Uhr 3 € (erm. Eintritt bis zum Ende der Renovierungsarbeiten) Touristenbus Linie A, 101, 102, 103, 104

17 Quattro Canti & Piazza Pretoria

Im Herzen Palermos, wo sich die Via Maqueda und der uralte Corso Vittorio Emanuele kreuzen, befinden sich die Quattro Canti (»vier Ecken«), ein symbolträchtiger Platz, der mit dreistöckigen Bauten gesäumt ist. Die 1611 in Auftrag gegebenen Gebäude zieren Brunnen, die die Allegorien der vier Jahreszeiten und der Schutzheiligen der vier angrenzenden Stadtteile – Kalsa, Amalfitani, Seralcadio (Capo) und Albergheria – darstellen. Der attraktive Platz der Begegnung ist Teil der Fußgängerzone entlang der Via Maqueda und des Corso Vittorio Emanuele (nur von 7 bis 10 Uhr ist hier Autoverkehr erlaubt).

Einige Schritte weiter im Osten befindet sich an der Piazza Pretoria das Rathaus (Municipio) in einem Palazzo aus dem 15. Jahrhundert. Zuerst gerät jedoch die Fontana Pretoria ins Blickfeld, die auch als Fontana della Vergogna (Scham) bekannt ist. Der Brunnen mit einem Umfang von 133 m und einer Höhe von 12 m, erbaut zwischen 1544 und 1555, ist das Werk der florentinischen Manieristen Francesco Camillani und Angelo Vagherino. Ursprünglich wurde er für ein Anwesen von Vizekönig Don Pietro de Toldeo geschaffen. Als dieser ihn aber ablehnte, entschloss sich der Stadtrat von Palermo, ihn zu erwerben. Bei näherer Betrachtung der freizügigen Nymphen erklärt sich der Spitzname.

Bei der Gestaltung des Rathausplatzes ließen sich Palermos Stadtherren nicht lumpen.

222 C2 Quattro Canti, Piazza Pretoria Touristenbus Linie A, 101, 102, 103, 104

18 Catacombe dei Cappuccini

Die Kapuzinermönche konservierten die sterblichen Überreste ihrer Verstorbenen seit jeher. Ab dem 16. Jh. benutzten sie die Katakomben ihrer Kirche im Außenbezirk Palermos für die Bestattung – und schon bald wünschten auch »Normalsterbliche« eine Einbalsamierung. Das Ergebnis können Sie heute bewundern: die sterblichen Überreste von über 8000 Menschen aus dem 16. bis ins frühe 20. Jahrhundert. Die Leichname wurden verschiedenen Konservierungsprozessen unterworfen und in ihren eigenen, vorher ausgewählten Kleidern in eine Nische oder Mauerlücke in den Katakomben gelegt. Dabei wurde Gleich zu Gleich gesellt: Soldat zu Soldat, Rechtsanwälte hier, Jungfrauen und alte Jungfern dort.

Blick auf die sichelförmige Bucht von Mondello und den Monte Pellegrino

Der Anblick ist makaber, die große Anzahl früh verstorbener Babys und Kleinkinder stimmt nachdenklich. Der traurigste Fall ist derjenige der zwei Jahre alten Rosalia Lombardo, die 1920 nach einer geheim durchgeführten Konservierung bis heute perfekt erhalten ist.

222 A3 Piazza Cappuccini 091 6 52 73 89 tägl. 9–13, 15–18 Uhr, im Winter So nur vormittags 3 € 327

19 Mondello & Monte Pellegrino

Entfliehen Sie der Hitze und dem Lärm Palermos und fahren Sie um den Monte Pellegrino zum 11 km entfernten Sandstrand von Mondello. Mondello bietet alle Voraussetzungen für einen gelungenen Strandtag: Am Wochenende herrscht bis spätnachts Trubel, der Sandstrand ist sauber, das Wasser klar und es gibt jede Menge Lokale, die frischen Fisch servieren. Nehmen Sie abends an der »passeggiata« auf einer der belebtesten Promenaden Siziliens teil, bevor Sie anschließend eine der zahlreichen Open-Air-Diskotheken besuchen.

Einen Abstecher lohnt auch das Santuario di Santa Rosalia, das in den höheren Regionen des Monte Pellegrino liegt. Die hl. Rosalia (1132–1166), Schutzpatronin Palermos, war eine Nichte Wilhelms II., die dem weltlichen Leben entsagte und 1159 auf diesen Berg floh. Im gleichen Jahr endete eine Pestepidemie, wofür die Menschen Rosalia verantwortlich machten. In der Höhle mit einer Skulptur der Rosalia wird die Heilige noch heute verehrt. Das Wasser in der Höhle soll Wunder vollbringen. Sie können den Monte Pellegrino weiter hinaufwandern, bis ein Felsabhang mit einer weiteren, riesigen Statue der Heiligen erreicht ist. Der Anstieg wird mit einer umwerfenden Aussicht belohnt.

213 E/F5 806, 833 (833 nur im Sommer) nach Mondello; 812 zum Monte Pellegrino

Wohin zum … Übernachten?

Preise für ein Doppelzimmer pro Nacht:

€	unter 130 €
€€	130–230 €
€€€	über 230 €

PALERMO

Ai Vicerè €

Moderne Kunstwerke schmücken die fünf Zimmer in diesem geschmackvollen B & B nahe der Oper. Der engagierte und stolze junge Padrone Luca gibt seinen Gästen Tipps. Frühstück im Garten, Küchenbenutzung möglich.
222 B1 Via Pignatelli Aragona 82
091 5 07 39 15 www.bedandbreakfast-palermo.com

B & B Guelio €

Fabio Buscemi hat die Welt gesehen, spricht Schwyzerdütsch, Deutsch, Englisch und Spanisch und hat im Sommer 2015 ein ansprechendes B & B beim Teatro Massimo in der Nähe der mittelalterlichen Kirche S. Agostino eröffnet. Die sieben Zimmer sind modern eingerichtet, zwei Zimmer haben eine kleine Terrasse.
222 B1 Via Ugo Antonio Amico 22
347 6 55 26 97 www.bbgueliopalermo.com

Centrale Palace €€ / €€€

Im Palazzo Tarallo, nicht weit von der Kathedrale entfernt, ist eines der luxuriösesten Hotels in Palermo zu Hause. Innen empfangen Sie Fresken, Stuckarbeiten, dicke Teppiche und ein erlesener Service. Alle Badezimmer haben eine Badewanne und im ganzen Hotel ist WLAN verfügbar. Auf der herrlichen Dachterrasse wird das Frühstück serviert, abends lädt sie Sie zu Drinks ein. Das Restaurant ist zwar teuer, bietet aber erstklassigen Service und delikate Gerichte.
222 C2 Corso Vittorio Emanuele 327
91 33 85 39 www.eurostarscentralepalace.com

Centrale Palace: Bei solch einem Ausblick zum Frühstück steht man morgens gerne auf.

Grand Hotel Piazza Borsa €€

Das stilvolle Hotel mit bester zentraler Lage übertrifft in puncto Ambiente und Service seine Vier-Sterne-Einstufung, und das zu fairen Preisen. Es besteht aus drei Gebäuden. Der mittlere Teil war einst ein Kloster aus dem 16. Jh. – an die Hotellobby grenzen noch die Kreuzgänge.
222 C2 Via dei Cartari 18 091 32 00 75
www.piazzaborsa.com

Massimo Plaza €€€

Das elegante alte Jugendstilhaus liegt gegenüber dem Teatro Massimo und wurde kürzlich im Zuge einer Restaurierungswelle historischer Bauten modernisiert. Die großzügigen Zimmer sind mit Parkett ausgestattet, haben ausgezeichnete Badezimmer und – in diesem belebten Teil der Stadt sicher von Vorteil – schalldichte Fenster. In der Lobby finden Sie zahlreiche bequeme Sitzgelegenheiten und eine nette Bar. Parkmöglichkeiten vorhanden.
222 B1 Via Maqueda 437 091 32 56 57
www.massimoplazahotel.com

Villa Igiea Sofitel €€€

Die Villa Igeia liegt in einem reizenden Garten am Meer etwas außerhalb von Palermo. Das ehemalige Sanatorium wurde um 1900 vom berühmten Jugendstilarchitekten Ernesto Basile zu einem Luxushotel umgebaut, das in seinen Aufenthaltsbereichen und den wunderbar großzügigen Zimmern und Suiten den eleganten Stil der damaligen Zeit bewahrt. Das Restaurant »Donna Franca Florio« verdient seinen guten Ruf für leichte mediterrane Küche mit Schwerpunkt auf

Fischgerichten. Zum Hotel gehören ein feiner Pool und ein Tennisplatz. Bei Online-Buchung erhalten Sie einen Preisnachlass.
222 nördl. D1 Salita Belmonte 43
091 6 31 21 11 www.villa-igiea.com

MONREALE

Elvira al Duomo €
Santino und Elvira haben in ihrem hübschen Gartenhaus an der Conca d'Oro und in Blicknähe der Kathedrale ein paar Gästezimmer ausgebaut. Manchmal veranstaltet Elvira Backkurse mit den Gästen.
213 E5 Via S. Liberata 17 091 6 40 71 65
www.elviraalduomo.it

MONDELLO

Addaura € / €€
Lassen Sie sich nicht von der eher strengen, klotzigen Architektur abschrecken: Dieses Hotel direkt am Meer ist ein Geheimtipp. Es hat zwei Pools, großzügige Außenanlagen, einen Garten und ein vornehmes Restaurant. Die geschmackvoll eingerichteten Zimmer haben fast alle Balkon mit Seeblick. Optional werden für Selbstversorger kleine Ferienwohnungen für bis zu sechs Personen angeboten. Für die Hauptsaison (Juni–Sept.) sollten Sie rechtzeitig reservieren.
213 E5 Lungomare Cristoforo Colombo 4452, Mondello 091 6 84 22 22
www.addaura.it

Wohin zum … Essen und Trinken?

Preise für ein Drei-Gänge-Menü mit Wein:

€	unter 20 €
€€	20–35 €
€€€	über 35 €

PALERMO

Al Cancelletto Verde €€
Typisch sizilianische Gerichte werden in diesem Restaurant serviert. Die farbenfrohe Umgebung mit handbemalten Marionetten

Ein Besuch im Cappello torpediert sämtliche Diätvorhaben.

und vielen anderen Deko-Objekten wirkt weniger authentisch wie das sorgfältig zubereitete Essen. Auf der abwechslungsreichen Speisekarte stehen sizilianische Klassiker wie Pasta alle Sarde (Nudeln mit Sardinen, Fenchel, Anchovis und Pinienkernen) oder Penne alla Norma. Im Sommer können Sie auch draußen speisen.
222 nördl. C1 Via R Wagner 14
091 32 05 37 www.cancellettoverde.it
tägl. 12.30–15 & 19–24 Uhr

Antica Focacceria San Francesco €
Besuchen Sie die traditionsreiche Rosticceria aus dem Jahr 1834, um Pizzas und eine große Auswahl einheimischer und würziger Speisen zu kosten: Snacks wie Panelle (Hühnchen-Kichererbsen-Bratlinge), Meusa (gegarte Rindermilz) und Stigghiole (gefüllter Darm). Wer nicht ganz so experimentierfreudig ist, kann eines der Teiggerichte oder die krosse Pizza aus dem Steinofen wählen.
222 D2 Via Alessandro Paternostro 58
091 32 02 64 www.anticafocacceria.it
tägl. 11–23 Uhr

Cappello €€
Diese Pasticceria in der Nähe der Kathedrale gilt als die beste in Palermo. Gebäck, Kuchen und Konfekt werden mit erlesensten Zutaten hergestellt. Angeboten werden u. a. Meringen, Cannoli, Cassata, Profiteroles, Rhum Babas, Marzipanfrüchte und Törtchen. Die Spezialität sind Schokoladenkuchen und Feingebäck.
222 A3 Via Colonna Rotta 68
091 48 96 01 www.pasticceriacappello.it
Do–Di 7–21.30 Uhr

Gioè €
Eine typische Rosticceria, in der sich Einheimische mit preiswerten und schmackhaften Spezialitäten wie Arancine (gefüllte Reisbällchen), Panelle (Kichererbsenfladen), Pasta al Forno (Nudelauflauf) oder Pollo arrosto con Patate (Grillhuhn mit Ofenkartoffeln) stärken. Die Atmosphäre inmitten des volkstümlichen Marktgeschehens ist schon ein Erlebnis für sich.
222 C3 Piazza Ballarò 10/12
091 5 50 49 51 oder 347 5 15 67 88
Mo–Sa ca. 10–15 Uhr

Il Bersagliere €
Nichts für Angsthasen, Hygienefanatiker, Lärmempfindliche oder Speisekartenfetischisten. Dafür können Sie froh sein, wenn Sie ein Plätzchen im engen, marmorgetäfelten und schlauchartigen Gastraum dieser superaltmodischen Markttrattoria gefunden haben. Authentische frische Küche mit viel Fisch und Gemüse zu günstigen Preisen. Verkehrssprache: Zeichen oder Sizilianisch. Ein kulinarisches Abenteuer.
222 C3 Via S. Nicolò all'Albergheria 38
Mo–Sa 13–16 Uhr

Oriol €
Die Bar beim Stadion ist ein beliebter Treffpunkt der Palermitani, die hier Cocktails schlürfen oder einen Happen essen. Berühmt ist die Gelateria Oriol für ihre Eiscreme aus Biozutaten. Einige Sorten: Maulbeere, Mandel oder Schokotrüffel.
222 nördl. C1 www.baroriol.it
Bar: Via Ausonia 52-58 091 7 84 73 25
6.30–22 Uhr
Gelateria: Piazzale Ungheria 6/10
338 1 32 07 72 8–20 Uhr

Osteria dei Vespri €€ / €€€
Ein elegantes, cooles Restaurant in einer ehemaligen Remise des Palazzo Gangi. Alte Klassiker und moderne Variationen werden leicht und intensiv im Geschmack zubereitet und stylish serviert. Die Weinkarte umfasst 350 Weine aus aller Welt.
222 D2 Piazza Croce dei Vespri 6
091 6 17 16 31 www.osteriadeivespri.it
Mo–Sa 13–15, 19.30–22.30 Uhr

Ristorante Ai Vecchietti di Minchiapititto €€
Eine tolle Begrüßung erwartet die Besucher dieser kitschigen Taverne – und zu lokalen Festtagen wie einem Heiligentag macht es noch mehr Spaß. Serviert werden traditionelle sizilianische Gerichte und Menüs, bei denen Wasser, Wein und Kaffee im Preis enthalten sind.
222 nördl. B1 Piazza Sant'Oliva 10
091 58 56 06 www.aivecchiettidiminchiapititto.com tägl. 12–24 Uhr

MONREALE

Taverna del Pavone €€
1969 eröffnete die Familie Pupella das Restaurant. Die mittlerweile zweite Generation verbindet heute eine ursprüngliche Regionalküche ohne viel Schnickschnack mit exzellentem Service und einer herzlichen Atmosphäre. Sitzen Sie innen oder im Freien und wählen Sie aus dem Angebot klassischer und gut zubereiteter sizilianischer Spezialitäten – als »primi« z. B. Caponata, Sarde a Beccafico, Pasta alla Norma und als »secondi« Fleisch oder Fisch. Nehmen Sie sich Zeit beim Studieren der umfangreichen Weinkarte mit einer interessanten Auswahl sizilianischer Weine.
213 E5 Vicolo Pensato 18
091 6 40 62 09 www.tavernadelpavone.it
tägl. 12–15.30, 19.30–23.30 Uhr (im Aug. 2 Wochen, im Winter Mo geschl.)

MONDELLO

Alle Terrazze €€€ (Pizzeria €)
Genau in der Mitte des »lungomare« in Mondello liegt ein außergewöhnliches Jugendstilhaus von 1913 direkt am Meer. Es beheimatet das Charleston, eine der berühmtesten Prunkbadeanstalten Siziliens, und das neu aufgelegte Restaurant Alle Terrazze. Palermos Schickeria trifft sich hier gern, auch wenn wenige Einheimische die veganen oder Zöliakie-Optionen bestellen. Es erwarten Sie raffinierte Pastagerichte, frischer Fisch, erlesene Käsevariationen aus ganz Sizilien und himmlische Nachspeisen; das Cassata und das Semifreddo mit Mandeln

sind erstklassig. Günstiger speist man, wenn man sich für Pizzas entscheidet. Reservieren Sie weit im Voraus.
213 E5 Viale Regina Elena
091 6 26 29 03 www.alleterrazze.it
Mi–Mo 13–15, 20–23 Uhr

Wohin zum ... Einkaufen?

Eine gute Auswahl an Geschäften der mittleren Preisklasse finden Sie am Corso Vittorio Emanuele und in Richtung Via Roma, die bekannten Designermarken sind rund um den Viale della Libertà auf der anderen Seite der Piazza Politeama zu finden. Das Kaufhaus Rinascente (Via Roma 289, Tel. 091 6 01 78 11) hält ein Luxussortiment bereit.

Kunsthandwerk gibt es in den neuen Vierteln Palermos; einige gute Läden nördlich des Corso Vittorio Emanuele. Sicily's Folk (Corso Vittorio Emanuele 450, Tel. 091 6 51 27 87; www.angelatripi.it) verkaufen wunderschöne handgetöpferte Figuren. Ganz in der Nähe befindet sich das Pantaleone (Corso Vittorio Emanuele 293–295, Tel. 091 58 40 93; www.pantaleone.com), ein einzigartiger, auf sakrales Kunsthandwerk spezialisierter Laden. Kinder bekommen bei Giocattoli di Sara große Augen – von Computerspielen über Lego-Baukästen bis Karnevalskostümen gibt's hier alles, was »bambini «so brauchen (Via Volturno, Tel. 091 58 57 87).

Souvenirs und Mitbringsel gibt es zuhauf auf den Straßenmärkten von Palermo. Die besten Märkte sind Capo (S. 61) und Ballarò (zwischen Piazza del Carmine und Piazza Ballarò; S. 61) – aber auch ein Besuch des Mercatino delle Pulci (Flohmarkt) nahe der Kathedrale lohnt sich. Käseliebhaber machen sich auf zu Cambria (Via Simone Cuccia, Tel. 091 30 06 21), etwas nördlich des Zentrums. Hier erhalten Sie über 100 Käsesorten aus ganz Sizilien und vom italienischen Festland, aber auch Wurst, Öl und Pasta. Zu den Spezialitäten zählen Pecorino und Bergkäse aus den Monti Madonie.

Wohin zum ... Ausgehen?

Als Hauptstadt Siziliens bietet Palermo jede Menge Unterhaltung. Besonders landestypisch ist das Marionettentheater; fragen Sie im Museo delle Marionette (S. 59) oder Figli d'Arte Cuticchio (Via Bara all'Olivella 95, Tel. 091 32 34 00; www.figlidartecuticchio.com) nach Wochenendvorstellungen.

Gerade weil die Aufführungen der hiesigen Theater italienischsprachig sind, sollten Sie sich nicht die umwerfende Atmosphäre bei einer Oper- oder Ballettaufführung im Teatro Massimo (Piazza Verdi, Tel. 091 6 05 35 80; www.teatromassimo.it) entgehen lassen. Eleganza ist im Jugendstilambiente des Caffè del Teatro angesagt (Caffè - Lounge Bar Di–So 9–24, Restaurant Di–So 12–15, 19–23 Uhr; www.caffedelteatro massimo.it). Alternativ besuchen Sie ein Konzert im Teatro Politeama Garibaldi (Piazza Ruggero Settimo, Tel. 091 6 07 25 32; www.orchestrasinfonicasiciliana.it). Einen Veranstaltungskalender finden Sie in der Tageszeitung, »Il Giornale di Sicilia«.

Eine der bedeutendsten Musikbühnen Italiens: das Teatro Massimo in Palermo

Mitte Juli versetzt U Fistinu di Santa Rosalia, das Fest zu Ehren der Stadtpatronin, die ganze Stadt in Partylaune. Clubs und Bars befinden sich nördlich des Zentrums. Im Sommer sind die belebtesten Ecken rund um Mondello (S. 63) und die trendigsten Bars in der Viale della Libertà zu finden. Ein perfekter Ort zum Sehen und Gesehenwerden sind die Bars in den Fußgängerzonen Via Mazzini und Via Principe di Belmonte.

Mehr Sizilien geht kaum: der Ätna als natürliche Kulisse im Teatro Greco von Taormina.

Der Ätna und der Nordosten

Der höchste Vulkan Europas, das Sehnsuchtsziel Taormina oder das vielseitige Cefalù locken in diesen Teil Siziliens.

Seite 68–97

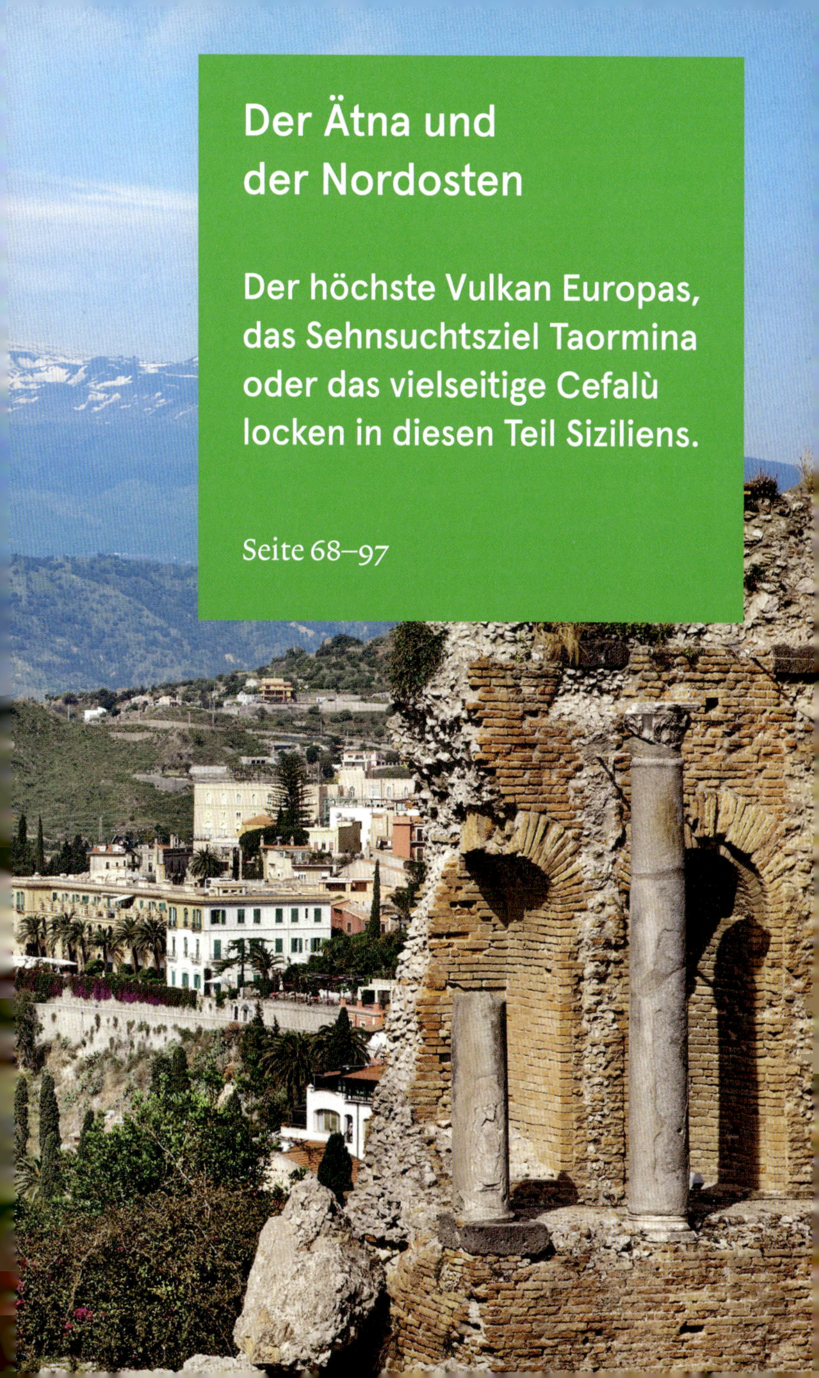

Erste Orientierung

Der Nordosten Siziliens wird vom Massiv des Ätna beherrscht. Der schmauchende Gigant ist einer der aktivsten Vulkane der Erde. Mit einer Höhe von 3329 m und weit auslaufenden Flanken ist er die dominierende Landmarke im Nordosten der Insel.

Sie werden den mächtigen Vulkan in dieser Region Siziliens in den seltensten Fälle aus dem Blick verlieren. Mal sieht man seine unverwechselbare Rauchfahne in der gleißenden Sonne aufsteigen, ein anderes Mal erscheint sein Gipfel wolkenverhangen, finster und bedrohlich, wie um an seine schrecklichen und zerstörerischen Kräfte zu erinnern.

Mare e monti – Meer und Berge

Die fruchtbaren, mit Wein und Oliven bepflanzten unteren Hänge des Ätna werden durch zahlreiche Flüsse und Bäche bewässert. Die Alcàntara-Schlucht lädt im Sommer zum kühlen Bad in saftigem Grün ein. In der Nähe liegt die Bilderbuchstadt Taormina. Sie ist die Perle in einer Kette von Städtchen und hübschen Ferienorten entlang der an das Ionische Meer grenzenden Felsenküste. Diese setzt sich nordwärts bis nach Messina fort, dem Sprungbrett zum italienischen Festland.

Weiter nördlich beschreibt die Küste einen Bogen nach Westen. Die Autobahn führt Sie zur geschäftigen Hafenstadt Milazzo, zum antiken, auf einer steilen Landspitze über dem Meer liegenden Tyndaris

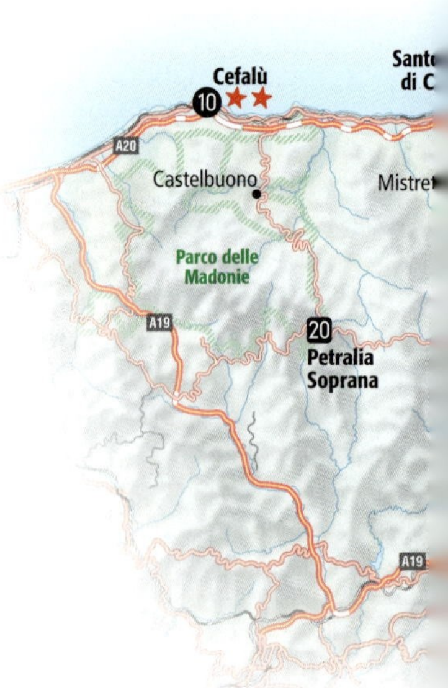

und zum quirligen Santo Stefano di Camastra, das für seine farbenfrohen und meisterhaft gefertigten Keramikwaren bekannt ist. Landeinwärts erheben sich die blauen Gebirgskämme der Nebrodi und der Madonien mit ihren verstreuten Bergdörfern und der reichen Flora und Fauna. Die Monti Madonie fallen beim reizenden Örtchen Cefalù ins Meer ab, dessen normannische Kathedrale sich wie eine Wächterin über dem Fischerhafen, dem Straßengewirr der Altstadt und dem hellen Sandstrand erhebt.

TOP 10

2 ★★ Etna
5 ★★ Taormina
10 ★★ Cefalù

Nach Lust und Laune!

20 Petralia Soprana
21 Santo Stefano di Camastra
22 Tyndaris
23 Messina
24 Giardini-Naxos
25 Gola dell'Alcàntara

Mein Tag von Dorf zu Dorf

Diese hübschen Dörfer! Diese mittelalterlichen Gassen! Dieser Meerblick! Dieses körnige Zitronensorbet! Nördlich von Taormina liegen eine Handvoll Dörfer, die Ihnen einen Sprung in die Vergangenheit ermöglichen. Wenn Sie etwas Entdeckergeist haben und Ihnen ein paar Serpentinen nichts ausmachen, erwarten Sie stressfreie, authentische und genussvolle Augenblicke.

9 Uhr: Schweben zwischen Himmel und Meer

Eine knapp 20-minütige Autofahrt von ❺ ★★ Taormina – der touristische Hotspot bleibt heute außen vor – liegt Castelmola, dessen mittelalterlicher Ortskern mit seinen steilen Gassen und Treppchen zum Klub der schönsten Dörfer Italiens gehört (am besten parken Sie gleich am Ortsanfang). Der »Borgo più Bello d'Italia« thront auf einem Hügel, von dem aus sich einzigartige Blicke auf Taormina, die Bucht von Naxos und den Ätna bieten.

Der Größe des Ortes entsprechend steht Relaxen im Vordergrund. Genießen Sie das Panorama bei Cappuccino und Cremerolle im Antico Caffè San Giorgio, bevor Sie den Gang durch das Dorf starten. Die kleinen Gassen führen vorbei an versteckten Winkeln, schwarzweißen Pflastermosaiken und kleinen Läden mit herrlichen Stickereien. Wer will, probiert auch noch in der urigen Bar Turrisi den Vino alla Mandorla. Der bernsteinfarbene, bittersüße Mandelwein ist eine lokale Spezialität. Last but not

16.30 Uhr: Wo schon »Der Pate« Zuflucht fand

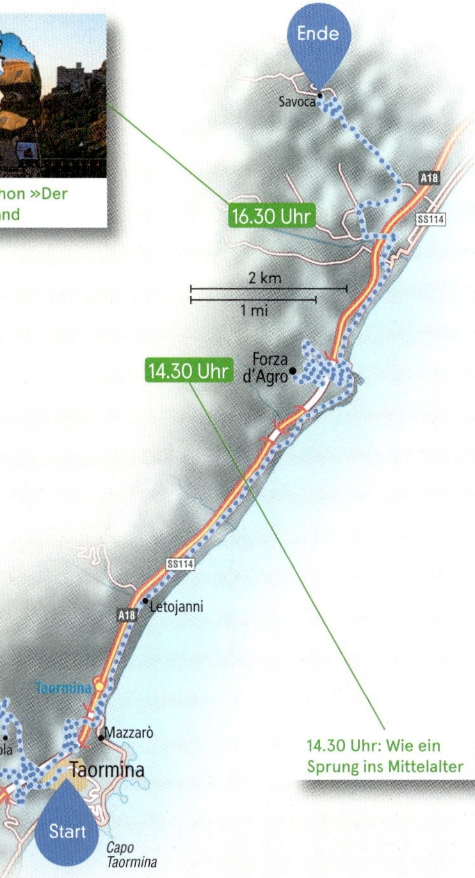

14.30 Uhr: Wie ein Sprung ins Mittelalter

9 Uhr: Schweben zwischen Himmel und Meer

9 Uhr

Wie mit grünem Samt überzogen wirken die Erhebungen rund um Castelmola, über die der Blick in die Ferne schweift. Wenn das Wetter mitspielt, ist auch der den Großteil des Jahres über schneebedeckte Ätna zu erkennen.

least bleibt noch der Aufstieg zum Castello di Mola. Von der Burg mag nicht mehr viel übrig sein, der Rundumblick hier oben ist jedoch schlicht fantastisch!

13 Uhr: Sizilianische Küche schlemmen

Wenn Sie die 1960er-Jahre lieben, sind Sie bei Caterina und Attilio im 20 km nordöstlich von Castelmola gelegenen Forza d'Agrò genau richtig. Die Trattoria Anni '60 bietet echte sizilianische Küche aus regionalen Produkten und ein wenig Retro-Atmosphäre. Reservieren Sie rechtzeitig einen Tisch, um sich einen Balkonplatz zu sichern. Der Blick aufs Meer, die Kirchen SS. Annunziata und SS. Trinità, vor denen einst Regisseur Francis Ford Coppola Szenen des Films »Der Pate« gedreht hat, sind ebenfalls einzigartig.

14.30 Uhr: Wie ein Sprung ins Mittelalter

Auch beim anschließenden Gang durch das verschlafene Dorf heißt es »Eile mit Weile«. Alte Steinhäuser säumen die engen Gassen aus Kopfsteinpflaster, hoch über den

Wie gemalt: Kein Wunder, dass Coppola Forza d'Agro zum Filmset machte, zeigt sich das Ortsbild doch fast unwirklich schön.

Ein Platz an der Sonne gefällig? Dann ist die Terrasse des Turrisi das perfekte Fleckchen für eine Pause.

Dächern thronen die Ruinen einer alten Burg. Am besten kann diese Atmosphäre genießen, wer sich dem Rhythmus des Ortes anpasst. Je höher man aufsteigt, desto atemberaubender wird zudem das Panorama. Der Blick reicht Dutzende Kilometer die Küste entlang: von Messina über Taormina, Castelmola, die Bucht von Naxos und den Ätna bis hin nach Syrakus. Auf eine süße Verführung treffen Sie im CioccolArt Museum mit seinen Schoko-Skulpturen.

16.30 Uhr: Wo schon »Der Pate« Zuflucht fand

Die mittelalterliche Vergangenheit spüren Sie auch im Bergdorf Savoca, das sich eine halbe Stunde von Forza d'Agrò über mehrere Hügel erstreckt. Beim Spaziergang durch die gepflasterten Gassen trifft man auf Mauerreste, alte Steinhäuser,

Savoca, das ebenfalls zu den »Borghi più belli d'Italia« gehört, verströmt mittelalterlichen Charme. Die Kirche San Nicolò mit ihren Zinnen und den Spuren vieler Jahre mutet fast schon burgartig an.

Paläste, Herrenhäuser und Kirchen. Das wusste abermals auch Filmemacher Francis Ford Coppola zu schätzen, der in der Kirche San Nicolò die Hochzeit von Apollonia (Simonetta Stefanelli) und Michael (Al Pacino) drehte. Die anschließende Party ließ er in der Bar Vitelli feiern. Unbedingt probieren sollten Sie hier das prickelnde Zitronensorbet! Ein absolutes Muss ist zudem ein Besuch des Kapuzinerklosters (Convento dei Cappuccini) aus dem 17. Jahrhundert. In dessen Katakomben gibt es schauerlich schöne Mumien zu bestaunen.

18.30 Uhr: Rückfahrt? Nicht vor dem Dinner!

Zum Abendessen geht es dann ins Dioniso. Auch dieses trauliche Lokal mit Terrasse gleich neben dem Stadttor lädt zum »dolce far niente«, dem süßen Nichtstun, ein. Mit einem guten Rotwein im Glas und einem dampfenden Nudelgericht auf dem Teller können Sie bei Andrea den erlebnisreichen Tag mit einem atemberaubenden Ausblick auf die steinernen Überreste des »Castello Pentefur« und auf das Mittelmeer gemütlich ausklingen lassen.

Bizarr wirken die einbalsamierten Körper verstorbener Dorfadliger, die unter dem Kapuzinerkloster ausgestellt sind. Überhaupt ist das Morbide in Savoca (rechts oben) recht präsent – umso heimeliger fühlt sich da eine Einkehr in die Bar Vitelli (rechts unten) an.

i

Länge: ca. 40 km (Taormina–Savoca)

Antico Caffè San Giorgio
217 E3 Piazza S. Antonino, Castelmola
0942 2 82 28 www.barsangiorgio.com tägl.

Turrisi
217 E3 Via Pio IX 19, Castelmola
0942 2 81 81 www.turrisibar.it tägl.

Trattoria Anni '60
217 E3 Via SS. Annunziata 31, Forza d'Agrò
0942 72 10 97 oder 320 7 93 78 62
www.trattoriaanni60.it
Sommer tägl., Winter Do geschl.

CioccolArt
217 E3 Convento Agostiniano, Forza d'Agrò, 339 2 25 99 98 www.cioccolartsicily.it Mo–Fr 10–17, Sa & So 10–13 Uhr 5 €

Bar Vitelli
217 E3 Piazza Fossia 7, Savoca
334 9 22 72 27 tägl. 9–20 Uhr

Convento dei Cappuccini
217 E3 Via Cappuccini, Savoca
0942 7 98 76 oder 380 6 94 84 08 Sommer tägl. 9.30–19.30, Winter Fr–So 9.30–17 Uhr

Enoteca – Wine Bar Dioniso
217 E3 Via San Michele 15, Savoca
0942 76 10 36

❷ ★★ Etna

Was?	Europas höchster Vulkan – und einer der aktivsten der Erde
Warum?	Hinauf zum Kraterrand und dem 3329 m hohen Ätna (ital.: Etna) in den rauchenden Schlund schauen!
Wann?	Möglichst bei klarer Sicht – von Mitte Juni bis Mitte August ist mit dem stabilsten Bergwetter zu rechnen.
Wie lange?	Der Ätna verdient einen Ganztagesausflug.
Was noch?	Gerne eine Weinprobe
Resümee	Ehrfurcht gebietend: So spannend ist Geologie!

Die Griechen nannten ihn Aítna und glaubten, dass sich die Schmiede des Gottes Hephaistos in ihm befindet. Für die Sizilianer ist er noch heute ihr Mongibello, der »Berg der Berge« (vom lateinischen »mons« und arabischen »djebel«). Jahrhundertelang begruben seine Eruptionen Ackerland, Städte und selbst Catania, und mit seiner bedrohlich wirkenden Rauchsäule ist er im östlichen Teil Siziliens omnipräsent.

Rastloser Feuerriese

Seit 1800 zählten die Vulkanologen mehr als 80 Ausbrüche, ja die Experten sind sich gar einig, dass der Hauptkrater immer aktiver wird: 2002 beispielsweise zerstörten vulkanische Aktivitäten den Großteil des Skiorts Piano Provenzano. In der Nacht vom 16. auf den 17. November 2013 tauchten 600 m hohe Lavafontänen den nächtlichen Himmel in ein gespenstisches Licht. Und auch Ende 2015 sowie Anfang 2017 gab es weithin sichtbare Ausbrüche.

Da das Vulkanologische Institut der Universität Catania den Feuerriesen auf Temperaturschwankungen und seismische Erschütterungen überwacht und bei drohenden Eruptionen die Seilbahn und Gipfelzone sperren lässt, bleibt die Gefahr für Touristen auf ein Minimum reduziert. Sehr selten kann es wegen Aschepartikeln in der Luft zu Schließungen des Flughafens Catania kommen. Das ganze Gebiet ist ein Regionalpark, in dem die einmalige Geologie, Flora und Fauna sowie traditionelle Anbaumethoden geschützt werden.

Welch eine Kraft! Bei einem Ausflug zu Europas höchstem Vulkan erlebt man Naturgewalten ganz unmittelbar: Unter der kargen, zerklüfteten Oberfläche, auf der nur wenig wächst, spürt man das Rumoren des Berges.

Den Ätna erobern

Wenn Sie den Ätna ohne große Anstrengung erleben wollen, fahren Sie mit der Bahn Circumetnea eine 114 km lange Runde um den Vulkan, wobei Sie unterwegs mehrere Dörfer passieren und immer wieder imposante Ausblicke auf den Vulkan genießen. Sie fährt durch Randazzo, das dem Gipfel am nächsten liegt und im Zentrum aus Lavastein erbaut ist, sowie durch Linguaglossa, das Touristenzentrum im Nordosten.

Wollen Sie dem Ätna näher kommen, fahren Sie auf einer der Routen um die nördlichen oder südlichen Flanken, die von den Küstenstraßen aus mit Etna Sud und Etna Nord ausgeschildert sind. Die 1934 gebaute Südroute, auch als Strada dell'Etna bekannt, führt durch den kleinen Skiort Nicolosi. Erfahren Sie im Museo Vulcanologico Etneo mehr

Fruchtbarer Feuerberg

Der Vulkan liegt auf der Bruchlinie zwischen der afrikanischen und der europäischen Kontinentalplatte. Die Erdkruste ist hier ständig in Bewegung – entlang dieser »Schwächezone« kann das Magma aufsteigen. Der Ätna ist somit einer der aktivsten, wenn nicht der aktivste Vulkan der Welt.

1 Brodelnde Urgewalt: Die ersten Ätna-Ausbrüche fanden vor rund 700 000 Jahren statt. Der Ätna in seiner heutigen Gestalt entstand vor ca. 3000 Jahren. Man schätzt, dass er in den letzten 400 Jahren mehr als 1 Mrd. m^3 Lava an die Erdoberfläche beförderte. Jährlich entweichen rund 25 Mio. t Kohlendioxid aus seinen Kratern und Spalten – damit ist der Ätna einer der größten Luftverschmutzer der Erde.

2 Magmazufluss: Seine feurige Fracht bezieht der Ätna aus dem oberen Erdmantel in 70–120 km Tiefe. Dieser Teil des Erdmantels wird von Seismologen Asthenosphäre genannt. In Richtung Gipfel ist die Schmelze in zahllosen Hohlräumen verteilt. Von hier führen verschiedene Förderschlote an die Oberfläche. Die oberste Magmakammer befindet sich nur 2–3 km unterhalb des Gipfels.

3 Gipfel: Der Ätna hat vier ständig aktive Hauptkrater, wobei der heute 300 m hohe Nordostkrater erst 1979 entstand. Ständig bilden sich neue Nebenkrater oder öffnen sich Spalten, aus denen Lava strömt. Der erste überlieferte Ausbruch vertrieb 1500 v. Chr. die Sikaner von der Ostküste.

4 Der Ätna bringt nicht nur Zerstörung: Die rasche Zersetzung der Lava zu fruchtbarer Erde sorgt schon seit Jahrtausenden für reichhaltige Orangen-, Wein- und Zitronenernten am Vulkan. Die erkaltete Lava ist zudem ein begehrtes Material für neue Bauten: Der aus den Lavamassen herausgebrochene schwarze Stein bestimmt viele Ortsbilder in Ätnanähe.

5 Glühende Lavaströme: Wie glühende Bäche wälzen sich die Lavaströme zu Tal und zerstören alles, was auf ihrem Weg liegt, der

bis zu 15 km lang sein kann. Stoppen kann sie niemand, man kann höchstens versuchen, sie umzulenken, indem man z. B. Erdwälle zusammenschiebt.

6 Empedokles und der Berg: Der Legende nach hoffte der sizilianische Naturphilosoph Empedokles, durch einen Sprung in den Krater Unsterblichkeit zu erlangen. »O gebt euch der Natur, eh sie euch nimmt!«, lässt Hölderlin ihn ausrufen, bevor er dort verschwand, wo »der Erde Gluth aus Bergestiefen quillt«. Doch das Wunder blieb aus: Sein Körper verdampfte im über 1000° C heißen Silikatgestein.

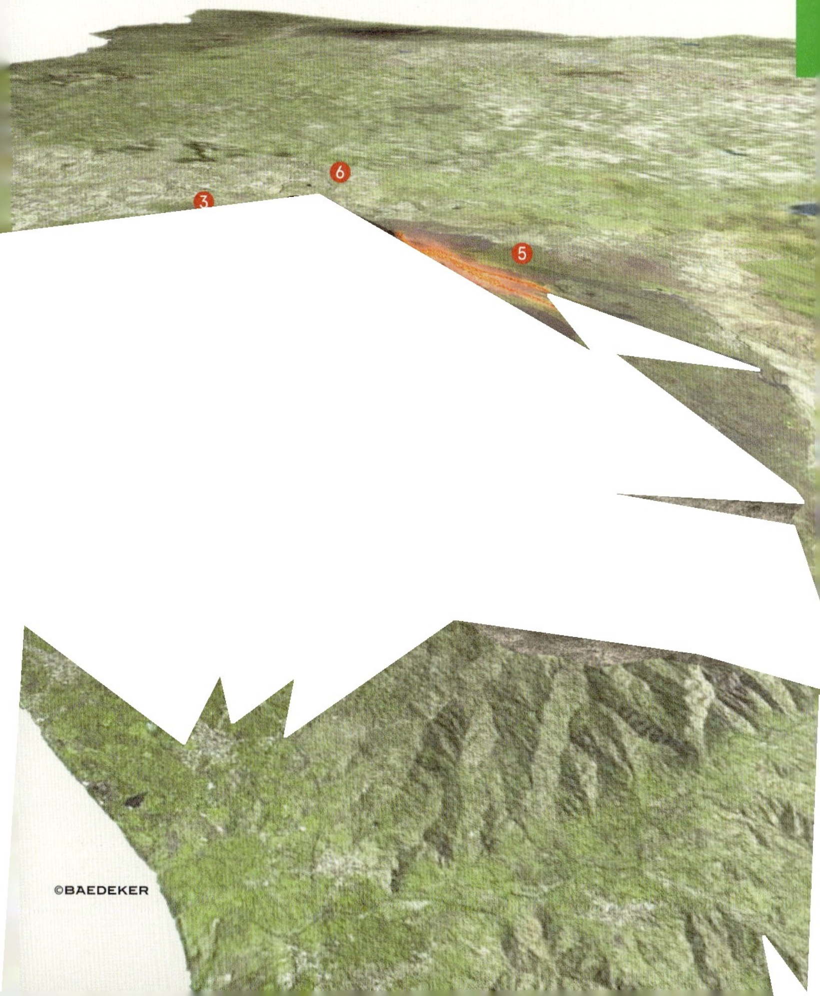

über die Geschichte und Geologie des Ätna. Durch beeindruckende Lavafelder führt die Straße bis zum Rifugio Sapienza, das Sie auch über die Ätna-Nordroute erreichen. Die Straße passiert Linguaglossa und Zafferana Etnea, einen Ort am Osthang des Ätna, der an Wochenenden massenweise Spaziergänger in die bewaldeten Hänge lockt.

Gipfelsturm

Auch wenn man es an der Küste noch nicht glauben mag: Auf dem Ätna ist es meist sehr windig und kalt. Sie sollten festes Schuhwerk, eine Kopfbedeckung und eine Brille zum Schutz vor herumfliegenden Steinchen tragen.

Sein wahres Gesicht entblößt der Vulkan weiter oben. Ein spannender Ausflug beginnt etwa 1400 m unter dem Gipfel am Rifugio Sapienza, von wo eine Seilbahn nach oben führt. Danach sind es noch zwei bis drei Stunden zum höchsten ungefährlichen Punkt. Schneller geht es mit einem der von April bis Oktober verkehrenden Minibusse. Bergführer lotsen Sie über Lavafelder bis zum 2002 verschütteten Torre del Filosofo, der einst zum Gedenken an die Besteigung durch den römischen Kaiser Hadrian erbaut wurde.

Von hier sieht man den südöstlichen aktiven Krater mit seiner Rauchsäule; Eruptionen geschmolzener Lava sind keine Seltenheit. Die öden schwarzen, grauen und roten, mit Schnee durchsetzten Lavafelder erinnern an eine Mondlandschaft. Hier hören Sie den Berg rumoren und riechen seine beißenden Schwefeldämpfe. Die Tour führt zum Valle del Bove, einer riesigen, fast 20 km breiten und 900 m tiefen Schlucht, die fast ein Sechstel der Vulkanoberfläche ausmacht. Auf spektakulären Wanderwegen entlang der tiefer gelegenen Berghänge können Sie auf erstarrten Lavafeldern herumkraxeln und einige erloschene Krater erkunden.

KLEINE PAUSE

Rifugio Sapienza (€/€€): www.rifugiosapienza.com

Der **Rifugio Sapienza** hat eine Bar und bietet im Restaurant gutes Essen sowie im oberen Stockwerk Unterkünfte.

ⓘ

217 D2

Touristeninformation Randazzo
Piazza Municipio 17
☎ 095 92 39 55
http://prolocorandazzo.altervista.org
Sa–Do 9–13, Di und jeden 2. Do 16–20, Winter 15–19 Uhr

Touristeninformation Linguaglossa
Piazza Annunziata 5 ☎ 095 64 30 94
tägl. 9–13, 15–19 Uhr

Museo Vulcanologico Etneo
Cesare Battisti 28 ☎ 095 7 91 45 89
tägl. 10–17 Uhr, Winter Di geschl.
Spende erbeten

❺ ★★ Taormina

Was?	Ein zauberhafter Altstadtkern, ein antikes Theater und wundervolle Ausblicke auf den rauchenden Ätna und das glitzernde Meer
Warum?	Hier lässt sich die Sehnsucht nach Italien stillen.
Wann?	Das beste Licht zum Fotografieren gibt es vormittags.
Wie lange?	Mindestens einen halben Tag
Resümee	Der »Salon Siziliens«

Taormina mag überlaufen und touristisch erscheinen, doch die mittelalterlichen Gassen haben immer noch ihren Reiz, die Luft duftet nach Orangen und Zitronen, und die Lage des Städtchens – das strahlend blaue Meer zur einen, der schneebedeckte Ätna zur anderen Seite – ist schlicht einmalig. Trotz all des Glanzes und Glamours hat das Städtchen seinen idyllischen Charakter bis heute bewahrt.

Von der Sikuler-Siedlung zum touristischen Hotspot

Bereits 1300 v. Chr. ließen sich in der Gegend des heutigen Taormina Sikuler nieder. Im 4. Jh. v. Chr. übersiedelten dann Griechen aus dem zerstörten Naxos in den Ort, den sie Tauromenium nannten. 902 von den Arabern zerstört, wurde er

Was für eine Kulisse! Von den Zuschauerrängen des Teatro Greco blicken Sie auf den perfekt geformten Kegel des Ätna.

Erste Flaniermeile im Ort ist der Corso Umberto I, der sich auf halber Strecke zur Piazza IX Aprile öffnet.

wieder aufgebaut, später von den Normannen erobert und 1410 zum Sitz des ersten Sizilianischen Parlaments ernannt.

Als im 19. Jh. die ersten Urlaubsgäste kamen und 1864 das erste Hotel eröffnet wurde, sorgte der Tourismus für einen Aufschwung. Ab den 1950er-Jahren lebte das im Zweiten Weltkrieg bombardierte Taormina abermals auf, als die Schönen und Reichen hier ihren Urlaub verbrachten – unter ihnen Cecil Beaton, Jean Cocteau und Salvador Dalí.

Vorhang auf!

Es gibt keine perfektere Theaterkulisse. Das Publikum kann fast gleichzeitig den Blick auf das Meer und auf den schneebedeckten Ätna genießen. Die griechischen Bewohner Taorminas errichteten ein erstes, kleineres Theater im 3. Jh. v. Chr., das Teatro Greco (Griechisches Theater) in seiner heutigen Gestalt geht jedoch auf die Römer zurück, die im 2. Jh. v. Chr. auch die »scena« (Bühnenschauwand) hinzufügten. Bei einem weiteren Umbau zu einer Arena im 2. Jh. n. Chr. wurde ein Graben um die Bühne angelegt, um Tiere und Kämpfer für die Gladiatorenspiele unterzubringen. Die aus dem Fels gehauene »cavea« (Zuschauertribüne) ist berühmt für ihre Akustik. Wenn möglich, sollten Sie sich während des hiesigen Kunstfestivals (S. 97) im Sommer von dieser überzeugen.

Rund um den Corso Umberto I

Gehen Sie über die schattige Piazza Vittorio Emanuele zum Corso Umberto I, Taorminas von Palazzi aus dem 14. und

15. Jh. flankierte Hauptstraße. Der Palazzo Corvaja entstand im 11. Jh. (Umbauten im 15. Jh.) vermutlich auf den Fundamenten einer arabischen Festung. Auf halber Strecke verbreitert sich der Corso zur Piazza IX Aprile. Dieser Platz mit den beiden Kirchen Sant'Agostino und San Giuseppe lädt mit einer herrlichen Aussicht zum Verweilen ein. Weiter geht es zum restaurierten Torre dell'Orologio (Uhrenturm) aus dem 12. Jh. und dann zum Duomo (Dom) aus dem 13. Jh., vor dem ein hübscher Brunnen steht. Von hier aus können Sie durch die Gassen und über die Treppen in der Umgebung des Corsos schlendern. Nehmen Sie sich Zeit, denn an jeder Ecken gibt es etwas zu entdecken, so z. B. die Naumachia, eine aus spätrömischer Zeit erhaltene Mauer.

Strände und Parks

Im 19. Jh. entdeckten die Briten Taormina, unter ihnen Lady Florence Trevelyan, die 1899 einen reizenden, heute öffentlichen Garten anlegte, die Villa Comunale. Nach einer Affäre mit dem Prinzen von Wales, dem späteren König Eduard VII., musste sie England verlassen und suchte Trost in dieser reizenden Oase voller Exoten. Von der Terrasse haben Sie einen herrlichen Ausblick auf das Meer.

Mit der Seilbahn schweben Sie hinab zur reizenden Küste. Die nächsten Badestrände liegen in der Bucht von Mazzarò –am schönsten ist derjenige mit Blick auf die kleine unter Naturschutz stehende Isola Bella (»schöne Insel«).

KLEINE PAUSE

Liebe geht bekanntlich durch den Magen. Probieren Sie in der kleinen **Pasticceria Gelateria d'Amore** (S. 97) die Cannoli und Sie werden augenblicklich wissen, warum.

---

217 E/F3

Touristeninformation
Palazzo Corvaja, Piazza Vittorio Emanuele ☎ 0942 2 32 43, 0942 62 83 22
www.comune.taormina.it
Mo–Fr 8.30–14.15, 15.30–19 Uhr

Teatro Greco
Via Teatro Greco ☎ 0942 2 32 20
tägl. 9–19 Uhr 10 €

Villa Comunale
Via Bagnoli Croce
Sommer tägl. 8–20 Uhr, Winter 8 Uhr bis Abenddämmerung
frei

Seilbahn
Via Pirandello ☎ 0942 2 39 06
Sommer tägl. 7.45–1.30, Mo ab 8.45 Uhr, Winter bis 20 Uhr
3 €

⑩ ★★ Cefalù

Was?	Enge Altstadtgassen, eine prächtige Kathedrale, feine Sandstrände und Restaurants sowie Geschäfte ohne Ende
Warum?	Erleben Sie Fischerdorf-Romantik mit Mehrwert.
Wann?	Schöner ist's in der Nebensaison (im Juli und August platzt Cefalù aus allen Nähten).
Wie lange?	Mindestens einen halben Tag – oder einen ganzen Urlaub
Was noch?	Hinauf zur Rocca di Cefalù – die herrliche Aussicht macht jeden vergossenen Schweißtropfen wett!
Resümee	Stadt mit vielen Gesichtern

Die Götter haben Cefalù mit einer zauberhaften Lage beschenkt. Eingerahmt von der 278 m hohen Rocca di Cefalù und einer weiten Sandbucht liegt die kompakte Altstadt des Ortes, der bereits im 9. Jh. v. Chr. besiedelt war. Unter byzantinischer und arabischer Herrschaft zwischenzeitlich verlassen, erlebte Cefalù unter Normannenkönig Roger II., Bauherr der großen Kathedrale, neuen Aufschwung. Heute lockt Cefalù mit einem Mix aus Kultur und Badefreuden.

Normannendom am Meer

Über den Dächern der Altstadt und vor der steil aufragenden Rocca di Cefalù dominieren die Doppeltürme des Doms die elegante, von Palmen beschattete zentrale Piazza. Roger II. plante die Kathedrale als seine spätere Grabstätte, die aber bei seinem Tod 1154 noch nicht vollendet war; geweiht wurde die Kirche erst 1267. Sie steht auf römischen Fundamenten; im Inneren finden sich noch 16 römische Säulen, die vermutlich aus den Ruinen des auf der Rocca stehenden Diana-Tempels stammen. Normannisch-arabische Rundbogen verzieren die Fassade und die beiden Türme. Der kühle, dunkle Innenraum dieser außergewöhnlichen normannischen Kirche verströmt eine Ehrfurcht gebietende, schlichte und spirituelle Atmosphäre. Beeindruckend sind die glanzvollen, von griechischen Handwerkern aus Konstantinopel ausgeführten Mosaiken des Altarraums. Das Zentrum bildet der segnende, Güte ausstrahlende Christus

Jogger am Strand von Cefalù: Immer nur »pasta e dolci« machen eben keine »bella figura«.

Pantokrator. Unter ihm sieht man drei Figurenreihen mit der Gottesmutter, Erzengeln, Aposteln, Heiligen, Propheten und Theologen. Das herrliche Ensemble wurde 1148 vollendet – Sie finden die Tafel mit dem Datum unter dem Fenster. Der offene Dachstuhl aus dem 13. Jh. steht in einem spannenden Kontrast zu den modernen, farbigen Glasfenstern über dem Kirchenschiff.

Auch den Kreuzgang (12./13. Jh.) neben dem Dom sollte man nicht versäumen: Keine der Doppelsäulen aus weißem venezianischem Marmor gleicht einer anderen.

Entdeckungstour durch alte Gassen

Die alten Straßen am Dom führen, wie die Hauptverkehrsader Corso Ruggero, direkt hinunter zum alten Hafen mit seinen kleinen Fischerbooten. Lassen Sie sich durch die engen Gassen treiben, in denen wie eh und je die Fischer in ihren schattigen Werkstätten sitzen und ihre Netze ausbessern. An der Via Vittorio Emanuele zeugt Il Lavatoio, ein aus arabischer Zeit stammender und noch bis in die 1980er-Jahre genutzter Waschplatz, von der langen Geschichte der Stadt.

An einer dieser mittelalterlichen Straßen befindet sich das Museo Mandralisca. Für ein Städtchen dieser Größe beherbergt es eine außergewöhnliche Sammlung. Sie wurde Cefalù von Baron Mandralisca (1809–1864) hinterlassen und befindet sich in dessen ehemaligem Wohnhaus. Zu sehen sind griechische und römische Funde, Münzen und Muscheln. Das schönste Kleinod ist das herrliche Renaissance-Porträt eines unbekannten Mannes, geschaffen von dem sizilianischen Künstler Antonello da Messina (ca. 1430–1479). Mandralisca entdeckte das Gemälde auf der Insel Lipari, wo es als Schranktür in Gebrauch war.

Zurück in Richtung Corso Ruggero, kommen Sie an einigen schönen alten Gebäuden vorbei, u. a. auch an der Osteria Magno, einer mittelalterlichen Villa, die heute für Konzerte und Ausstellungen genutzt wird.

Einer der schönsten Normannenbauten Siziliens ist die mächtige Kathedrale – und auf der von Palmen flankierten Piazza del Duomo trifft sich abends halb Cefalù.

Rocca di Cefalù (La Rocca)

Über den steilen, »mautpflichtigen« Treppenweg Vicolo dei Saraceni (4 €) erreichen Sie den Gipfel von La Rocca, wo die Araber bis 1063 eine Festung hatten. Sie brauchen etwa 90 Minuten, um die 278 Höhenmeter von der Piazza Garibaldi hinauf zu meistern. Auf halber Höhe stehen Reste eines Diana-Tempels aus dem 9. Jh. v. Chr. Am Gipfel erwartet Sie ein atemberaubender Ausblick über Cefalù und die Küste – ein exzellenter Platz, um den Sonnenauf- oder -untergang zu erleben. Ohnehin ist es ratsam, die kühlen Morgen- bzw. Abendstunden für diesen Ausflug zu wählen. Unverzichtbar sind festes Schuhwerk und ausreichend Wasser!

KLEINE PAUSE

In den Restaurants oder Cafés an der **Piazza del Duomo** lässt sich die unvergleichbare Atmosphäre der Stadt genießen.

---

i

215 D3

Touristeninformation
Corso Ruggero 77 ☎ 0921 42 10 50
www.comune.cefalu.pa.it
Mo–Fr 7.30–20, Sa 8–14 Uhr

Duomo
Piazza del Duomo ☎ 338 8 17 54 98
http://cattedraledicefalu.com
Basilika: April–Okt. tägl. 8.30–18.30, Nov.–März Mo–Sa 8.30–13, 15.30–17 Uhr; Kreuzgang: April–Okt. Mo–Sa 10–18, So 10–13, 15–18 Uhr, Nov.–März Mo–Fr 10–13 Uhr Kloster 3 €

Museo Mandralisca
Via Mandralisca 13 ☎ 0921 42 15 47
www.fondazionemandralisca.it
tägl. 9–19, Aug. bis 23, Ostern, Weihnachten und Neujahr 9–12.30, 15.30–19 Uhr 6 €

Willkommen im Mutterleib

Keine Angst, verlaufen werden Sie sich im »Labyrinth der Ariadne« bei Castel di Lucio im Hinterland von Cefalù sicher nicht! Dafür beweist das als Symbol für den mütterlichen Schoß entworfene Kunstwerk, dass die Natur ein herrlicher Ort für eine spirituelle Innenschau sein kann. Zeit genug, Ruhe und Balance im Nachdenken zu finden, haben Sie, denn beim Gang durch den spiralförmigen Mutterleib legen Sie rund 1 km zurück, bis Sie die Installation von Italo Lanfredini wieder verlassen. Diese ist Teil der Freilichtausstellung Fiumara d'Arte.
www.ateliersulmare.com

Nach Lust und Laune!

20 Petralia Soprana

Petralia Soprana auf einer Höhe von 1147 m im dichtesten Waldgebiet Siziliens ist die höchstgelegene Stadt der Monti Madonie. Sie bietet ein hübsches, mittelalterliches Erscheinungsbild, geht aber bereits auf das 3. Jh. v. Chr. zurück und ist damit rund 1000 Jahre älter als ihre Nachbarstadt Petralia Sottana (S. 187), die gleich unterhalb liegt. Spektakulär ist die Aussicht, die bis zum Ätna reicht. In der kunstvoll mit Stuck verzierten Chiesa Madre aus dem 14. Jh. finden Sie eines der geschnitzten Holzkruzifixe des berühmtesten Sohns der Stadt, Fra Umile Pintorno (1580–1639). Zu arm, um mit Marmor zu arbeiten, erlangte er mit seinen leidenschaftlichen Arbeiten, die in ganz Süditalien zu finden sind, überregionale Berühmtheit.

215 D2 www.comune.petraliasoprana.pa.it

21 Santo Stefano di Camastra

Von Cefalù in Richtung Osten fahren Sie unweigerlich nach Santo Stefano. An seinen Straßen bietet ein Geschäft neben dem anderen farbenfrohe Keramik an, die aus dem sehr hochwertigen Ton der Umgebung hergestellt wird. Zu reellen Preisen gibt es eine riesige Auswahl an Stilen, Formen und Objekten von traditioneller Ware bis hin zu modernen Kreationen. Nehmen Sie sich die Zeit, mehrere der Ausstellungsräume an der Hauptstraße und in den Gassen zu besichtigen. Scheuen Sie sich nicht zu handeln. Wenn ihre Zeit knapp bemessen ist, sind die Geschäfte an der Hauptstraße erste Wahl. Schauen Sie z. B. bei Fratantoni Antonino (Reitano), Franco Ceramiche oder bei den Fratelli Gerbino vorbei.

215 E3 www.comune.santostefanodicamastra.me.it

22 Tyndaris

Die 396 v. Chr. gegründete griechische Siedlung Tyndaris (Tindari) florierte auch unter römischer Herrschaft. Viele Grabungsfunde datieren aus dieser Zeit. Glanzstücke sind die teilweise restaurierte Basilika aus dem 1. Jh. n. Chr., die strahlenden Mosaiken in den Thermen und zwei luxuriöse Häuser, in denen das Atrium und Impluvium (Auffangbecken für Regenwasser) erhalten sind. Besuchen Sie auch das Theater aus dem 4. Jh. v. Chr., das die Römer für Gladiatorenkämpfe umgebaut haben. Von seiner traumhaften Lage auf einem hohen Felsvorsprung sehen Sie die Liparischen Inseln im Norden und bei guter Fernsicht den Ätna. Das Theater ist Schauplatz eines jährlichen Festivals mit klassischen Dramen.

Herrliche Ausblicke ermöglicht auch das Santuario di Tindari, ein

Schrein, der der byzantinischen Madonna Nera (schwarze Madonna) gewidmet ist. Es ist ein populärer Wallfahrtsort, mit allem, was dazu gehört: Unmengen von ultrakitschigen religiösen Andenken, ausgefallenen Mosaiken, Fresken und Glasmalereien. Am 8. September, dem Festtag der Madonna, strömen viele Pilger in den Ort und schaffen eine herrliche karnevaleske Atmosphäre.

✈ 217 D4

Parco Archeologico
✉ Tindari ☎ 0941 36 90 23 ◷ tägl. 9 bis 19 Uhr, Winter bis 16 Uhr 🎟 6 €

Santuario di Tindari
✉ Tindari ☎ 0941 36 90 03
🌐 www.santuariotindari.it
◷ Mo–Sa 6.45–12.45, 14.30–20, So 6.45–12.30, 14.30–19 Uhr 🎟 frei

23 Messina

Das seit fast 3000 Jahren bewohnte Messina liegt an der Meerenge, die Sizilien vom Festland trennt. Griechen, Araber und Normannen hinterließen hier ihre Spuren. Für das heutige Stadtbild ist aber vor allem die Natur verantwortlich; immer wieder zerstörten Erdbeben die Stadt. Zuletzt senkte sich 1908 die Küste etwa 48 cm ab. Messina wurde zum großen Teil wieder aufgebaut, nur um dann im Zweiten Weltkrieg von Bombern der Alliierten dem Erdboden gleichgemacht zu werden. Kaum eine andere Stadt Italiens war im gleichen Ausmaß von den Bombardements betroffen. Das heutige Messina ist daher sehr modern und angenehm »untouristisch«.

Siziliens drittgrößte Stadt ist halbkreisförmig um den Hafen errichtet. Nur einen Katzensprung entfernt steht das am besten erhaltene Bauwerk des Mittelalters, der Dom. Seit seiner Fertigstellung 1197 wurde er so oft restauriert, dass er im Wesentlichen eine Kopie aus Bruchstücken des ursprünglichen Baus darstellt. Durch ein spätgotisches Portal in der romanischen Fassade gelangt man ins schummrige,

Pünktlich um 12 Uhr setzt sich das Räderwerk der Astronomischen Uhr am Dom von Messina in Bewegung.

mit Mosaiken verzierte Innere. In der Schatzkammer sind wertvolle Reliquiaren zu sehen, darunter der Manta d'Oro (goldener Mantel), der das Gemälde der Schutzheiligen der Stadt, der Madonna della Lettera, verdeckt. Am berühmten Campanile (den man besteigen darf) auf dem Domplatz befindet sich eine der größten astronomischen Uhren der Welt. Sie ist mit mechanischen Figuren ausgestattet, darunter ein Banner schwenkender Löwe und ein mit den Flügeln schlagender Hahn. Von der Fontana d'Orione, einem florentinischen Renaissancebrunnen, hat man einen wunderbaren Blick auf den Platz und den Dom.

In den nördlichen Vororten befindet sich das Museo Regionale, das bedeutendste Museum der Provinz. Seine größten Schätze sind zwei Meisterwerke von Caravaggio, die er 1609 auf der Flucht vor einer Mordanklage malte. Die düstere und verstörend wirkende »Erhebung des Lazarus« ergänzt sich wunderbar mit der vollendeten und doch scheinbar simplen »Anbetung der Hirten«. Beide stehen in Kontrast zu einem weiteren Kleinod des Museums, dem Flügelaltar aus dem Jahr 1473 mit der »Madonna del Rosario« zwischen dem hl. Benedikt und dem hl. Gregor; er stammt von Antonello da Messina, dem berühmten Künstler-Superstar Messinas.

217 F4/5

Servizio Turistico
Via dei Mille 270, is. 87/A
090 2 93 52 92 www.comune.messina.it Mo–Fr 9.30–13.30 Uhr

Duomo (Dom)
Piazza del Duomo 090 67 51 75
tägl. 7.30–12.30, 16–19.30 Uhr; Schatzkammer April–Juli Mo–Sa 10.30–13, Di 9.30 bis 15.30, Aug.–Sept. Mo–Sa 10–13, Di 9–15.30, Okt. Mo–Sa 10.30–13, Di & Do 9.00–15.30, Nov. Di–Sa 11–13, Dez. bis März Di–Sa 11.13 Uhr Schatzkammer 4 €, Campanile 4 € (Kombi 6 €)

Museo Regionale
Viale della Libertà 465 090 3 61 29 2
Di–Sa 9–19, So bis 13 Uhr 8 €

24 Giardini-Naxos

Giardini-Naxos ist der boomende Urlaubsort an Siziliens Ostküste. Seine Sandstrände am kristallklaren

Alles im Blick! Von der Hafenmole von Giardini-Naxos schaut man auf den lang gezogenen Strand des beliebten Badeorts.

Meer, die modernen Hotels und das mediterrane Strandleben locken im Sommer Tausende Urlauber an. Der Ort ist geeignet, um ein paar Tage Sonne und Strand zu genießen (wenn man sich an der viel befahrenen Uferstraße nicht stört). Er bietet Unterkünfte und Restaurants für jeden Geschmack und eine öffentliche Verkehrsanbindung nach Taormina (S. 83).

Seinen Namen leitet Giardini-Naxos von den Bewohnern der Insel Naxos ab, die hier 735 v. Chr. auf dem Capo Schisò die erste griechische Kolonie Siziliens – ebenfalls Naxos genannt – gründeten. Ein Spaziergang führt Sie durch Zitrushaine zu einem kleinen Archäologischen Museum und zum Grabungsfeld.

Das kühle Nass in der spektakulären Alcantara-Schlucht bietet an heißen Sommertagen eine willkommene Erfrischung

217 E3

Servizio Turistico Regionale
Via Tysandros 54 0942 5 10 10
http://visitgiardininaxos.info

Museo e Area archeologica
Via Lungomare Schisò
0942 5 10 01 tägl. 9 Uhr–1 Std. vor Sonnenuntergang 4 €

25 Gola dell'Alcàntara

Die imposante, 19 m tiefe Schlucht wurde vom Fluss Alcantara in den Basalt südlich von Taormina gegraben. Es erwartet Sie ein wunderschöner Platz mit klarstem Wasser und außergewöhnlichen Steinformationen. Über einen Aufzug oder eine Treppe erreichen Sie die schmalste Stelle der Schlucht, von wo aus Sie auf spitzigem Untergrund durch das Flussbett und kleine Gumpen bis zum Wasserfall waten können. Das Wasser ist sehr kalt – tragen Sie gegebenenfalls entsprechende Kleidung! Reizvoll sind Wanderungen auf den Trails des Naturschutzparks (www.parcoalcantara.it, www.golealcantara.it). Meiden Sie dieses beliebte Ausflugsziel an Sonntagen!

217 D/E3 0942 98 99 11 oder 0942 98 50 10 tägl. 8.30–18.30, Winter 8.30 bis 16 Uhr (im Winter eingeschränkte Zeiten) 10–12 €, in Verbindung mit einer Trekkingtour 30 €

Wohin zum ... Übernachten?

Preise für ein Doppelzimmer pro Nacht:
€ unter 130 €
€€ 130–230 €
€€€ über 230 €

CEFALÙ

Baia del Capitano €€

Nur 4 km von Cefalù entfernt, verbindet das Hotel ideal die Angebote der Stadt mit einem Strandurlaub. Es hat einen Pool und einen privaten Zugang zur Felsenküste, wo Sie schwimmen oder auf einer Liege relaxen können. Einige der 46 Zimmer haben Terrasse und Meerblick; preiswertere Zimmer befinden sich im Nebengebäude. Die großzügige Lage des weitläufigen Geländes und die Sitzgelegenheiten inmitten eines alten Olivenhains sind wunderschön. Im Restaurant gibt es sizilianische Spezialitäten – oft von Liveshows begleitet.
215 D3 Contrada Mazzaforno, Cefalù
0921 42 00 03 www.baiadelcapitano.it

Hotel Astro € – €€€

Das Astro liegt an der Strandpromenade von Cefalù, nur wenige Gehminuten von der verkehrsberuhigten Altstadt und vom Strand entfernt. Das Vier-Sterne-Haus mit Blick aufs Meer ist modern und dank seines Pools und der hoteleigenen Parkplätze eine gute Wahl. Die geräumigen Zimmer haben große Bäder, einige auch einen Balkon. Das Personal ist aufmerksam und freundlich.
215 D3 Lungomare G. Giardina
0921 4 21 6 39 www.astrohotel.it

Sea Palace €€

Das smarte, moderne Hotel liegt wunderbar direkt am Strand. Die hellen und luftigen Zimmer verfügen über gute Bäder, viele haben außerdem einen Balkon mit Aussicht auf das Meer und den Dom von Cefalù. Die Gäste dürfen Pool, Spa und einen privaten Strand nutzen.
215 D3 Lungomare Giardina
0921 92 50 11 www.cefaluseapalace.it

ÄTNA

Il Nido dell'Etna € / €€

Von Taormina aus leicht zu erreichen, bietet dieses 2006 erbaute, einladende Familienhotel gut ausgestattete Zimmer, dekoriert mit moderner Kunst, und ein hervorragendes Restaurant (mittags geschl.). Die hilfsbereiten und sachkundigen Betreiber organisieren auf Wunsch Ausflüge u. a. zum Ätna.
217 D/E3 Via Matteotti, Linguaglossa
095 64 34 04 www.ilnidodelletna.it
Nov. geschl.

TAORMINA

Viele zentral gelegene Häuser sind nicht mit dem Auto zu erreichen, und die Parkkosten können den Preis deutlich erhöhen.

Grand Hotel Timeo €€€

Taorminas ältestes Luxushotel wurde 1873 in Toplage neben dem Teatro Greco erbaut. Das Gebäude ist von herrlichen Gärten umgeben, auf die man von einer eleganten Terrasse herabschaut. Alle Zimmer haben einen Balkon oder eine Terrasse. Sie können im Freien essen, im exzellenten Restaurant den Blick aufs Meer genießen und in den mit Antiquitäten eingerichteten Lounges entspannen. Das Hotel besitzt einen Pool und ein Spa mit türkischem Bad. Geringe Abzüge gibt es für den Service, der nicht immer alle Erwartungen an ein Hotel dieser Kategorie erfüllt.
217 E3 Via Teatro Greco 59
0942 6 27 02 00
www.grandhoteltimeo.com

Diese Aussicht kann sich sehen lassen: Über den Garten des Timeo blicken Sie auf den Ätna.

Pensione Svizzera €

In dem hübschen Hotel empfängt Sie die Familie Vinciguerra, die das Haus seit 1925 führt. Es liegt auf einem Hügel in der Nähe der Seilbahnstation und hat eigene Parkplätze – ein unüberschätzbarer Vorteil in Taormina. Fast alle Zimmer sind nach Norden ausgerichtet, haben einen kleinen Balkon und Meerblick. Ausgesprochen hübsch ist der schattige Garten, in dem oft das Frühstück angerichtet wird. Das Personal verbindet Freundlichkeit mit professionellem Service. Ein Shuttle-Service befördert von Mai bis Oktober Hotelgäste zum Privatstrand.

217 E3 Via Pirandello 26
0942 2 37 90 www.pensionesvizzera.com
Dez.–März geschl.

Villa Carlotta €€€

Das gepflegte, einladende Boutiquehotel bietet einen spektakulären Blick über das Meer und bis zum Ätna. Die stilvoll dekorierten Zimmer warten mit einem perfekten Mix aus modernem Komfort und antiker Opulenz auf. Die herrliche Dachterrasse ist ideal für ein reichhaltiges Frühstücksbüfett oder einen Aperitivo zum Sonnenuntergang. Hoteleigener Strand-Shuttle.

217 E3 Via Pirandello 81
0942 62 60 58 www.hotelvillacarlottataormina.com

Villa Ducale €€

Die charmante, restaurierte Villa liegt oberhalb von Taormina im ruhigen Weiler Madonna della Rocca. Die Zimmer sind im typisch sizilianischen Stil individuell mit Antiquitäten und Keramik lokaler Handwerker eingerichtet. Die Terrasse, auf der ein herrliches Frühstück, hausgemachte Spezialitäten und Getränke serviert werden, bietet einen atemberaubenden Blick auf den Ätna. Die Villa gehört dem gleichen professionellen Betreiber wie die Villa Carlotta (oben) – damit ist Liebe zum Detail garantiert. Ein kostenloser Shuttle befördert Hotelgäste nach Taormina und zum Strand.

217 E3 Via Leonardo da Vinci 60, Madonna della Rocca 0942 2 81 53
www.villaducale.com

Villa Paradiso €€€

Das Foyer dieses anheimelnden Hotels vermittelt mit seinen tiefen Sofas, Antiquitäten, alten Stichen und Gemälden Landhaus-Flair. Nach Süden hat man eine atemberaubende Aussicht auf die Küste und den Ätna. Die Zimmer mit einem solchen Ausblick haben natürlich ihren exklusiven Preis, aber auch alle anderen sind hübsch möbliert und mit Balkon ausgestattet (oft mit Blick auf die städtischen Gartenanlagen). Eine wunderbare Aussicht auf den Vulkan haben Sie von der Terrasse, auf der das Frühstück serviert wird und abends Restaurantgäste Platz nehmen. Die Lage am Rand der Altstadt lädt zu einem Stadtbummel ein.

217 E3 Via Roma 2 0942 2 39 21
www.hotelvillaparadisotaormina.com

GIARDINI-NAXOS

Hotel Nike €/€€

Fast jedes der geräumigen und bequemen Zimmer dieses einladenden Strandhotels hat einen eigenen Balkon mit Meerblick, die Benutzung des über einen Lift zu erreichenden Privatstrands mit Sonnenliegen und -schirmen ist im Preis enthalten. Das Restaurant serviert lokale Spezialitäten. Gutes Preis-Leistungs-Verhältnis, gratis Parkplatz.

217 E3 Via Calcide Eubea 27
0942 5 12 07 www.chincherinihotels.com

Hotel Villa Mora €

Das mittelgroße Hotel im Herzen von Giardini-Naxos ist nur einen Katzensprung vom Strand entfernt. Hervorragendes Preis-Leistungs-Verhältnis. Die hellen und geräumigen Zimmer sind mit hübschen, alten sizilianischen Möbeln eingerichtet.

217 E3 Lungomare Naxos 47
0942 5 18 39 www.hotelvillamora.com
Nov–Mitte April geschl.

MILAZZO

Hotel Riviera Lido €

Das Küstenhotel an der Strada Panoramica ist nur mit dem Auto zu erreichen und besitzt einen eigenen Sandstrand. Alle Zimmer sind zweckmäßig eingerichtet und haben

große Bäder und Balkons. Das Hotel bietet ein gutes Restaurant und attraktive Aufenthaltsräume.
217 E5 Contrada Corrie 090 9 28 34 56 www.hotelrivieralido.it

Wohin zum ... Essen und Trinken?

Preise für ein Drei-Gänge-Menü mit Wein:

€	unter 20 €
€€	20–35 €
€€€	über 35 €

CEFALÙ

Al Gabbiano €€

Wenn Sie ein preiswertes, einheimisches Gasthaus suchen, sind Sie hier richtig. Das familiengeführte Restaurant mit Pizzeria direkt am Meer hat Terrasse und Garten. Stellen Sie sich auf Fisch, Meeresfrüchte und Tagesgerichte ein.
215 D3 Lungomare Giardina 17
0921 42 14 95 tägl. mittags & abends, Winter Mi geschl.

Lo Scoglio Ubriaco €€ / €€€

Das Lokal mit Terrasse über dem Meer liegt ganz am Ende des Corso Ruggero und hat seinen Namen – »betrunkener Felsen« – von einem Schiff voller Weinfässer, das am Felsen vor dem Restaurant Schiffbruch erlitt. Das Essen ist hervorragend, auf der großen Speisekarte wird jeder Gast fündig.
215 D3 Via Corso Bordonaro 2/4
0921 42 33 70 April–Okt. 13–14.30, 19.30 bis 23 Uhr, Nov.–März Mi–Mo 13–14.30, 19.30–22 Uhr

Pizzeria al Girotondo €

Man sollte sich nicht von dem unscheinbaren Äußeren täuschen lassen. Denn die Pizzas bei Girotondo gelten als die besten in der Gegend, weshalb die Pizzeria abends von Sizilianern aus Cefalù und der Umgebung bevölkert wird. Hübsche Dachterrasse.
215 D3 Via Gibilmanna 46
0921 42 13 12 www.pizzeriaalgirotondo.it
tägl. 19.30–24 Uhr

TAORMINA

Al Giardino €

Daniele und seine Mamma, die wunderbare Cannoli mit Ricotta zaubert, führen diese sympathische Familientrattoria beim Stadtpark, die mit Fähnchen all der Länder geschmückt ist, aus denen ihre Gäste stammen. Spezialität sind Spaghetti Aglio e Olio (mit Knoblauch und Zwiebeln) und frisch gemachte Involtini-Röllchen; die Schwertfischrouladen werden mit Bröseln und Pinienkernen gefüllt.
217 E3 Via Bagnoli Croci 84
0942 2 34 53 www.algiardino.net
tägl. ab 12 Uhr, Winter Mo geschl.

Andreas €€€

Der Österreicher Andreas Zangerl kochte jahrelang für die Luxusadressen Taorminas. Jetzt hat er beim Stadtpark sein eigenes kulinarisches Refugium geschaffen. Auch wenn das Ambiente eher bescheiden ist, loben sizilianische Stammgäste und ausländische Gourmets die »cucina superlativa« mit Crudités von Meeresfrüchten und einer sorgfältigen Auswahl von Ätna-Weinen.
217 E3 Via Bagnoli Croci 88
0942 2 40 11 Di 19–23, Mi–So 12.30–15 & 19–23 Uhr

Billy & Billy €

Die sympathische Bar serviert Snacks und Eigenabfüllungen sizilianischer Weine. Hotspot für ein Cappuccino-Frühstück.
217 E3 Piazza del Duomo
0942 62 54 44 im Sommer tägl. 7–24 Uhr

La Botte € / €€

Hier wird im Sommer die »cucina tipica siciliana« an den Tischen im Freien serviert. Touristen lieben dieses Restaurant wegen der Pizzas aus dem Steinofen und des hervorragenden Büfetts mit Antipasti. Es gibt eine reichhaltige Speisekarte und Weinauswahl – nur der Service leidet manchmal unter dem Erfolg.
217 E3 Piazza San Domenico 4
0942 2 41 98 www.labotte1972.it
April–Okt. tägl. 12–14.30 & 19.30–23.30, Nov.–März Di–So 12–14.30 & 19.30–22 Uhr

Wohin zum ... Einkaufen?

Wenn Sie in Cefalù einkaufen wollen, finden Sie die beste Auswahl in der Hauptstraße, dem Corso Ruggero. Es gibt aber auch Einkaufsmöglichkeiten im neueren Teil der Stadt, in der Via Matteotti und Via Roma. Bei Torrefazione Serio (Corso Ruggero 120, Tel. 0921 92 23 48) gibt es eine begrenzte, aber gute Auswahl an heimischen Lebensmitteln und Weinen. Die Spezialität sind frisch geröstete und individuell zusammengestellte Kaffeemischungen. Freunde italienischer Wohnkultur finden bei Tamburo Casarredo (Via Roma 10, Tel. 0921 42 18 18) hübsche Haushaltsgegenstände.

Viel besser kann man in Taormina in der großen Einkaufsstraße Corso Umberto I shoppen. Hier gibt es Mode-Outlets, Juweliere, Antiquitäten- und Ledergeschäfte. Bei Sorelle Mazzullo (Nr. 5) finden Sie Taschen, bei Parisi (Nr. 36) die ganze Welt der »alta moda« – von Armani über Prada bis Versace. Im Le Colonne (Nr. 164) gibt es mit den besten handgefertigten Schmuck aus Sizilien. Am Corso Umberto I finden Sie auch das Kerameion (Nr. 198, www.kerameion.com), ein Keramikatelier, in dem Sie Töpfern über die Schulter schauen können. Sizilianische Leckerbissen und ausgefallene Weine gibt es im Feinkostladen La Torinese (Nr. 59, Tel. 0942 2 33 21). Freunde von »dolci« sollten keinesfalls die winzige Pasticceria Gelateria d'Amore (Via Costantino Patricio 28, oberhalb der Porta Messina, Tel. 0942 2 38 42, www.pasticceriadamore.it) auslassen, die wahrscheinlich das beste Marzipan der Stadt verkauft.

Antiquitätengeschäft am Corso Umberto I

Wohin zum ... Ausgehen?

NACHTLEBEN

Starten Sie den Abend in Cefalù stilecht mit einer »passeggiata«, bevor Sie sich in einer Bar einen Drink gönnen, beispielsweise im Caffe Duomo vor der Kathedrale. Wer das Tanzbein schwingen will, kann im Sommer das Le Calette (Porto di Presidiana) ansteuern.

Etwas mehr Ausgehmöglichkeiten finden Sie in Taormina, z. B. Nachtclubs wie das Bella Blu (Via Guardiola Vecchia) und La Giara (Via La Floresta). Zum Chill-out bietet sich die Lounge-Bar des Lido Stockholm (Via Nazionale) am Strand von Spisone an (auch Restaurant).

FESTE UND VERANSTALTUNGEN

Das ganze Jahr über finden in Cefalù Feste und Prozessionen statt. Als Höhepunkt gelten die Festlichkeiten zu Ehren des Christus-Patronats der Kathedrale: Bei der Festa del Santissimo Salvatore della Trasfigurazione (»Verklärung des Heilands«, 2.–6. Aug.) gibt es Fischerwettkämpfe, Feuerwerk und eine große stille Nachtprozession, die mit Bischofssegen und Hochrufen der Seeleute auf ihren Patron auf dem von Gläubigen wimmelnden Domvorplatz endet.

Alljährlich wird in Taormina das Festival Taormina Arte (Tel. 391 746 21 46, www.taoarte.it) veranstaltet. Von Juli bis September stehen dann Konzerte und klassische griechische und römische Theateraufführungen im Programm, u. a. im Teatro Greco. Meistens im Juni findet das Taormina Filmfest (www.taorminafilmfest.it) statt; teilweise werden die Filme ebenfalls im antiken Theater gezeigt.

Bernstein- und honigfarben leuchten Notos Barockbauten im Licht der Abenddämmerung.

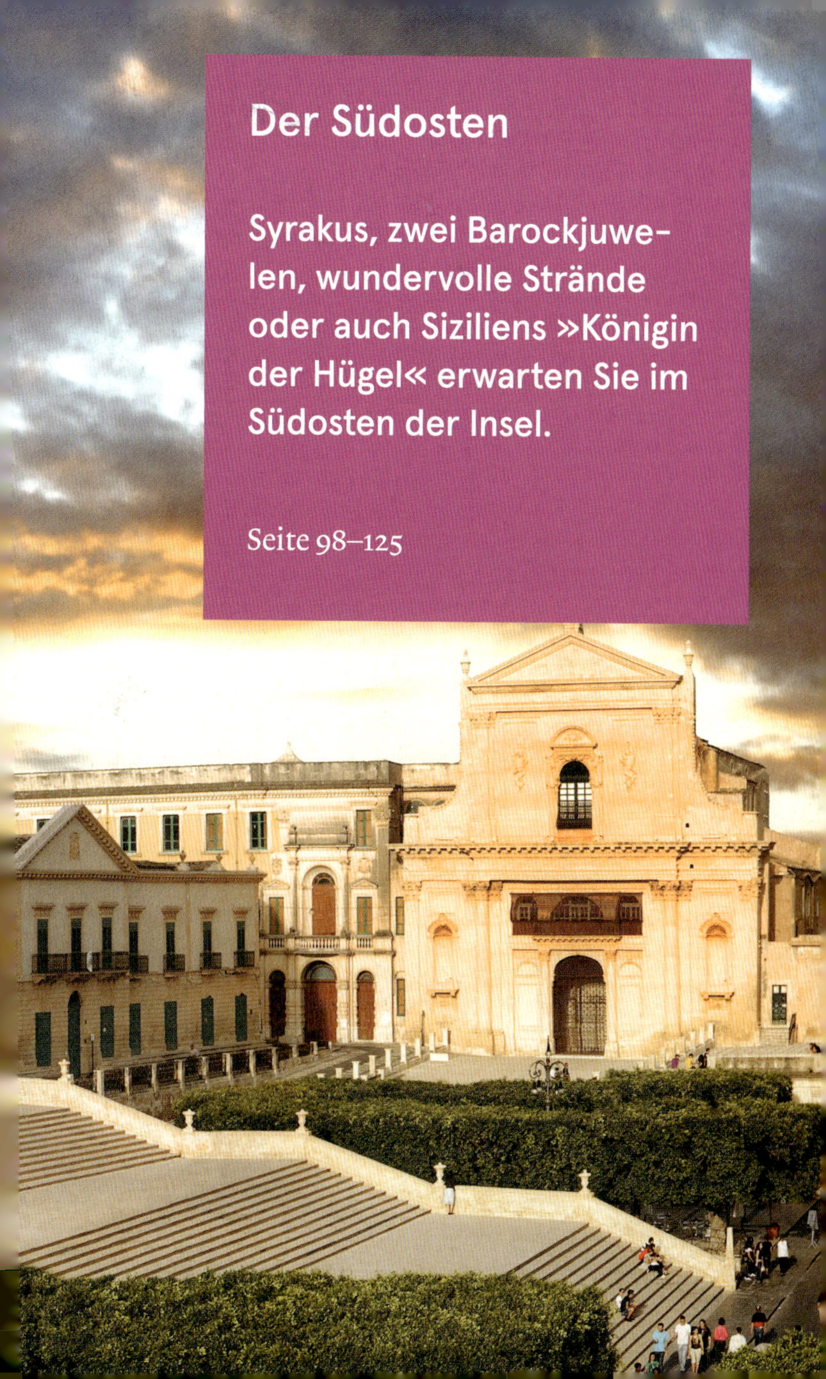

Der Südosten

Syrakus, zwei Barockjuwelen, wundervolle Strände oder auch Siziliens »Königin der Hügel« erwarten Sie im Südosten der Insel.

Seite 98–125

Erste Orientierung

Die Region südlich von Catania ist so abwechslungsreich wie ganz Sizilien: eine wunderbare Mischung schöner, historischer Städte, abwechslungsreicher Küsten und reizvoller Landschaften – teils kultiviert, teils wild, hügelig und unberührt mit aufregenden Schluchten.

Dass der Südosten Siziliens seit jeher zu den wohlhabenderen Regionen der Insel gehört, spiegelt sich in den sympathischen Städten wider. Unter ihnen sticht Syrakus hervor – gleich mehrere archäologische Schätze weisen sie als eine der einflussreichsten Städte unter den mediterranen Metropolen der Antike aus. Vieles an historischer Bausubstanz von Syrakus blieb weitgehend von Naturkatastrophen verschont, die diesen Teil Siziliens wiederholt heimsuchten.

Barock im Überfluss

Die aus mehreren Jahrhunderten stammenden Sehenswürdigkeiten von Syrakus konkurrieren mit den prächtigen Barockbauten von Noto, Ragusa und dem mit bunten Fliesen geschmückten Kleinod Caltagirone. All diese Orte wurden durch ein Erdbeben 1693 völlig zerstört und danach als »neue Städte« geplant und wieder aufgebaut. Caltagirone ist überdies für die hier produzierte formvollendete Keramik bekannt.

Im Schatten des Ätna, nördlich von Syrakus, liegt das prunkvolle und pulsierende Catania, die zweitgrößte Stadt Siziliens. Südlich von Syrakus schützt das Naturreservat Vendicari einen wundervollen, naturbelassenen und faunareichen Küstenabschnitt, der zahlreichen Zugvögeln ein Winterdomizil bietet. Entlang des Weges zwischen den drei berühmten Barockstädten lohnen schließlich auch die beiden weniger bekannten Städtchen Modica oder Comiso einen Zwischenstopp.

TOP 10

❹ ★★ Noto

❻ ★★ Siracusa

Nicht verpassen!

㉖ Ragusa

㉗ Caltagirone

Nach Lust und Laune!

28 Catania

29 Riserva Naturale di Vendicari

30 Modica

31 Marina di Ragusa

32 Comiso

33 Grammichele

Mein Tag mit Commissario Montalbano

Er liebt gutes Essen, ist eigenbrötlerisch, aber liebenswert. Menschlich und mit einem gesunden Misstrauen gegenüber den Mächtigen löst er seine Fälle. Auf den Spuren der beliebten Roman- und Filmfigur Montalbano gelangen Sie in zwei Barockstädte und ein Fischerdorf im Südosten Siziliens.

9 Uhr: Tatort Vigàta

Als Kulisse der populären Verfilmungen von Andrea Camilleris Montalbano-Krimis ist das hübsche barocke 26 Ragusa Ibla besonders bei Italienern zum touristischen Sehnsuchtsziel geworden. Regisseur Alberto Sironi nutzte es als Außendrehort für die fiktive Kleinstadt Vigàta. Populär ist auch der Dom San Giorgio (S. 115), der zur Darstellung der Madonnenkirche Vigàtas diente. An der Piazza Pola befindet sich in einigen Episoden das Kommissariat.

11 Uhr: Sizilianische Drehbuch-Städtchen

Ein weiterer Drehort ist das südlich liegende, im Kern ebenfalls barocke 30 Modica. Das bekannteste Set ist der Dom der Oberstadt. Hier steht Montalbano neben der Freitreppe, wenn er auf den Bus mit seiner Dauerverlobten Livia wartet.

Bei Ihrer Tagesplanung sollten Sie aber auch das weiter südwestlich liegende Städtchen Scicli im Blick behalten. Dort wurde das Rathaus in das Kommissariat von Vigàta verwandelt. Im ersten Stock

14 Uhr: Spaziergang und Badepause in Marinella

16 Uhr: (K)ein Mafia-Palast

19 Uhr: Aperitivo und Abendessen!

11 Uhr: Sizilianische Dreh-buch-Städtchen

Eine sizilianische Stadt, wie sie im Buche steht: Ragusa Ibla – den Montalbano-Fans auch als Vigàta bekannt – schlummert tagsüber in der sengenden Sonne und erwacht zum Leben, wenn die Schatten länger werden. Berühmt ist San Giorgio, der Dom des Barockstädtchens.

des Gebäudes befindet sich übrigens auch das Zimmer des Polizeipräsidenten von Montelusa, dem Montalbano häufig Bericht erstatten muss.

13 Uhr: Genießen à la Montalbano

Mittags zieht Montalbano sich gern ins Enzo a Mare zurück. Das Restaurant liegt südlich von Scicli, im kleinen Fischerdorf Punta Secca. Während er auf der Terrasse den herrlichen Meerblick und ein Glas weißen Vignavella genießt, bereitet Chefkoch Enzo in der Küche ein sternewürdiges Fisch-Menü vor. Keine Frage: Der Kommissar hat Geschmack – probieren Sie »L'Antipasto del Commissario« mit fangfrischem Fisch und Krustentieren!

14 Uhr: Spaziergang und Badepause in Marinella

In der größten Mittagshitze erfrischen Sie sich am besten mit einem Bad im Meer. Da sind Sie an der Spiaggia di Punta Secca richtig, wo Montalbanos Villa am Meer im fiktiven Marinella steht. Vom Restaurant spaziert man auf der Strandpromenade am weißen Leuchtturm und am kleinen Fischerhafen mit seinen dümpelnden Booten vorbei. Rechts davon liegt der berühmte Strand.

16 Uhr: (K)ein Mafia-Palast

Auf halber Strecke nach Ragusa liegt das zinnenbekrönte Castello di Donnafugata. Der prunkvolle Palast aus dem 19. Jh. diente als Drehort für Szenen in

Kleine Erfrischung gefällig? Dann sollten Sie ein Handtuch dabeihaben, wenn Sie den Strand von Punta Secca erreichen. Abends serviert dann die »Trattoria da Calogero« in Ragusa Ibla klassische sizilianische Küche.

»Das Spiel des Patriarchen«. Hier wohnte der fiktive Mafia-Boss Don Balduccio Sinagra – streng bewacht von seinen Leibwächtern.

19 Uhr: Aperitivo und Abendessen!

Nach einem Aperitif auf dem Domplatz in Ibla sollten Sie den Abend im A Rusticana alias »Trattoria da Calogero« ausklingen lassen. Im vornehmen Lokal genoss Montalbano in »Der Dieb der süßen Dinge« seine Leibspeisen. Empfehlenswert: die Spaghetti con pomodoro arrosto (Spaghetti mit gebratenen Tomaten)!

i

Länge: ca. 85 km

Comune di Scicli
220 C1 Via Francesco Mormina Penna 2, Scicli 0932 83 91 11 3 €

Enzo a Mare
220 B1 Lungomare Amerigo Vespucci, Punta Secca 339 3 68 38 95
www.enzoamare.it

A Rusticana
220 2 Vico Domenico Morelli 4, Ragusa
0932 22 79 81 www.arusticana-ibla.it

Castello di Donnafugata
220 B2 0932 61 93 33 Di, Sa, So 9–13 & 14.30–17, Mi–Fr 9–13 Uhr 6 €

❹ ★★ Noto

Was?	Die schönste Barockstadt Siziliens
Warum?	Jede Ecke in Noto gleicht einem Filmset.
Wann?	Am späten Nachmittag, wenn der Scheinwerfer am Himmel alles in ein bernsteinfarbenes Licht taucht.
Wie lange?	Mindestens zwei bis drei Stunden, besser mit Übernachtung
Resümee	So nobel, so lebendig!

Noto mit seinen im Sonnenlicht golden schimmernden Häusern ist die schönste Barockstadt Siziliens. Seine Bürger nennen sie »il giardino di pietra«, den »Steingarten«. Die prachtvollen Straßen, hübschen Plätze und geschwungenen Treppen wirken wie Bühnenbilder oder Filmkulissen, in denen jedes Teil seinen Platz im harmonischen Ganzen gefunden hat. Die Perfektion der Architektur steht jedoch völlig im Dienst der Einwohner des kleinen, reizenden Städtchens. Noto wirkt alles andere als kalt oder monumental.

Ein blühender Neuanfang

Noto wurde nach der Zerstörung durch das Erdbeben von 1693 komplett neu geplant und 14 km von seiner ursprünglichen Stelle entfernt wieder aufgebaut. Die Regierung veranlasste die Umsiedlung der Bevölkerung, die schon mit dem Wiederaufbau der alten Stadt begonnen hatte. Die größten Architekten der Zeit nahmen sich dieses steingewordenen Symbols der Hoffnung und Erneuerung an. Sie sollten eine Komposition im Geschmack der Zeit entwerfen. Die breiten Straßen, bühnenartigen Plätze, Aussichtspunkte und Treppen schaffen immer wieder neue Blickachsen. Das Ergebnis ist brillant und blieb die nächsten 250 Jahre, in denen Noto friedlich vor sich hin schlummerte, weitgehend unberührt.

Der Schock kam 1986, als Untersuchungen den baufälligen Zustand vieler Gebäude aufdeckten, die schon durch leichteste Erschütterungen infolge eines Erdbebens hätten einstürzen können. Gerüste wurden aufgebaut und die Sanierung begann. Der Ernst der Lage zeigte sich 1996 beim Einsturz der Kathedralenkuppel, der die Stadt ins Interesse

Versteinerten Puderzuckerfiguren gleich, zieren allerlei Putten und Ornamente die Gebäude Notos (links oben und unten: Palazzo Nicolaci).

Perfekte Symmetrie beherrscht die prachtvolle Barockfassade der Kathedrale.

der Weltöffentlichkeit katapultierte. 2007 schließlich befreite man die Kathedrale von ihren Abdeckungen – und heute ist Noto, das seit 2002 zum UNESCO-Weltkulturerbe gehört, wieder so gut wie hergestellt, erstrahlt erneut im barocken Glanz und blickt optimistisch in die Zukunft.

Boulevards und Kirchen, Palazzi und Piazze

Der majestätische Corso Vittorio Emanuele verläuft ab der Porta Reale parallel zur Flanke eines Hügels. Auf einer Länge von nur 1 km reihen sich offene Plätze und weitläufige Treppen aneinander und führen an vielen Sehenswürdigkeiten vorbei. Die wichtigsten sind die Kirchen Santa Chiara und San Francesco sowie das Kloster San Salvatore. Ihre Dekoration und Platzierung sind ein Musterbeispiel barocker Architektur und Stadtplanung, die kontrastierende Elemente zu einem harmonischen Ensemble vereinten. Am nächsten Platz im Verlauf des Corsos, an der Piazza Municipio, stehen sich weltliche und kirchliche Macht gegenüber. Die triumphal restaurierte Kathedrale San Nicolà di Mira e Corrado auf der einen und das Rathaus im abgeklärten, neoklassischen Palazzo Ducezio (1746) auf der anderen Seite sind die großartigsten Bauten der Stadt. Eine prächtige Treppe führt zum Portal der Kathedrale, die der Palazzo Vescovile (Bischöfliches Palais) und der Palazzo Sant'Alfano Landolina, das einzige Patrizierpalais auf der Hauptstraße, einrahmen.

Noto gönnt sich – wie viele Orte auf Sizilien – einen ausgiebigen Mittagsschlaf: Zwischen 12/13 und 16/17 Uhr haben die meisten Kirchen und oft auch Läden und Geschäfte geschlossen.

Ein paar Meter weiter den Corso entlang gelangt man linker Hand zur Chiesa del Collegio, dem Inbegriff einer Barockkirche. Ihre kühn geschwungene Fassade ist der perfekte Auftakt für die überbordenden weißen und goldenen Stukkaturen im Kircheninneren. Sie können die Stufen zum Glockenturm erklimmen und von oben die Stadt und das Meer aus der Vogelperspektive bewundern. An der nächsten Piazza, der Piazzale XVI Maggio, treffen sich Senioren zum Plausch am Springbrunnen im kühlen Schatten der Bäume. Hier steht das charmante Teatro Civico; wenn es geöffnet ist, sollten Sie einen Blick auf den opulenten Zuschauerraum erhaschen. Auf der gegenüberliegenden Seite der Piazza erhebt sich die gewölbte Fassade von San Domenico (1737 bis 1756). Von hier führt die Via Nicolaci zum Palazzo Villadorata direkt neben der Kathedrale. Er ist das vollendete Beispiel für die Opulenz, die dem Geschmack des Adels im 18. Jh. entsprach. Seine Fassade ist mit überschwänglichen Balkonen und wunderschön ausladenden Nymphen, Pferden, Putti und Löwen geschmückt.

Die Attraktion der hinter dem Corso beginnenden Oberstadt ist die 1715 fertiggestellte Chiesa del Crocifisso. Sie beherbergt die wunderschöne, aus dem 15. Jh. stammende Marmorfigur »Madonna delle Neve« (Schnee-Madonna) von Laurana, die aus dem alten Noto hierher gebracht wurde.

Caffè Sicilia (€): Corso V. Emanuele 125, Tel. 0931 83 50 13, tägl. 8–22 Uhr

KLEINE PAUSE

Sehr gute Eiscreme und Snacks gibt es im **Caffè Sicilia.**

---

i

✢221 D2

Touristeninformation
✉ Via Vincenza Gioberti 13
☎ 0931 83 65 03 ⊕ www.pronoto.it
◑ Di–Sa 9–13, 15–19, So 9–13 Uhr

6 ★★ Siracusa

Was?	Eine der glanzvollsten Städte der Magna Graeca
Warum?	Das lichtdurchflutete Syrakus bewahrt architektonisches Erbe aus drei Jahrtausenden.
Wann?	Besonders hübsch ist Syrakus am Nachmittag, wenn die Sonne die Fassaden in honiggelbes Licht taucht.
Wie lange?	Am besten einen ganzen Tag.
Was noch?	Der Archäologische Park mit Theatern, Steinbrüchen und Altar (im Sommer möglichst früh morgens)
Resümee	Zeitlose Schönheit

Auf einer Insel zwischen zwei geschützten Häfen liegt Ortygia, die Keimzelle der in antiker Zeit so mächtigen Metropole. Zahlreiche Ruinen, Kirchen und prächtige Villen erzählen aus der reichen Vergangenheit. Die Straßen nach Norden führen durch die potente, moderne City zu den Latomien, den großen Steinbrüchen, die einst das Baumaterial lieferten.

Weltstadt Syrakus

Die Griechen gründeten Syrakus 733 v. Chr. und leiteten seinen Namen vom phönizischen »suraka« (= Sumpf) ab. Die Lage war perfekt: Sie bot eine leicht zu verteidigende Insel

Die gute Stube von Syrakus: Blickfang an der lang gezogenen Piazza Duomo ist die prächtige Barockfassade des Doms.

mit frischem Süßwasser, einen natürlichen Hafen und ein fruchtbares Hinterland. Im 5. Jh. v. Chr. kam es zu einem ersten Boom, Sklaven aus eroberten Gebieten errichteten die zahlreichen Bauten der sehr einflussreichen Stadt. Um 480 v. Chr. wurde Karthago, um 413 v. Chr. Athen besiegt. So ließen sich schließlich auch große Dichter und Denker der damaligen Zeit, u. a. der Dramatiker Aischylos und der Philosoph Plato, auf Einladung der Tyrannen von Syrakus hier nieder. 211 v. Chr. half Archimedes vergeblich, die Stadt im Zweiten Punischen Krieg gegen Rom zu verteidigen.

Zwar plünderten die Römer die Stadt, doch blieb sie weiterhin ein wichtiges Handelszentrum. Im Zuge der arabischen und normannischen Eroberungswellen rückte die Stadt zwar vorübergehend ins politische Abseits, Ortygia wurde jedoch weiter ausgebaut. Und die Architektur des Barocks veränderte nach dem Erdbeben im Val di Noto von 1693 das Antlitz der Stadt nachhaltig.

Die »Wachtelinsel«

Die nur 1 km lange und knapp 500 m breite Insel Ortygia (wörtlich: »Wachtelinsel«) ist mit dem Festland durch zwei Brücken verbunden. Über die Ponte Umbertino gelangen Sie zu den Ruinen des dorischen Tempio di Apollo (Apollotempel). Von hier aus führt der Corso Matteotti zu Ortygias zentralem Platz, der Piazza Archimede. Einige Meter weiter erreichen Sie die herrliche und offene Piazza del Duomo, die von prächtigen Bauten des 17. und 18. Jhs. gesäumt ist: Auf der einen Seite steht der auf dem Fundament des heidnischen Athena-Tempels erbaute Duomo (Dom). Die dorischen Säulen aus dem 5. Jh. v. Chr. sind in die Kathedrale integriert – kaum ein anderes Bauwerk Siziliens illustriert deutlicher die Vielfältigkeit seiner unterschiedlichen Wurzeln und Kulturen. Die fantastische schwingende Barockfassade, entstanden nach dem Erdbeben von 1693, steht im kühnen Kontrast zur ruhigen Atmosphäre im antiken Inneren. An der Schmalseite der Piazza birgt die Kirche Santa Lucia alla Badia das faszinierende Altarbild »Begräbnis der hl. Lucia« von Caravaggio.

Über die Piazza führt eine Straße zur Fonte Aretusa, der Süßwasserquelle am Meer, die die ersten Siedler anzog. Der kleine, mit Papyrus bepflanzte Platz lädt nicht nur Enten

zum Verweilen ein. Von hier sehen Sie das von Friedrich II. 1239 erbaute Castello Maniace. Spazieren Sie im Schatten von Bäumen am Wasser entlang und zurück zum Museo Regionale. Eine seiner schönsten Kostbarkeiten ist hier die heitere Verkündigung Antonello da Messinas.

Nein, die Braut wird nicht abgeführt, sondern geheiratet. Zuvor stolziert sie noch über den Lungomare nahe der Fonte Aretusa.

Abstecher aufs Festland

Jenseits des Geschäftszentrums von Syrakus markiert eine Reihe von Steinbrüchen, die Latomien, wie bereits vor über 2000 Jahren die nördliche Stadtgrenze. Unterhalb dieses Gebiets – und etwas abseits der Steinbrüche – befindet sich das antike griechische Tunnelsystem, das der städtischen Wasserversorgung diente. Da in der Antike Bestattungen innerhalb der Stadtgrenzen verboten waren, nutzten sie die ersten Christen als Katakomben. Heute werden von der Ruine der Kirche San Giovanni aus Führungen durch das unterirdische Labyrinth mit seinen Grabnischen und Resten der ältesten christlichen Malerei angeboten.

In der Nähe befindet sich das Museo Archeologico Paolo Orsi mit einer der besten europäischen Sammlungen altgriechischer Kunst. Sie beleuchtet die Geschichte Siziliens vor und während der griechischen Kolonisation. In der Skulpturensammlung sticht die herrliche »Landolina Venus« hervor, die auf dem Museumsgelände gefunden wurde. Es handelt sich bei dieser römischen Kopie um eine betont sinnliche Interpretation der Liebesgöttin. Die dem Meer entsteigende Venus steht in schönem Kontrast zu der profanen Sanftheit einer archaischen Mutter-Gottheit, die ihre Zwillinge stillt. Verpassen Sie auf keinen Fall die Fragmente der strammen wie hochmütigen Kouroi, der griechischen Kriegerstatuen der Archaik (ca. 550 v. Chr.).

Ein kurzer Weg führt vom Museum zum archäologischen Park der Neapolis. Hier finden Sie u. a. die Ara di Ierone II (Altar von Hieron II.) aus dem 3. Jh. v. Chr., die Latomia del Paradiso (den größten der Steinbrüche) und das römische Amphitheater aus dem 3. Jahrhundert. Die Hauptattraktion, das im 5. Jh. v. Chr. erbaute Teatro Greco, haben die Römer in der zweiten Hälfte des 1. Jhs. n. Chr. für Gladiatorenkämpfe umgebaut. 42 der einst 59 Sitzreihen sind erhalten. Bei den Sommerfestspielen werden Konzerte und griechische Tragödien aufgeführt. Sogar ein Flüstern auf der Bühne ist in den oberen Rängen zu hören. Folgen Sie dem Weg durch das Halbrund und hinab zu den Steinbrüchen. Die Parkwege führen Sie zum Orecchio di Dionisio (Ohr des Dionysos); die große Höhle verdankt ihren Namen Caravaggio, der von ihrer Akustik beeindruckt war.

Gran Caffè del Duomo (€): Piazza Duomo 18/19, Tel. 0931 2 15 44, www.grancaffedelduomo.com, Di–So. 7.30 bis 24 Uhr

KLEINE PAUSE

Wählen Sie die Piazza del Duomo für eine Pause mit Flair. Alles im Blick haben Sie vom **Gran Caffè del Duomo** aus.

---

i

221 E3

Servizio turistico provinciale
Via Roma 31, Ortygia ☎ 800 055 500
www.siracusaturismo.net
Mo–Sa 8–20, So 9.30–18.30 Uhr

Duomo (Dom)
Piazza del Duomo ☎ 0931 6 53 28
tägl. 8–19 Uhr, im Sommer bis 19.45 Uhr, während Gottesdiensten keine Besichtigungen möglich 2 €

Museo Regionale d’Arte Medioevale e Moderna
Via Capodieci 16 ☎ 0931 6 95 11
Di–Sa 9–19 & So 9–13 Uhr 8 €

Catacomba di San Giovanni
Via San Giovanni alle Catacombe 1
☎ 0931 64694 Di–So 9.30–12.30 & 14.30–16.30/17.30 Uhr 8 €

Museo Archeologico Paolo Orsi
Viale Teocrito 66 ☎ 0931 489514
Di–Sa 9–19, So 9–14 Uhr 8 €

Parco Archeologico della Neapolis
Via Paradiso 14 ☎ 0931 6 62 06
tägl. 9 Uhr bis 1 Std. vor Sonnenuntergang, So bis 13 Uhr 10 €

Wandern, baden, glücklich sein

Schmetterlinge flattern umher und zwischen Farnkraut und Weidenruten rauschen farbige Libellen heran, während Sie im kühlen, jadegrünen Nass eine willkommene Erfrischung genießen. Drum herum zeigt sich eine wilde, unberührte Natur und Karstlandschaft: An der Cavagrande del Cassibile, nordwestlich von Avola, befinden sich herrliche Badestellen, die nur zu Fuß zu erreichen sind. Am besten wandern Sie gleich frühmorgens zum schönen »Uruvu tunnu«, dem runden See.

www.cavagrandedelcassibile.it, tägl. 8–19 Uhr

㉖ Ragusa

Was?	Fantastisches Häusergeflecht mit barocken Juwelen
Warum?	Um in die verwinkelten und verträumten Gassen der Unterstadt einzutauchen
Wann?	Jederzeit
Wie lange?	Gut und gerne zwei bis drei Stunden
Was noch?	Ein Abstecher zum Schloss von Donnafugata
Resümee	Eine Stadt mit zwei Gesichtern

Blick aufs abendlich erleuchtete Ragusa Ibla

In felsiger Kalksteinlandschaft, in der Oliven, Mandeln und Johannisbrotbäume gedeihen, dehnen sich die beiden Stadteile von Ragusa aus: Während sich Ragusa Superiore mit seinem rechtwinkligen Straßenraster als charakteristische Anlage des 18. Jhs. zeigt, bewahrt Ragusa Ibla auf malerische Art sein mittelalterliches Gassenlabyrinth.

Die Oberstadt

Ragusa Superiore (Oberstadt), das nach dem Erdbeben von 1693 im Schachbrettmuster neu angelegt wurde, ist über drei Brücken zu erreichen, die sich über die Schlucht von Santa Domenica spannen. Die von monumentalen »palazzi« gesäumte Hauptstraße, der Corso Italia, führt hinab in den älteren Stadtteil. Hier dominiert der Duomo mit seinem Glockenturm die Szenerie. Eine weitere Attraktion ist das

Museo Archeologico Ibleo mit Grabungsfunden aus der Provinz, darunter der Krieger von Castiglione, das Relief aus einer Grabanlage aus dem 7. Jh. v. Chr.

Die Unterstadt

Während nach 1693 einige Bürger den Wiederaufbau auf dem höher gelegenen Plateau planten, bauten die Traditionalisten jedoch die Unterstadt, Ragusa Ibla, mit ihrem mittelalterlichen, arabisch inspirierten Grundriss wieder auf. Entlang der zerstörten Straßenzüge entstanden barocke Gebäude – gerade die Mischung aus verwinkelten Gassen und prachtvollen Neubauten macht heute den einzigartigen Charme Iblas aus. Diesen nähert man sich am besten von der Oberstadt aus: Am Ende des Corso Italia genießt man von der Terrasse der Kirche Santa Maria delle Scale (15. Jh.) einen traumhaften Blick über das Dächermeer der Unterstadt.

Ein Besuch Ragusas lässt sich auch mit einem Abstecher zum Castello di Donnafugata (S. 104) verbinden, in dem viele das große Landgut aus dem Roman »Der Leopard« von Giuseppe Tomasi di Lampedusa sehen.

Folgen Sie den Serpentinen des Corso Mazzini oder den 242 Stufen hinab – beides führt Sie ins Herz Iblas, zur außergewöhnlichen Piazza del Duomo mit dem Duomo di San Giorgio, einem Meisterwerk des sizilianischen Barocks (Abb. S. 104). Ein weiterer Hingucker, die Kirche San Giuseppe, befindet sich an der Piazza Pola, dahinter liegt der Park Giardino Ibleo. Sein Eingang befindet sich neben dem Portal der aus dem 15. Jh. stammenden gotischen Kirche San Giorgio Vecchio, die als einzige das Erdbeben überdauert hat.

KLEINE PAUSE

Die **Pasticceria Di Pasquale** gilt als eine der raffiniertesten Konditoreien Italiens. Probieren Sie die berühmte Torta Savoia oder die pikanten Arancine (frittierte und gefüllte Reisbällchen).

Pasticceria Di Pasquale: Corso Vittorio Veneto 104, Tel. 0932 62 46 35, www.pasticceriadipasquale.it Di–Fr & So 7–23, Sa bis 24 Uhr

---

220 C2

Servizio Turistico
Piazza Repubblica (Ragusa Ibla)
366 8742621 Mo–Fr 9–19, Sommer auch Sa–So 9–14 Uhr

Ufficio del Turismo
Piazza S. Giovanni www.ragusaturismo.it 0932 68 47 80 Mo–Fr 9 bis 19, Sommer auch Sa–So 9–14 Uhr

Museo Archeologico Ibleo
Via Natalelli 0932 62 29 63
tägl. 9–19 Uhr frei

Duomo di San Giorgio
Piazza del Duomo Juni–Sept. tägl. 9.30–12.30, 15.30–19 Uhr, sonst kürzer Dommuseum 3 €

㉗ Caltagirone

Was?	»Königin der Hügel« und »Keramikhauptstadt« Siziliens
Warum?	Hier ist man ganz nah dran am sizilianischen Kunsthandwerk.
Wann?	Jederzeit ... besonders schön ist's allerdings im Frühjahr.
Wie lange?	Ein halber Tag sollte es schon sein.
Resümee	Diese Farben und Formen!

Im Hinterland der Südostspitze Siziliens liegt Caltagirone malerisch auf drei Hügeln. Die Kirchen, Palais und öffentlichen Gebäude des Städtchen sind aufwendig mit farbenfrohen Keramikfliesen geschmückt, für die das zum UNESCO-Weltkulturerbe zählende Caltagirone so berühmt ist. Blitzblank, geschäftig und wohlhabend präsentiert sich die stolze Stadt als ein Geheimtipp.

Typisch Caltagirone: Die »mori«, ein Männerkopf mit Schnurrbart und Turban sowie ein lieblicher Frauenkopf mit wallendem Haar, werden Ihnen in dem Keramikstädtchen regelmäßig begegnen.

Der Stadtname setzt sich zusammen aus dem arabischen »kalat« für »Kastell« und »ghiran« für die Keramikgefäße, die aus dem hochwertigen Ton der Umgebung produziert werden. Caltagirone, eine weitere nach dem Erdbeben von 1693 errichtete Barockstadt, klettert vom Fuß der Hügel in einem Gewirr von Gebäuden stufenweise nach oben, Kuppeln und Türme setzen in der Architektur des 17. und 18. Jhs. Akzente. Im Ort kommen Sie dann aus dem Staunen nicht mehr heraus: Häuser und Türme, sogar Brücken, Straßenschilder und Bänke sind mit herrlich glänzenden bunten Keramikfliesen verziert, die dem Städtchen eine heitere Leichtigkeit verleihen.

Ganz schön bunt!

In der ansprechenden Parkanlage im Tal liegt das Museo della Ceramica, das Keramikarbeiten aus ganz Sizilien und allen Epochen zeigt. Zu Fuß der Via Roma folgend, gelangen

Mit Füßen getreten und doch Caltagirones Wahrzeichen: die Scalinata mit ihren farbenfrohen Keramikkacheln

Sie über den wunderbar mit Majolika verzierten Viadukt, den Ponte San Francesco aus dem 18. Jh., ins höher gelegene historische Zentrum, zur Piazza Umberto und der benachbarten Piazza del Municipio, dem Herzen der Stadt. Dazwischen steht der Duomo.

Caltagirones eindrucksvollstes Bauwerk ist jedoch die Freitreppe an der Piazza Municipio, die Scalinata Santa Maria del Monte. 142 Stufen führen zur gleichnamigen Barockkirche hinauf, jede einzelne ist mit weißen, blauen und grünen Kacheln verziert. Vorbei an den zahllosen winzigen Töpfereien gelangen Sie nach oben, wo Sie eine herrliche Aussicht über die Stadt genießen. Die ursprünglich schmucklosen Stufen wurden erst 1954 mit den Fliesen aufgehübscht. Besonders faszinierend wirkt die Treppe am 24./25. Juli, wenn sie beim Illuminata-Festival zu Ehren von San Giacomo, dem Schutzheiligen von Caltagirone, mit farbigen Papierlaternen beleuchtet wird.

KLEINE PAUSE

Sichern Sie sich in der **Bar Escalier** zu Füßen der Scala draußen ein schattiges Plätzchen. Serviert werden Cappuccino, Eis, kleine Gerichte und kalte Getränke.

Bar Escalier (€): Piazza del Municipio 2

---

220 B4

Touristeninformation
Via Duomo 15 ☎ 0933 49 08 36
www.comune.caltagirone.ct.it

Mo, Mi, Fr 9–13.30 & 14–19, Di, Do, Sa 9–19 Uhr

Museo della Ceramica
Via Roma-Giardino Pubblico
☎ 0933 5 84 18 tägl. 9–18.30 Uhr 4 €

Nach Lust und Laune!

28 Catania

Catania, 729 v. Chr. gegründet, erlebte in der Antike seine Blütezeit unter der Herrschaft der Römer. Die Stadt, überschattet von der bedrohlichen Allgegenwart des Ätna, wirkt mit ihren Gebäuden aus dunklem Vulkangestein auf den ersten Blick abweisend. Auf den zweiten Blick werden Sie aber die grandiose Barockarchitektur, breiten Boulevards, kosmopolitische Atmosphäre und Unterhaltungsszene genießen. Zudem ist die zweitgrößte Stadt Siziliens ein Shopping-Paradies.

Die von Vulkanausbrüchen und Erdbeben geplagte »Schwarze Tochter des Ätnas« wurde im Laufe der Jahrhunderte immer wieder aufgebaut, besonders nach dem Erdbeben von 1693, als die Architektur Vaccarinis sie in eine barocke Vorzeigestadt verwandelte. Gut zu sehen ist das auf der Piazza del Duomo mit der Fontana dell'Elefante; der kleine Elefant aus schwarzer Lava mit Obelisken auf dem Rücken ziert den Brunnen und ist Symbol der Stadt. Vis-à-vis dem Brunnen erhebt sich die herrliche, der Schutzheiligen der Stadt geweihte Cattedrale di Sant'Agata. Hinter der Piazza del Duomo erwachen die labyrinthartigen Straßen jeden Morgen mit dem quirligen Fischmarkt zum Leben. Zwei der Hauptstraßen – Via Garibaldi und Via Vittorio Emanuele – gehen von der Piazza ab. Im Süden erhebt sich das riesige Castello Ursino mit dem Museo Civico. Nördlich von der Via Vittorio Emanuele finden Sie das Teatro Romano und das Museo Belliniano, das Catanias großem Komponisten gewidmet ist. Ganz in der Nähe liegt das Teatro Massimo Bellini, das 1890 mit Vincenzo Bellinis Oper »Norma« eröffnet wurde. Es zählt zu den schöns-

Catanias Piazza del Duomo mit dem Elefantenbrunnen in der Abenddämmerung

ten Opernhäusern Europas und ist zudem für seine hervorragende Akustik berühmt. Vom Duomo aus führt die von Boutiquen gesäumte Via Etnea mit Blick auf den Vulkan in der Ferne nordwärts.

↗221 D5

Info Point im Palazzo Minoriti
✉ Via Etnea 63/65 ☎ 095 4 01 40 70
🌐 http://turismo.cittametropolitana.ct.it
🕒 Mo–Sa 8–14 & 14.30–17 Uhr

Cattedrale di Sant'Agata
🕒 tägl. 7.30–12 & 16–19 Uhr 🎟 frei

Museo Civico
✉ Piazza Federico II di Svevia
☎ 095 34 58 30 🕒 Mo–Fr 9–19, Sa, So 9–21 Uhr 🎟 12 €

Teatro Romano
✉ Via Vittorio Emanuele II 266
☎ 095 7 15 05 08 🕒 Mo–Sa 9–17, So bis 13 Uhr 🎟 6 €

Museo Belliniano
✉ Piazza San Francesco
☎ 095 7 15 05 35 🕒 Mo–Sa 9–19, So bis 13 Uhr 🎟 5 €

Anfiteatro Romano
✉ Piazza Stesicoro 🕒 Di–Sa 9–13.30, 14.30–18.30 Uhr 🎟 frei

29 Riserva Naturale di Vendicari

Wer sich an der barocken Pracht sattgesehen hat und sich nach Sand, Meer und Ruhe sehnt, sollte das Riserva Naturale di Vendicari ansteuern, ein Naturreservat an der Küste südöstlich von Noto. Die flache, naturbelassene Küste ist von drei Lagunen umgeben. Die weichen Sandstrände und das ruhige, plätschernde Meer sind ein Hochgenuss. Vogelfreunde lieben dagegen vor allem die Lagunen, die im Frühling Zugvögeln als wichtiger Futterplatz dienen und Flamingos beheimaten. Pfade führen durch die Dünen und das Marschland. Es duftet nach Eukalyptus und den würzigen Kräutern der Macchia – das perfekte Ambiente für ein Picknick!

↗221 E1/2 ✉ Haupteingang: Pantano Grande (an der SP19 Pachino, 12 km südlich von Noto) ☎ 0931 46 88 79
🌐 www.riserva-vendicari.it
🕒 April–Okt. 9–18 Uhr, Nov–März 9–17 Uhr 🎟 frei, Parken 3,50 €

30 Modica

Modica, eine der nach dem Erdbeben von 1693 erbauten Barockstädte, liegt tief im Tal zwischen steilen Kalksteinhügeln. Es teilt sich in Modica Bassa, die Unterstadt, und Modica Alta, die Oberstadt. Die Häuser klettern förmlich an den steilen Hängen empor, die Hauptstraßen sind breit und elegant. Der Corso Umberto I und die Via Giarratana wurden nach einer verheerenden Überschwemmung 1902 über die dann trocken gelegten Bachläufe gebaut. Die wichtigen Bauten finden Sie entlang des Corsos: prächtige Barockkirchen wie die Santa Maria delle Grazie (1624) und schöne »palazzi« aus dem 18. Jahrhundert. Eine Treppe führt zu San Pietro (1698) und weiter über etwa 250 Stufen zur großartigen Kirche San Giorgio, dem Stolz der Stadt.

↟220 C2

Touristeninformation
✉Corso Umberto I 141 ☎346 655 82 27
🌐www.comune.modica.gov.it
🕐Mo–Fr 8–13.30, Sa 9–13,
Mo–Sa 15.30–19 Uhr, im Winter kürzer

31 Marina di Ragusa

Das ehemalige Fischerdorf an der Südostküste verzeichnet im Sommer einen dramatischen Bevölkerungsanstieg – dann bietet das lebhafte Resort zahlreiche Wassersportmöglichkeiten. Der lange Sandstrand wird von einem Wachturm aus dem 16. Jh. überragt; hier gibt es auch etliche gute Restaurants, Cafés und Bars. Marina di Ragusa war zudem häufig Drehort zur Serie »Commissario Montalbano« (S. 31).

↟220 B1

32 Comiso

Etwas zurückhaltendere barocke Impressionen liefert das kleinen Comiso, das nach dem Erdbeben von 1693 neu entstanden ist. Es verfügt noch über sein mittelalterliches Kastell. Ein Geheimtipp! Sehenswert ist die Kirche Santissima Annunziata (1772–1793) mit ihrer hübschen blauen Kuppel und der imposanten Freitreppe. Die Römer nutzten die nahe gelegenen Gewässer, die den Brunnen auf der Piazza Fonte Diana speisen, zur Versorgung ihrer Thermen. Comiso ist auch der Geburtsort von Gesualdo Bufalino (1920–1996), einem der bedeutendsten zeitgenössischen Autoren Italiens. Seine Bibliothek befindet sich in der alten Markthalle (auch Infostelle).

Strandvergnügen in Marina di Ragusa

↟220 B2

33 Grammichele

Flüchtlinge gründeten nach dem Erdbeben von 1693 das Barockstädtchen Grammichele. Man müsste sich in die Vogelperspektive begeben, um einen Überblick über die Stadtanlage zu bekommen, die einem regelmäßigen Sechseck gleicht. Vom zentralen Platz, der ebenfalls die Form eines Sechsecks aufweist, gehen sechs axiale Straßen aus. Der beste Punkt, um sich diesen Grundriss zu veranschaulichen, liegt im Herzen dieser imposanten Piazza. Ein Stadtbummel macht die Regelmäßigkeit der Planung noch deutlicher. Heute ist dieser brillante Grundriss das einzig Sehenswerte des sonst erstarrten Provinzstädtchens.

↟220 B4

Wohin zum ... Übernachten?

Preise für ein Doppelzimmer pro Nacht:

€	unter 130 €
€€	130–230 €
€€€	über 230 €

SIRACUSA

Grand Hotel €€ / €€€
Das Nobelhotel im Stil des Art déco mit Blick über den Porto Grande erinnert an die alten Zeiten. Es wartet mit einer dezenten, klassischen Einrichtung, großen Zimmern und einem professionellen Service auf. Die Zimmer haben teilweise Meerblick, den alle Gäste auch im Restaurant mit der Dachterrasse genießen können. Im Sommer Shuttle zum hoteleigenen Strand.
221 E3 Viale Mazzini 12 0931 46 46 00
www.grandhotelortigia.it

Gutkowski €
Die hübsche, blau-weiße Fassade bietet einen Vorgeschmack auf das freundliche Boutiquehotel mit 26 geschmackvollen Zimmern. Das moderne Dekor der lichtdurchfluteten und mitunter barrierefreien Zimmer ist schlicht und elegant. Im Foyer setzt sich der unaufdringliche Chic fort. Das Frühstück wird auf der Dachterrasse serviert.
221 E3 Lungomare Vittorini 26
0931 46 58 61 www.guthotel.it

Roma 1880 €€
Das 1880 erbaute Hotel im Herzen Ortygias wurde zuletzt umfassend renoviert. Die hellen und großzügigen, mitunter barrierefreien Zimmer sind in kühlen Creme- und Blautönen gehalten. Viele haben zudem schmiedeeiserne Balkone mit Blick über die Altstadt. Das Hotelrestaurant Minosse ist eines der besten in ganz Syrakus. Nach vorheriger Absprache gibt es einen Abholservice vom Flughafen Catania. Das eigene Auto kann in der Hotelgarage geparkt werden.
221 E3 Via Roma 66 0931 46 56 30
www.algila.it

NOTO

B&B Montandòn €
Ein Palazzo mit Garten und Dachterrasse mit atemberaubendem Blick auf die Altstadt. Mountainbikes und sorgfältige Ausflugstipps sorgen für ein aktives Urlaubserlebnis mit gepflegtem Standquartier.
221 D2 Via A. Sofia 50 0931 8 36 3 89
www.b-bmontandon.it

RAGUSA

Il Barocco €
Der Zugang zu dem hübschen Hotel im Herzen von Ragusa Ibla führt über den Innenhof, in dem Sie auch einen Drink nehmen oder im Sommer frühstücken können. Die Zimmer sind einfach und gemütlich eingerichtet, viele haben Balkon. Nur einen Katzensprung vom Marktplatz und dem Dom entfernt.
220 C2 Via S Maria la Nuova 1, Ragusa Ibla 0932 66 31 05 www.ilbarocco.it

Locanda Don Serafino €€€
Das schicke Edelhotel ist in einem Stadthaus aus dem 18. Jh. untergebracht. Die alten Steinmauern sind unverputzt belassen, die Einrichtung ist gemütlich. Familie Rosa kümmert sich mit großem Einsatz und bis ins kleinste Detail um ihre Gäste.
220 C2 Via XI Febbraio 15, Ragusa Ibla 0932 22 00 65
www.locandadonserafino.it

CATANIA

Palazzu Stidda €
Wohnen beim Bildhauer. Familienfreundliches B & B in der Altstadt, zwischen Fischmarkt und Castello Ursino gelegen. Früh buchen!
221 D5 Vicolo della Lanterna 5
095 34 88 26 www.palazzu-stidda.com

MODICA

Casa Talía €€
Slow Living: mediterranes Gartenparadies mit Panoramablick auf das faszinierende

Einfach und einfach lecker: ein Antipasti-Teller »alla siciliana«

Geflecht der Altstadt. Zehn Zimmer und zwei Chalets, eine Pension mit Charme!
220 C2 Via Exaudinos 1/9
0932 75 20 75 www.casatalia.it

MARINA DI NOTO

Hotel Jonio €
Das attraktive, familiengeführte Hotel liegt nur zehn Minuten vom historischen Zentrum entfernt in Noto Marina und einem Sandstrand direkt gegenüber. Das Hotel hat eine große Terrasse und Parkmöglichkeiten. Alle Zimmer haben Balkone und geräumige Badezimmer. Restaurants sind in wenigen Minuten zu Fuß erreichbar.
221 E2 Viale Lido I, Marina di Noto
0931 81 20 40 www.hoteljonio.eu

Wohin zum … Essen und Trinken?

Preise für ein Drei-Gänge-Menü mit Wein:

€	unter 20 €
€€	20–35 €
€€€	über 35 €

SIRACUSA

Anima Sicula € / €€
Siziliens Seele! Das junge Wirtepaar Stefania und Daniele verfolgt in seiner heiteren Osteria ein ehrgeiziges Ziel: La Sicilia in bocca – Siziliens Geschmacksvielfalt auf den Gaumen zaubern. Dabei setzt es lieber auf täglich wechselnde Gerichte als auf eine Standardspeisekarte, auch wenn der Küche ein Klassiker wie Spaghetti alle Vongole mit fangfrischen Venusmuscheln besonders gut gelingt. Besonders sympathisch: Für Kinder unter sechs Jahren gibt es ein spezielles mehrgängiges Kindermenü für 5 €!
221 E3 Via della Dogana 5, Ortygia
327 5 44 05 00 oder 346 6 23 04 28
www.animasicula.it Di–So 12.30–15 & 19.30–22 Uhr

La Cantinaccia €€
Das bodenständige, preiswerte und gute Restaurant öffnet im Sommer seine Veranda mit Meerblick. Fangfrischer Fisch prägt die Speisekarte, für Fleischliebhaber gibt es Gerichte mit Kalb, Huhn und Steak. Wer mit den Antipasti startet und danach Pasta oder einen der Salate wählt, hat noch Luft für eine Cassata oder ein Cannolo.
221 E3 Via XX Settembre 13
0931 6 59 45 www.ristorantelacantinaccia.it tägl. 11.30–15 & 18.30–24 Uhr, Winter Di geschl.

Il Cenacolo €€€
Im Sommer das einzige Restaurant auf Ortygia, in dem Sie im Grünen essen können. Es wird nur sizilianisch gekocht, es gibt z. B. Caponata (Gemüse-Eintopf), Pasta mit Venusmuscheln und Seeigel sowie den aus dem westlichen Teil Siziliens stammenden Fisch-Couscous. Abends ist der Pizzaofen in Betrieb. Gelegentlich gibt es Musikabende mit Gesang – touristisch, aber amüsant.
221 E3 Via del Consiglio Reginale 10
0931 6 50 99 Mai–Sept. tägl. 13–15 & 19.30–22 Uhr, Okt.–April Mi, Mitte Jan.–Mitte Feb. geschl.

Don Camillo €€€
Camillo Guarneri, der von Kritikern hochgelobte Küchenchef dieses berühmten Restaurants, nimmt seinen Job sehr ernst. Berühmt ist er für die Pasta und die gekonnt zubereiteten secondi. Probieren Sie z. B. die zuppa di mucco, eine duftende Brühe mit winzigen Fischen. Umfangreiche Weinkarte. Reservierung unabdingbar.

+221 E3 ✉Via Maestranza 96 ☎0931 6 71 33 🌐www.ristorantedoncamillosiracusa.it ◑12.30–14.30, 19.30–22.30 Uhr, Feb. & Juli jeweils 1 Woche geschl.

La Foglia €€

Die Kunstwerke an den Wänden sind die Arbeiten von Vater und Tochter; in der Küche führt »mamma« das Zepter. Vegetarier lieben dieses Lokal für seine Suppen, die aus frischen Zutaten hergestellte Pasta und Leckereien aus Linsen und Kichererbsen. Es gibt fein zubereitete Hauptgerichte mit Fisch und Fleisch und hausgemachte Desserts.
+221 E3 ✉Via Capodieci 21 ☎0931 6 62 33 🌐www.lafoglia.it ◑tägl. 13–14.30 & 19.30–21.30/22 Uhr

NOTO

Bar Gelateria Costanzo €

Die beste Eiscreme weit und breit! Neben Klassikern wie Kaffee, Vanille, Schokolade und Fruchtsorten wie die heimische Orange sollten Sie auch die Hausspezialitäten probieren: Johannisbrot von den Bäumen der Region, die saisonale Kaktusfeige und ein erstklassiges, mit Jasminblüten aromatisiertes Maulbeereis.
+221 D2 ✉Via Silvio Spaventa ☎0931 83 52 43 ◑Do–Di 7.30–2 Uhr

Trattoria del Carmine €

Ein familiengeführtes Restaurant, dessen Küche bis in den Nachmittag geöffnet ist. Mittags gibt es hervorragende Pasta, Kaninchen und Gegrilltes. Spartanisches Interieur.
+221 D2 ✉Via Ducezio 1 ☎0931 83 87 05 🌐www.trattoriadelcarmine.it ◑Di–So 12–23 Uhr

Vicari €€

Ricotta-Mandel-Ravioli, Kalbssteak mit Orangensalat oder Johannisbrot-Halbgefrorenes. Die Slow-Food-Osteria bemüht sich um Produkte von regionalen Bauern und Fischern.
+221 D2 ✉Ronco Bernardo Leanti 9 ☎0931 83 93 22 🌐www.ristorantevicari.it ◑Di–So 12–14.45, 19–23 Uhr, Saison auch Mo

RAGUSA

Duomo €€€

In einem stattlichen Barock-Palazzo gegenüber dem Dom befindet sich Ragusas feinstes Restaurant. Passend zum Ambiente wird kreatives Essen elegant serviert. Ciccio Sultanos mit zwei Michelin-Sternen geadelte Küche setzt ihren Akzent auf moderne Interpretationen sizilianischer Klassiker.
+220 C2 ✉Via Capitano Bocchieri 31, Ragusa Ibla ☎0932 65 12 65 🌐www.cicciosultano.it ◑Mo 19.30–23, Di–Sa 12–16 & 19.30–23 Uhr, 7. Jan.–Anf. März geschl.

Konza €

»Pizzoleria«, die auf die Qualität des Belags achtet: Caciocavallo-Käse, sizilianische Salami und Oliven, eigenes Öl. Stylisher Treff.
+220 C2 ✉Via M. Coffa 9 ☎0932 68 65 61 🌐www.konza.it ◑tägl. 19.30–23.30 Uhr

Locanda Don Serafino €€€

In diesem eleganten und dennoch intimen Restaurant in der Altstadt essen Sie in den alten Ställen des Palazzo oder unter freiem Himmel. Chef Vincenzo Candiano hat sich bereits zwei Michelin-Sterne erkocht. Seine Menüs bestehen aus leichten, traditionellen Speisen. Umfangreiche Weinkarte.
+220 C2 ✉Via Avv. Giovanni Ottaviano 13, Ragusa Ibla ☎0932 24 87 78 🌐www.locandadonserafino.it ◑Mi–Mo 13–15, 20–24 Uhr, im Jan. und Nov. jeweils 2 Wochen geschl.

Orfeo €€

Genießen Sie hier das Beste der edlen Küche Ragusas. Sie haben die Wahl zwischen hausgemachter Pasta und einfachem, gegrilltem Fleisch oder Fisch. Art-déco-Lokal mit gut betuchter Stammklientel.
+220 C2 ✉Via Sant'Anna 117, Ragusa Superiore ☎0932 62 10 35 ◑Mo–Sa 12–15 & 19–23 Uhr

CALTAGIRONE

La Scala €€

Die berühmte Treppe der Stadt dient als Kulisse für das angesehene Restaurant, das in zwei Räumen eines Palazzo aus dem

18. Jh. untergebracht ist. Im Sommer können Sie im Innenhof essen. Ein Flusslauf unter dem Boden ist durch Glasscheiben zu sehen. Es erwartet Sie gute sizilianische Küche und eine Fülle von Pizzas.
220 B4 Scalinata Santa Maria del Monte 8 0933 57781
www.lascalaristorantepizzeria.it
Do–Di 12.30–15, 19.30–23.30 Uhr

CATANIA

Il Sale €€
Das angesagte Art Cafè in einer szenigen Gasse hinter der Via Etnea hat sich auf Degustationen mit sizilianischem Rohmilchkäse, Salami und Schinken aus der Region und Ätna-Weinen spezialisiert.
221 D5 Via Santa Filomena 10/12
095 31 68 88, www.ilsaleartcafe.com
tägl. 20–0.30 Uhr

Wohin zum ... Einkaufen?

Catania bietet Shopping-Vergnügen für alle Geschmäcker. In den Geschäften um die Via Etnea wird »alta moda« angeboten. Ganz in der Nähe der Haupteinkaufsstraße liegt der farbenfrohe Markt **Fera o Luni** (Piazza Carlo Alberto). Auch die morgendliche **Pescheria**, die an der Südwestecke der Piazza del Duomo beginnt, sollten Sie nicht verpassen; der Fischmarkt gehört zu den malerischsten des gesamten Mittelmeerraums. Es gibt auch Produkte wie Schafskäse mit Pfefferkörnern, Feigenkakteenextrakt oder Waldhimbeeren. Mutige gönnen sich auf dem Markt einen Muschelsnack oder schlürfen das blutrote Fleisch von Seeigeln (ricci di mare).

Eine Fundgrube für elegantes wie preisgünstiges Design made in Italy stellt die schnurgerade **Via Etnea** dar. Hier sind nicht nur internationale Labels versammelt, sondern zwischen Grandcafès locken auch Boutiquen von einheimischen Designern. Ein Geheimtipp ist eine der Fashion Shows in historischen Palazzi von **Marella Ferrera** (Showroom Viale XX Settembre 25, www.marellaferrera.com). Die Stardesignerin verwebt keck Lavabrocken und polierte Keramikscherben in ihre Ball- und Brautkleider.

Im florierenden Syrakus finden Sie jede Menge Einkaufsmöglichkeiten. Die meisten Geschäfte liegen auf Ortygia. Der **Markt** (in der Nähe vom Tempio di Apollo, Mo–Sa vormittags) eignet sich zum Einkaufen von Souvenirs, ebenso das Papyrus-Atelier von **Flavia Massara Marotta** (Galleria Bellomo, Via Capodieci 47, Tel. 0931 6 13 40, www.bellomogallery.com) bei der Arethusa-Quelle. Auf dem Corso Matteotti gibt es mehrere interessante Geschäfte, so **Salmoiraghi e Vigano** (Nr. 84, Tel. 0931 6 95 81, www.salmoiraghievigano.it) mit seiner sehr guten Auswahl an Sonnenbrillen. Gegenüber finden die Damen bei **Lju Jo** (Nr. 17/19) angesagte Mode und Jeans. An einer anderen Stelle von Ortygia liegt **Il Gusto dei Sapori Smarriti**, »der Geschmack verlorener Aromen« (Piazza C Battisti 4, Tel. 0931 6 00 69) – der Laden gleicht mehr der Höhle Aladins als einem Delikatessengeschäft.

Le antiche Siracuse (Via Roma 21, Tel. 0931 46 13 65) führt das Kosmetik- und Duftölsortiment der Florentiner Firma Ortigia (www.ortigiasicilia.com), die sizilianische Essenzen verwendet. Außergewöhnlichen Schmuck finden Sie bei **Riccioli Salvatore** (Via dei Mille 3, Tel. 0931 6 54 44, www.riccioligioielli.it), der auch den seltenen Bernstein der Gegend verarbeitet. Ein Geheimtipp für hochkarätigen Designerschmuck ist **Circo Fortuna** (Via dei Tolomei 20, Tel. 0931 1 85 02 86, www.circofortuna.it). Die

Die Keramikvasen und -schalen aus Caltagirone sind noch echte Handarbeit.

Allzu zartbesaitet sollte man nicht sein, wenn man Catanias Fischmarkt besucht ...

Besitzerin Caroline van Riet betreibt auch ein charmantes B & B.

Noto ist für seine schmiedeeisernen Arbeiten bekannt. Wer Keramik liebt, sollte bei **Giuspino** (Corso V. Emanuele 98) vorbeischauen. Aus Ragusa stammen hochwertige Stickereien, aus Modica leckere Schokoladen. Besuchen Sie den ältesten Chocolatier, die **Antica Dolceria Bonajuto** (Corso Umberto 159, Tel. 0932 9 41 22 25, http://bonajuto.it) – ob süß oder würzig, die Schokolade ist immer ein Gedicht. In Caltagirone erhalten Sie in zahlreichen Geschäften Keramik – viele liegen an der Scala Santa Maria del Monte oder bei der Galleria Luigi Sturzo. Weitere Einkaufsmöglichkeiten sind **Ceramiche Lory** (Viale C. Colombo, 37, Tel. 0933 5 19 04) und **Giorgio Alemanna** (Via Amedeo 14/16, Tel. 0933 2 26 86, http://shop.ceramichealemanna.it).

Wohin zum … Ausgehen?

Der Hotspot für einen gepflegten Sundowner sind die Bars und Ristoranti an der schicken Uferpromenade am Großen Hafen von Syrakus, die von der Arethusa-Quelle zum Castello Maniace führt.

Internationale und einheimische Regisseure präsentieren Mitte Juli ihre Werke beim **Ortigia Film Festival** (www.ortigiafilmfestival.it). Ebenfalls im Sommer werden im Teatro Greco und im Anfiteatro Romano **klassische griechische Dramen** auf Italienisch mit klassischen Kostümen und einem griechischen Chor auf die Bühne gebracht (Tel. 0931 48 72 00, www.indafondazione.org).

Lassen Sie sich auch von den hinreißenden Marionettenvorführungen im **Marionettentheater** der Familie Mauceri begeistern. Ebenso faszinierend ist ein Besuch der **Puppenwerkstatt** und des **Marionettenmuseums** (alle Via Giudecca, Ortygia, Tel. 0931 46 55 40, www.pupari.com, Mo–Sa 11 bis 13, 16–18 Uhr, Juni–Aug. 11–18 Uhr).

In der Stadt gibt es viele **Nachtbars mit Livemusik** – klicken Sie auf www.siracusanews.it für den kompletten Spielplan.

Catania bietet das ganze Jahr über das lebendigste Nachtleben Siziliens. Viele Bars und Pubs im Studentenviertel um die Via Vasta und Piazza Bellini haben bis spät in die Nacht geöffnet.

In **Noto** ist wenig geboten, aber ein abendlicher Spaziergang entlang der angestrahlten Prachtbauten ist ein Muss.

Ragusa Ibla sieht nachts ebenfalls atemberaubend aus. Immer im Juli findet Caltagirones **Scala Illuminata** statt (S. 117).

UNESCO-Weltkulturerbe im Süden Siziliens: Die Tempel von Agrigent haben rund zweieinhalb Jahrtausende dem Zahn der Zeit getrotzt.

Das Inselinnere und die Südküste

Typisch Sizilien: monumentale Tempel, faszinierende Mosaiken und eine Stadt über den Wolken

Seite 126–153

Erste Orientierung

Zwischen dem menschenleeren, rauen Inselinneren und dem geschäftigen Treiben der Küstenstädte und Badeorte liegen Welten. Wenige vereinzelte, steinige Städtchen und Dörfer liegen weit voneinander entfernt in der ausgedehnten Landschaft, über der im Sommer die Hitze flimmert.

So schön das Inselinnere im Frühling ist, wenn die Hügel grün und die Felder mit Blumen überzogen sind, so ausgetrocknet und leblos ist es im Sommer: Eine einsame Welt, in die sich nur wenige Touristen verirren. Zwei Sehenswürdigkeiten lohnen jedoch einen Besuch: Die schon von Weitem auf ihrem Felsen zu erkennende Stadt Enna, der »Nabel Siziliens«, und die fantastischen Mosaiken in der Villa Romana del Casale, einem römischen Landsitz aus der Spätantike. An den langen, menschenleeren Stränden der Südküste voller Denkmäler der Antike setzt sich diese Einsamkeit fort. Besuchen Sie die Tempel in Agrigent, die zweifelsohne zu den schönsten griechischen Sehenswürdigkeiten der Insel gehören.

Westlich von Agrigent bauten die Griechen ein Theater auf eine Klippe über dem Strand in die Kiefernwälder von Eraclea Minoa. Ein bezaubernder Ort, dessen Stille im Kontrast zum Trubel von Sciacca steht. Die florierende Stadt lebt vom Fischfang, Töpferei und von ihren Heilquellen. Von der Küste führen mehrere einsame Straßen ins Lan-

TOP 10

3 ★★ Agrigento

7 ★★ Villa Romana del Casale

Nicht verpassen!

34 Enna

Nach Lust und Laune!

35 Piazza Armerina

36 Caltanissetta

37 Licata

38 Eraclea Minoa

39 Sciacca

40 Corleone

desinnere zu verschlafenen, typisch sizilianischen Städtchen wie Corleone, Caltanissetta und Piazza Armerina. Corleone war untrennbar mit der Mafia verbunden, Caltanissetta ist die größte Stadt abseits der Küste und Piazza Armerina eine reizende alte Siedlung nahe den Mosaiken von Casale. Folgen Sie der Küste südostwärts, gelangen Sie nach Licata, einem geschäftigen Fischerhafen an der Mündung des Salso.

Mein Tag bei den Göttern

Der antike Dichter Pindar pries sie einst als »schönste der sterblichen Städte«: Unsterblich gemacht haben Akragas, das heutige Agrigent, seine prachtvollen Tempel. Ein Ausflug zu diesen kann heiß und staubig sein, bietet aber auch unvergessliche Momente.

8.30 Uhr: Gemütlicher Auftakt

Ein Cappuccino, dazu eine frische Brioche – die Bar Gambrinus ist der ideale Ort, um den Tag in ❸ ★★ Agrigent zu starten. Packen Sie noch ein wenig Proviant ein, vielleicht ein paar Arancine und Focacce, und steigen an der Piazzale Rosselli in den Bus der Linie 2 in Richtung »Tal der Tempel«. Schon bei der Anfahrt erblicken Sie die majestätischen Tempel, die vor Ihnen aufragen.

10.30 Uhr: Tempel über Tempel

Als erstes erreichen Sie von der Busstation den Hera-Tempel (Tempio di Giunone). Dessen um 450 v. Chr. errichteten dorischen Säulen sind imposant, aber letztlich »nur« der Auftakt für den sagenhaften Concordia-Tempel, der an der schattenlosen Via Sacra ein Stück weiter westlich liegt. Vorbei an einer frühchristlichen Nekropole und dem Herkules-Tempel erreichen Sie den westlichen Tempelbezirk.

12.30 Uhr: Kühle Oase am Fuß der Tempel

Zur größten Mittagshitze empfiehlt sich ein Abstecher in den Giardino della Kolymbetra mit seinen duftende Orangen- und Olivenbäumen, schattigen Plätzchen und Einblicken in die unterirdische

8.30 Uhr: Gemütlicher Auftakt

20.30 Uhr: Ins rechte Licht gerückt

12.30 Uhr: Kühle Oase am Fuß der Tempel

10.30 Uhr: Tempel über Tempel

Perfekt für heiße Mittagsstunden und ein Picknick geeignet ist der luftige Giardino della Kolymbetra, in dem rund 300 Pflanzenarten wachsen. Auch im Archäologischen Museum können Sie in kühleres Ambiente fliehen und die großartigen Funde aus dem Tal der Tempel begutachten.

Welt vor 2500 Jahren. Ausgerüstet mit Helmlampen geht es bis zu 11 m tief unter die Erde – in das um 500 v. Chr. in den Fels gegrabene Hypogäum von Kolymbetra. Wieder im Tageslicht sucht man sich ein lauschiges Plätzchen, um die mitgebrachten Focacce zu genießen und ein wenig zu verschnaufen, bevor man die übrigen Tempel besucht.

14.30 Uhr: Mekka der Antike

An der Porta V nehmen Sie die Buslinie 1. Es ist nur eine Station bis zum Zwischenstopp am Archäologischen Museum (S. 135) mit seinen vielen Fundstücken aus dem antiken Akragas und Umgebung.

17 Uhr: Bummeln und schauen

Mit der Buslinie 1 geht es vollends zurück nach Agrigent, wo der überschaubare alte Stadtkern mit seinem Gewirr an steilen Treppen und kleinen Gassen einen Bummel wert ist. Dieser könnte auch noch zur kleinen dreischiffigen Chiesa Santa Maria dei Greci (S. 138) führen, in deren Innenraum noch die Überreste eines dorischen Tempels zu erkennen sind.

Wenn die Beine müde sind, wird es Zeit für einen Aperitif im Mojo. Und den aufkommenden Hunger stillt man in der Osteria Expanificio, einer ehemaligen Bäckerei.

Auch wenn der Zahn der Zeit am Hera-Tempel genagt hat, mag man erahnen, wie prachtvoll er einst war.

Steile Gässchen und Treppen sollten Sie nicht abschrecken: Ein Bummel durch die hübsche Altstadt von Agrigent lohnt sich!

20.30 Uhr: Ins rechte Licht gerückt

Beim anschließenden Verdauungsspaziergang lohnt – sofern Sie noch genug Puste haben – ein Abstecher zur Viale della Vittoria: Der Blick auf die in der Nacht angestrahlten Tempel ist das perfekte Finale grande ihres Ausflugs zu den Göttern.

Länge: ca. 3,5 km im Tal der Tempel, in Agrigent 3–5 km

Bar Gambrinus
218 B4 Via Atenea 170 0922 2 10 51
Mo–Sa 7–22.30 Uhr

Trasporto Urbano Agrigento
Busfahrpläne unter www.trasportiurbaniagrigento.it

Hypogäum von Kolymbetra
218 B4 www.agrigentosotterranea.it
Juni–Mitte Sept. tägl. 10–19 Uhr, Mitte Sept.–Okt., April & Mai Sa–So 10–17 Uhr, in der Nebensaison nur mit Voranmeldung unter info@agrigentosotterranea.it 16 €

Mojo
218 B4 Via S. Francesco D'Assisi 15
348 8 52 46 60 Di–Sa 7.30–3, So bis 24 Uhr

Osteria Expanificio
218 B4 Piazza Giuseppe Sinatra 16
0922 59 53 99 www.osteriaexpanificio.it/
tägl. 12.30–14.30 & 19.30–22.30 Uhr

❸ ★★ Agrigento

Was?	Das berühmte Tal der Tempel und eine hübsche Altstadt
Warum?	Nirgendwo sonst auf Sizilien kommt man der altgriechischen Baukunst so nah.
Wann?	Früh am Morgen – dann sind weniger Menschen hier und das Licht ist unvergleichlich schön.
Wie lange?	Am besten einen ganzen Tag
Resümee	Die »schönste der sterblichen Städte«

Vier Säulen des Dioskuren-Tempels wurden wieder aufgestellt und tragen eine Ecke des Gebälks.

Die griechischen Tempel in Agrigent, dem antiken Akragas, gelten als die am besten erhaltenen in Italien. Heute von Oliven- und Mandelbäumen umgeben, zeugen sie noch immer von der Genialität ihrer Erbauer und dem Glanz der griechischen Stadtstaaten auf Sizilien.

Akragas wurde um 580 v. Chr. als Kolonie von Gela im Zuge der griechischen Westexpansion gegründet. Auf einem Plateau zwischen den Flüssen Akragas (San Biagio) und Hypsas (Sant'Anna) gelegen, begrenzen im Norden und Süden je ein Höhenrücken die antike Siedlung. Auf dem nördlichen liegt heute der neue Stadtteil, auf dem südlichen die griechischen Tempel. Von Beginn an florierte die Stadt, Kriegs- und Handelsgewinne machten sie reich und schön – der Dichter Pindar nannte sie gar die »schönste der sterblichen Städte«. Trotzdem garantierte ihr märchenhafter Reichtum zu keiner Zeit das Überleben. Akragas wurde von Karthagern belagert, von Römern gebrandschatzt und von Sarazenen und Normannen geplündert.

Monumente für die Ewigkeit

Das Tal der Tempel ist nicht wirklich ein Tal, sondern liegt auf einem niedrigen Höhenrücken. Es teilt sich in zwei Zonen östlich und westlich der aus Agrigent heranführenden Straße. Sie sollten im östlichen Teil des Parks beginnen und der Via Sacra folgen. Den Auftakt macht der um 500 v. Chr. erbaute Herakles-Tempel, der älteste Tempel des Tals. Auf einer Länge von 67 m stehen noch acht Säulen. Es folgt das Kronjuwel Agrigents, der beeindruckend klare und harmonische Concordia-Tempel. Ursprünglich war er wie alle Tempel der Umgebung mit Stuck verkleidet und mit kräftigen Farben bemalt. Seinen sehr guten Zustand verdankt er Bischof Gregorius von Agrigentum, der ihn im 6. Jh. in eine Kirche umwandeln ließ. Das sicherte sein Überleben als einer der am besten erhaltenen griechischen Tempel der Welt. Von hier führt die Via Sacra zum Ende des Höhenrückens und zum halb zerstörten Hera-Tempel. An seinen Mauern sind noch rötliche Streifen des Feuers sichtbar, mit dem die Karthager 406 v. Chr. die Stadt niederbrannten.

Gehen Sie den Weg zurück und überqueren Sie die Straße, um in den westlichen Teil zu gelangen. Hier befinden sich die Überreste des Tempels des olympischen Zeus, des weltweit größten griechischen Tempels. Man braucht aber einige Vorstellungskraft, um in den Trümmern von der Größe eines Fußballfelds das einstige Gebäude zu erkennen. Von den riesigen umgekippten Figuren (Telamonen), die den Architrav stützten, kann man jedoch auf die einstige Größe schließen. Dahinter liegen recht ungeordnet die Überreste der ältesten Stätten, das Heiligtum der chthonischen Gottheiten aus dem 7. Jh. v. Chr. und der teilweise wieder errichtete Dioskuren-Tempel (Kastor-und-Pollux-Tempel).

Archäologisches Regionalmuseum

Das hervorragende Museo Regionale Archeologico vermittelt einen lebendigen Eindruck des antiken Akragas. Versäumen Sie nicht die griechischen Vasen aus dem 6.–3. Jh. v. Chr. in den Räumen 3 und 4; besondere Beachtung verdient der Krater (altgriechischer Krug) von 440 v. Chr. mit der Abbildung der Befreiung Andromedas durch Perseus. In Raum 6 befinden sich u. a. Modelle des Zeustempels, Raum 10 zeigt ver-

Der griechische Tempel

In Sizilien gibt es eine Reihe ungewöhnlich gut erhaltener Tempel in verschiedenen Baustadien. So lässt sich hier der Tempelbau vom Steinbruch über den Rohbau bis hin zum fertigen Heiligtum studieren.

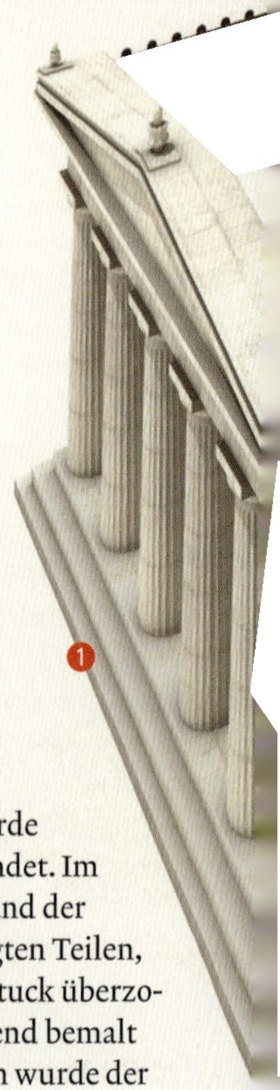

1 Aufbau eines Tempels: Der hier abgebildete Concordiatempel in Agrigent ist einer der am besten erhaltenen Tempel der griechischen Welt. Er erhebt sich über einem abgestuften Podest. Auf allen vier Seiten ist er von Säulen umgeben. Sein Inneres besteht aus drei Räumen: Pronaos (Vorraum), Cella und Opisthodom.

2 Cella: In dem leicht erhöhten Raum befand sich das Kultbild der Gottheit. Einfachen Gläubigen war der Zutritt verboten. Gottesdienste fanden im Freien vor dem Tempel statt.

3 Opisthodom: In diesem Raum hinter der Cella wurden Tempelschatz und Opfergaben aufbewahrt.

4 Gebälk: Säulen tragen das Gebälk. Es besteht aus dem Architrav (Trägerbalken) und dem darüber gelegenen Metopen-Triglyphen-Fries.

5 Baumaterial und -technik: Die Tempel sind aus grobem Muschelkalk gebaut. Es wurde kein Mörtel verwendet. Im Wesentlichen bestand der Bau aus vorgefertigten Teilen, die montiert, mit Stuck überzogen und anschließend bemalt wurden. Gebrochen wurde der Stein jeweils in unmittelbarer Nähe. Zunächst wurden 50 bis 60 cm tiefe Gräben ausgebrochen. Zum Herauslösen der Säulentrom-

meln trieben die Arbeiter Holzkeile in den Stein und begossen diese mit Wasser, bis sie aufquollen und den Stein absprengten. Zur Feinarbeit wurden Meißel und Holzhammer benutzt. Den Abtransport erledigten Lasttiere. Die einzelnen Säulentrommeln wurden in der Mitte angebohrt und mit Bleidübeln fest miteinander verbunden. Um die einzelnen Blöcke oder andere Lasten zu heben, benutzten die Griechen Flaschenzüge.

Etwas abseits thront der Hera-Tempel an der Südostecke des Hochplateaus.

schiedene Skulpturen. Wenn Sie noch Zeit haben, besuchen Sie das Grabungsfeld im hellenistisch-römischen Viertel, dem ehemaligen Wohngebiet auf der anderen Straßenseite.

Hübscher Kern in hässlicher Schale

Der mittelalterliche Stadtkern von Agrigent ist zwar von hässlichen Neubauten umgeben, aber selbst sehr charmant. Treppen und Gassen führen zum höher gelegenen Ortsteil mit der Kirche Santa Maria dei Greci, die auf einem Tempel aus dem 5. Jh. v. Chr. errichtet wurde. Ganz oben auf dem Hügel, der mit weiß getünchten Häusern übersät ist, steht an einer großen Piazza der einsturzgefährdete Duomo.

KLEINE PAUSE

Snacks bekommen Sie im Museum, am Haupteingang und am Kiosk zwischen Concordia- und Hera-Tempel.

218 B4

Ufficio per le Relazioni con il Pubblico
Piazza Aldo Moro 1 ☎ 0922 593227; www.agrigento-sicilia.it Mo–Fr 8.30–19, Sa 9–13 Uhr

Valle dei Templi
☎ 0922 62 16 11 www.parcovalledeitempli.it tägl. 8.30–19 Uhr, Mitte Juli bis Mitte Sept. Mo–Fr auch 19.30–23, Sa, So bis 24 Uhr 10 €, Kombiticket mit Museum 13,50 €

Museo Regionale Archeologico
Via dei Templi, Contrada San Nicola ☎ 0922 40 15 65 Di–Sa 10–19, So 10–13.30, 15.30–19 Uhr 8 €, Kombiticket mit Tal der Tempel 13,50 €

Santa Maria dei Greci
Salita Santa Maria dei Greci www.cattedraleagrigento.com tägl. 10–13, 15.30–19 Uhr Spende

Duomo
Via Duomo Museo Di–Sa 10–19, So 10–13.30, 15.30–19 Uhr, Winter Di–So 10–13 Uhr Museum 3 €, Turm 3 €

❼ ★★ Villa Romana del Casale

Was?	Römische Luxusvilla aus der Spätantike
Warum?	Die berühmten, insgesamt rund 3500 m² großen Bodenmosaiken entführen Sie in die Welt der römischen Upperclass.
Wann?	Am besten am frühen Morgen oder späten Abend
Wie lange?	Den extrem detaillierten Darstellungen sollte man drei Stunden widmen.
Was noch?	Ein Abstecher ins Barockstädtchen Piazza Armerina (S. 145)
Resümee	Der Bikini wurde in der Antike erfunden!

Die Villa in ihrem heutigen beachtlichen Umfang entstand wohl im 3. und 4. Jh. als Erweiterung eines Vorgängerbaus. Sie war das Haupthaus eines weitläufigen Anwesens, dessen Eigentümer bis heute nicht unstrittig identifziert wurde. Aufgrund der Größe des Komplexes vermutete man u. a. gar Kaiser Maximian (285–305), aber auch einen Großhändler von Wildtieren oder einen kaiserlichen Statthalter der Insel. Unüblich waren solch repräsentative Anwesen für die römische Aristokratie jedenfalls nicht in einer Zeit, in der das römischen Weltreich seinen Zenit bereits überschritten hatte. Und gerade auf Sizilien waren ausgedehnte Landgüter, Latifundien genannt, weit verbreitet.

Die Residenz war aufwendig mit Marmor, Fresken und Mosaiken aus der Hand nordafrikanischer Künstler ausgestattet. Diese arbeiteten in der hellenistischen Tradition und waren für ihre Realitätsnähe und perspektivischen Darstellungen bekannt. In späterer Zeit wurde die Villa von den arabischen und normannischen Herrschern genutzt und verlor dabei nach und nach vieles vom einstigen Glanz. Im 12. Jh. schließlich wurde sie nach einem Erdrutsch aufgegeben – und erst ab den 1920er-Jahren kam sie bei umfangreichen Grabungsarbeiten wieder ans Tageslicht. Seit dem Jahr 1997 gehört sie zum UNESCO-Weltkulturerbe.

Historisches Bilderbuch

Der Rundgang führt Sie zunächst durch die Bäder, in denen römische Badezeremonien dargestellt sind, dann durch das

Alltags- und Jagdszenen, Tierdarstellungen und mythologische Motive wie Herkules' Kampf gegen die Giganten (unten rechts) bestimmen die Mosaiken der Villa Romana del Casale.

Vestibül (die Mosaiken stellen den Empfang von Gästen dar) zum Peristyl, dem offenen Garten im Innenhof, dem Zentrum römischer Villen. Hier sind mit Lorbeer und Efeu umrankte Tierköpfe und einheimische Vögel dargestellt. Es folgt eine Reihe von Schlafgemächern, bevor Sie in der Halle der kleinen Jagd den vermeintlichen Hausherrn bei der Jagd und dem anschließenden Picknick sehen. Beachten Sie die

Cirnechi-Jagdhunde, eine Rasse aus Libyen, die die Bauern am Ätna heute noch halten.

Von hier aus führen Stufen zur repräsentativen, 60 m langen Halle der großen Jagd, in der außergewöhnlich prächtige Mosaiken Jagdszenen illustrieren. Sie zeigen die Jagd auf exotische Tiere aus Afrika und Asien, die für den Zirkus in Rom bestimmt waren. In der Mitte sehen Sie eine mit Fisch beladene Galeere auf dem Rückweg nach Rom. Anschließend kommen Sie zum vermutlich bekanntesten Mosaik, den Bikinimädchen, zehn knapp bekleideten, jungen Frauen beim Sport.

Ganz in der Nähe befindet sich das Triclinium, der Speisesaal, auf dessen Fußboden die Taten des Herakles dargestellt sind. Schließlich gelangen Sie noch zum sogenannten Erotischen Gemach und zu zwei fröhlich ausgestalteten Kinderzimmern. Auf deren Böden sind eine Enten- und Hasenjagd sowie ein Wagenrennen zu sehen, bei dem Vögel die von übermütigen Kindern gelenkten Wagen ziehen.

In Gefahr

Heute führt Sie ein erhöhter Fußgängersteg über die 40 Mosaiken der Villa Romana del Casale, die durch einen unterirdisch verlaufenden Fluss gefährdet werden. Eine noch ernstere Gefahr konnte aber zum Glück abgewendet werden: In den 1960er-Jahren wurde die Stätte mit Plexiglas abgedeckt – was eigentlich dem Schutz der Mosaiken dienen sollte, führte dazu, dass diese bei Temperaturen von bis zu 40 °C und einer Luftfeuchtigkeit von bis zu 80 % allmählich verblassten. Zum Glück für Mosaiken und Touristen gleichermaßen wurde das Plexiglas durch eine neue Abdeckung ersetzt und die Mosaiken restauriert.

KLEINE PAUSE

Vor dem Haupteingang der Villa gibt es Bars und Buden.

---

219 E/F4 Villa Romana del Casale, Piazza Armerina
☎ 0935 68 76 67
www.villaromanadelcasale.it
April–Okt. tägl. 9–19, Juli & Aug. Fr–So bis 23.30, Nov.–März tägl. 9–17 Uhr (Kassenschluss jeweils 1 Std. früher) 10 €
es verkehren keine öffentlichen Nahverkehrsmittel; Taxidienst Piazza Armerina–Villa Romana del Casale unter Tel. 329 29 11 435

㉞ Enna

Was?	Geschichtsträchtige Festungsstadt mit großartiger Fernsicht
Warum?	Hier liegt einem Sizilien zu Füßen.
Wann?	Jederzeit – wer es einrichten kann, kommt in der Karwoche, wenn hier eine ganz besondere Atmosphäre herrscht.
Wie lange?	Zwei bis drei Stunden
Resümee	Der »Nabel Siziliens«

Enna scheint über den Wolken zu schweben und ist an klaren Tagen von fast jedem Fleck im Landesinneren zu sehen. Der Ort ist der Inbegriff einer Festung. Ihr Kastell über den engen Straßen, die atemberaubende Fernsicht und ihre Abgeschiedenheit erwecken den Eindruck, dass dieser einzigartige Ort seit Ewigkeiten über der Insel thront. Genießen Sie den »Nabel Siziliens« und verpassen Sie auf keinen Fall das Panorama, das sich von Ennas Befestigungsmauern bietet.

Ennas Ursprünge beginnen noch vor der Griechischen Kolonisation, gegründet wurde der Ort von Sikulern, der »Urbevölkerung« Siziliens. Es blickt auf eine lange Geschichte voller Auseinandersetzungen mit Römern, Arabern und Normannen zurück, die die Stadt im Lauf der Jahrhunderte immer wieder belagerten. Ihr Name ist seit Jahrtausenden unverändert geblieben. Mit 935 m ist sie die höchste Provinzhauptstadt Italiens.

Bis zum Ätna

Das Castello di Lombardia, benannt nach einer lombardischen Garde, die Roger I. hier stationierte, wurde in ihrer heutigen Form wohl im 12./13. Jh. auf dem östlichsten Felsvorsprung von Ennas schroffem Höhenrücken über den Ruinen eines arabischen Vorgängerbaus errichtet. Die massive Festungsanlage mit ihren drei Bergfrieden ist von dicken Mauern umgeben. Von den ehemals 20 Türmen stehen noch sechs. Einer von ihnen, der Torre Pisano, kann bestiegen werden; von oben haben Sie einen Panoramablick über das Land und die nach Osten abfallenden Hänge des Ätna. 1324 versammelte Friedrich III. hier das erste sizilianische Parlament. Vor

dem Kastell befinden sich ein Kriegerdenkmal von Ernesto Basile und eine Bronzefigur, die an Eunus erinnert, den Anführer des ersten Sklavenaufstands auf Sizilien um 135 v. Chr.

Fast schon ein wenig gespenstisch wirkt Ennas berühmte Karfreitagsprozession der »incappucciati« (Kapuzenträger), bei der rund 2500 Teilnehmer durch die Altstadtstraßen ziehen.

Durch die Altstadt

Vom Castello bergab führt die Via Roma über einige Plätze zur reizvollen Piazza Vittorio Emanuele, dem Knotenpunkt der abendlichen »passeggiata«. Weiter unten steht der Duomo (Dom), der 1307 auf den Fundamenten eines Persephone-Tempels errichtet wurde. Immer wieder zerstört und neu aufgebaut, verzaubert das Innere heute durch den Kontrast von aprikotfarbenen Wänden, üppigem weißen Stuck und reich verzierten Säulen. In den grauen Basalt sind groteske Fratzen gemeißelt, die Säulen scheinen sich zur prachtvollen Decke von Scipione di Guido emporzuwinden.

Das Museo Archeologico, gegenüber dem Dom an der Piazza Mazzini, bietet dem Besucher eine Einführung in die antike Geschichte dieser Region. Gehen Sie weiter bergab über die Piazza Garibaldi, deren monumentale Randbebauung aus der Zeit des Faschismus stammt, zur Piazza Crispi. Von dem Aussichtsturm schweift der Blick über das ursprünglich arabische Dorf Calascibetta mit seinen ockerfarbenen Häusern und eine idyllische Landschaft bis hin zum Ätna.

Nicht verpassen sollte man auch den achteckigen, 24 m hohen Torre di Frederico, der südwestlich der Piazza Mateotti in einem Park steht. Das einzige Überbleibsel des Jagdguts des Stauferkönigs stellt das Zentrum Siziliens dar, an dem sich die drei Achsen, die Beine der »trinacria«, treffen. Mitunter wird behauptet, dass er Teil eines geomantischen Netzwerks ist, das die ältesten Stätten Siziliens miteinander verbindet. Ob man dem nun Glauben schenken mag oder nicht – es lohnt schon allein wegen der Aussicht, auf den Turm zu klettern.

Schauplatz einer Entführung

Südlich von Enna liegt der Lago di Pergusa, an dem der Sage nach Hades, der Gott der Unterwelt, Persephone beim Blumenpflücken auflauerte und sie entführte. Ihre Mutter Demeter, die Göttin der Fruchtbarkeit, geriet in so große Sorge, dass kein einziges Korn mehr keimte, solange sie nach ihrem Kind suchte. Schließlich entschied Zeus, dass Persephone ihrer Mutter zurückgegeben werden solle. Zuvor jedoch nötigte Hades sie dazu, einige Granatapfelkerne zu essen. Da aber niemand dauerhaft in der Oberwelt verweilen darf, der schon einmal von den Speisen der Toten gegessen hatte, muss sie für vier Monate im Jahr in die Unterwelt zurückkehren. Demeter leidet noch immer, wenn ihre Tochter nicht bei ihr ist – der Herbst ist Ausdruck ihrer Trauer, der Frühling Ausdruck ihrer Freude bei Persephones Rückkehr. Die Schönheit des einzigen natürlichen Sees Siziliens ist leider durch eine Rennstrecke am Ufer beeinträchtigt.

Paccamora Bio Bar (€): Piazza Vittorio Emanuele 20/21, Tel. 0935 182 47 86, tägl. 7 bis 24 Uhr

KLEINE PAUSE

Leckeres Essen oder auch hausgemachte Granite, das meiste aus Biozutaten, gibt es in der modernen **Paccamora Bio Bar.**

---

i

219 E5

Touristeninformation
Via Roma 413 0935 50 23 62
www.provincia.enna.it/infopoint.htm
Mo–Fr 9–13, 15–17.30 Uhr

Castello di Lombardia
Viale Nino Savarese Sommer tägl. 9–18/20, Winter 9–16 Uhr

Duomo
Via Roma tägl. 9–12, 16–19 Uhr

Museo Archeologico
Piazza Mazzini 8 0935 5 07 63 04
tägl. 9–17 Uhr frei

Nach Lust und Laune!

35 Piazza Armerina

Piazza Armerina inmitten der dichten Wälder und der sanften Landschaft des Südens ist längst aus seinem Dornröschenschlaf erwacht. Viele Besucher der Villa Romana del Casale (S. 139) verlieren sich heute auch im »centro storico« mit seinen engen Sträßchen, bröckelnden »palazzi« und altehrwürdigen Kirchen. Große Anziehungskraft hat auch der Palio dei Normanni: Mit mittelalterlichen Turnierkämpfen, bewaffneten Rittern, Pferden und charmanten Burgfräulein ist es eines der größten Feste Siziliens. Zumindest der Piazza Garibaldi, dem Drehkreuz der Stadt, dem Duomo aus dem 17. Jh. und der Barockkirche Sant'Anna sollten Sie etwas mehr Aufmerksamkeit widmen. Für Liebhaber der klaren und ruhigen normannischen Romanik lohnt zudem ein Abstecher zur mitten im Wald gelegenen Kirche Sant'Andrea, 1 km außerhalb der Stadt.

Was wäre ein Burgfräulein beim Palio nur ohne das passende normannische Kleid?

219 F4

Touristeninformation
Via Gen. Muscarà ☎ 0935 68 02 01
www.comune.piazzaarmerina.en.it
Mo–Fr 8–14, Di, Mi, Do 15–18 Uhr

36 Caltanissetta

Die größte Stadt im Inselinnern liegt im ländlichen Zentrum Siziliens. Die ärmliche Gegend und die verschlafenen Dörfer scheinen in zeitloser Starre zu verharren, das tägliche Leben ist hart. Die ersten Eindrücke von Caltanissetta sind dagegen die einer emsigen, verkehrsreichen Stadt. Sie finden hier Kirchen aus dem 17. Jh., z. B. San Sebastiano und Sant'Agata, sowie das regionale Museo Archeologico. Auf dem Felsen über der Stadt thronen die zerfallenen Ruinen eines normannischen Kastells.

In Italien verbindet man Caltanissetta nur mit einem: Averna, einem der beliebtesten italienischen »amari« (Kräuterbitter). Don Salvatore Averna erhielt das Rezept, das aus 60 verschiedenen Kräutern besteht, von den Kapuzinern. Er wird immer noch hier produziert und es gibt wohl keinen besseren Ort, diese sizilianische Spezialität zu kosten.

Schöner, als es sein Ruf vermuten lässt: Caltanissetta rund um Neptunbrunnen und San Sebastiano

219 D5

Touristeninformation
Corso Umberto I, 109 ☎ 0934 7 43 45
tägl. 9–13 & 16–20 Uhr

Museo Archeologico
Contrada S. Spirito tägl. 9–13, 15.30–19 Uhr 4 €

37 Licata

Östlich von Agrigent liegt Licata an der Flussmündung des Salso. Der Fischereihafen mit seinen rustikalen Booten und die maritime Betriebsamkeit verleihen der Stadt besonderes Flair. Licatas Geschichte reicht bis ins 3. Jh. v. Chr. zurück. Die heutige Stadt ist klar in zwei Hälften getrennt: die barocke mit ihren Straßencafés und die mittelalterliche, in der verwinkelte Gassen zum Hafen führen. Besuchen Sie morgens den belebten Markt vor der Hauptkirche oder besichtigen Sie – sofern nach der Restaurierung wieder zugänglich – das Museo Civico an der Piazza Linares mit seinen prähistorischen Objekten und griechischen Artefakten. Von dem Corso Roma aus können Sie einen Spaziergang zum höchsten Punkt der Stadt unternehmen, dem Castello aus dem 16. Jh. mit schönem Blick über den Hafen.

219 D3

38 Eraclea Minoa

Wenn Sie Agrigent (S. 134) verlassen, könnte es gut sein, dass Ihnen der Sinn vorerst nicht mehr nach antiken Ruinen steht. Dennoch sollten Sie Eraclea Minoa, eine der am schönsten gelegenen griechischen Städte Siziliens, noch in ihr Besichtigungsprogramm aufnehmen. Auf einem Kalkfelsen über dem Meer gelegen, bietet sie einen herrlichen Blick auf eine sanfte Bucht mit hellem Sand. Hinter dem Strand wachsen Kiefernwäldchen beiderseits des ins Meer mündenden Platani. Die Überreste der Siedlung aus dem 6. Jh. v. Chr. sind zum größten Teil noch nicht ausgegraben. Man erkennt die massiven Stadtmauern und ein Theater aus dem 4. Jh. v. Chr., das 700 Jahre später von den Römern wieder aufgebaut wurde. Um den weichen Sandstein vor Wettereinflüssen zu schützen, ist das Areal überdacht.

Unweit der Stätte erstreckt sich einer der schönsten Strände an der gesamten Südküste, der allerdings durch Erosion jedes Jahr ein Stück schmaler wird (zu erreichen ist er über die gewundene Straße bergab Richtung Montallegro-Bove Marina). Am Westende des Strandes können Sie Ihr privates Schlammbad genießen – ganz wie die Einheimischen. Hierzu kratzen Sie »fango« – der Schlamm gleicht eher grünlichem Schleim – von den Felsen, reiben ihrer Körper damit ein und legen sich für einige Minuten in die Sonne. Die therapeutische Wirkung soll hervorragend sein und ist völlig kostenlos – vergessen Sie nur nicht, anschließend alles abzuwaschen.

213 F1 9 Uhr bis 1 Std. vor Abenddämmerung 4 €

39 Sciacca

Wegen seiner schwefelhaltigen Quellen kamen erst die Griechen und später die Römer nach Sciacca. Sie können das Wasser, dem heilende Eigenschaften bei Hautkrankheiten und Arthritis zugeschrieben wird, in der großen Jugendstil-Therme am östlichen Ende der Stadt kosten. Der Name Sciacca leitet sich übrigens vom arabischen Wort für Wasser, »xacca«, ab.

Heute finden Sie in dem Ort außerdem einen quirligen Fischerhafen und den ungezwungenen Charme mediterraner Straßen und Plätze vor. Gehen Sie durch die Porta San Salvatore in der alten Stadtmauer, in die Oberstadt zum attraktiven Corso Vittorio Emanuele und zur »passeggiata« auf der Piazza Scandaliato. Kirchenliebhaber werden die Kathedrale und die Fensterrosette der Chiesa del Carmine bewundern. In den Schatten gestellt wird diese jedoch vom Renaissance-Juwel Sciaccas: Santa Margherita direkt hinter dem Stadttor. Jenseits der breiten Straßen öffnen sich winzige Gässchen, die von der maurischen Vergangenheit zeugen. Sciacca ist für seine Töpferwaren berühmt – über 30 Keramikkünstler leben und arbeiten in der Stadt. Sonnenanbeter und Badenixen sollten die Strände San Marco und Contrada Sovareto, die besten der Umgebung, ansteuern.

Im Frühling feiert man in Sciacca den tollsten Karneval Siziliens.

Ein Meer aus Gesichtern

Sie fühlen sich von Blicken verfolgt? Der Eindruck trügt nicht: Köpfe, immer wieder Köpfe. Und Gesichter. In Stein gemeißelt oder aus Holz geschnitzt. Drum herum knorrige Oliven- und Mandelbäume und ein großartiger Blick auf das Meer. Wenn Sie das bei Sciacca liegende Castello Incantato betreten, tauchen Sie in eine andere Welt ein. Unermüdlich modellierte Filippo Bentivegna (1888–1967) hier Häupter. Einst unverstanden, gilt sein Werk heute vielen als Kunst.
Via Filippo Bentivegna 16, Sciacca,
Tel. 380 4 75 48 56, tägl. 9–13 & 16–20 Uhr

In einer großen Parade ziehen Festwagen durch die Stadt. Geschmückt sind diese mit riesigen, jedes Jahr aufs Neue gestalteten Papiermaschee-Figuren, die meist lokale Persönlichkeiten verkörpern.

213 E1

Touristeninformation
Corso Vittorio Emanuele 87
0925 2 04 78 www.prolocosciacca terme.com Di–Fr 16–19, Sa, So 10–13 & 16–19 Uhr

40 Corleone

Wer Mario Puzos Buch »Der Pate« gelesen oder die gleichnamige Verfilmung (S. 31) gesehen hat, dem wird Corleone ein Begriff sein. Das Städtchen liegt über einem fruchtbaren Tal zwischen Palermo und Sciacca. Was die Touristen anlockt, sind nicht die geschichtsträchtige Kathedrale, die Palazzi, Plätze oder Brunnen, sondern die Verbindung mit einem der berüchtigtsten Mafiaclans des 20. Jahrhunderts. Seit den 1940er-Jahren war der Ort bekannt für seine blutigen Fehden und die weltweit höchste Mordrate. Allein zwischen 1944 und 1948 wurden 153 der 18 000 Einwohner ermordet. Capo Salvatore Riina, einer der meistgesuchten Mafiabosse, hatte bis zu seiner Verhaftung 1993 in Palermo über 20 Jahre lang unbehelligt in seiner Heimatstadt Corleone gelebt. Im April 2006 wurde Bernardo Provenzano gestellt, der sich über 40 Jahre in einem Nachbarort versteckt hielt. Hintergründe erfahren Sie im Antimafiazentrum, in dem sich die Einwohner mit dem Problem der Cosa Nostra auseinandersetzen.

Die Einheimischen sind zwar besonders stolz auf ihr Museum, ein zu großes Interesse an der Mafia ist aber in Corleone im Allgemeinen nicht allzu gern gesehen – die Einheimischen haben schlichtweg genug vom »Paten-Tourismus«. Vergeblich werden Sie nach Kulissen aus dem Film wie der Bar Vitelli oder der Kirche von Michaels Hochzeit suchen: Die sizilianischen Szenen der Filme wurden in Sávoca und Forza d'Agro außerhalb von Taormina aufgenommen.

Berühmt-berüchtigtes Bergstädtchen: Corleone

213 E/F3

Centro Internazionale di Documentazione sulle Mafia e del Movimento Antimafia
Via G. Valenti 7 0918 4 52 42 95 www.cidmacorleone.it Mo–Sa nach Vereinbarung Tour 15 €/Pers.

Wohin zum ... Übernachten?

Preise für ein Doppelzimmer pro Nacht:
€ unter 130 €
€€ 130–230 €
€€€ über 230 €

PIAZZA ARMERINA

Il Gigliotto €€
Das reizende alte Kloster mit Rundbögen und porösen Steinmauern liegt 10 km südlich von Piazza Armerina inmitten bewirtschafteter Hügel. Die großen, schlichten, aber komfortablen Zimmer und das Restaurant dieses familiär geführten Agriturismo-Betriebs gruppieren sich um den Innenhof. Es gibt einen großen Pool und hübsche Gärten. Im Restaurant werden nur Bio-Produkte aus eigenem Anbau und Lebensmittel aus der Region verarbeitet. Kurzum: ein Glücksgriff, wenn Sie etwas Ruhiges und Außergewöhnliches suchen.
220 A4 SS117, bei Km 60, S. Michele di Ganzaria ☎391 7340376
www.gigliotto.com

Hotel Mosaici €
Wenn Sie in unmittelbarer Nähe der römischen Villa übernachten wollen, macht diese preiswerte Unterkunft das Rennen. Das Hotel aus den 1970er-Jahren ist nicht gerade luxuriös, hat aber saubere Zimmer sowie freundliches und hilfsbereites Personal. Weitere Pluspunkt sammeln der Garten und die Parkplätze in einer Garage. Das Restaurant hat eine große Sommerterrasse.
220 A4 Contrada Paratore
☎0935 685453 www.hotelmosaici.com

ENNA

Bristol €
Das moderne und freundliche Hotel im Herzen Ennas befindet sich nur einen Steinwurf von der Via Roma entfernt. Seine Zimmer sind zwar eher funktionell als luxuriös, nichtsdestotrotz aber komfortabel eingerichtet. Ein preiswertes Angebot, da sowohl Frühstück als auch Parken im Übernachtungspreis inbegriffen sind.
219 E5 Piazza Ghisleri 13
☎0935 2 44 15

Grand Albergo Sicilia €
Vor Kurzem wurde die Fassade des Grand Albergo einer dringend nötigen Renovierung unterzogen, das Innere ist so nüchtern wie seit jeher. Vom riesigen, ganz in Marmor gehaltenen Empfangsbereich gelangen Sie zur Frühstücksterrasse. Die Zimmer in den Etagen darüber sind groß und komfortabel, die Badezimmer auf Hochglanz poliert.
219 E5 Piazza Napoleone Colaianni 7
☎0935 50 08 50
www.hotelsiciliaenna.it

AGRIGENTO

Camere a Sud €
In einer versteckten Seitenstraße finden Sie dieses charmante kleine, aber feine B & B. Warme Farben, klare Linien und gutes Design versprechen einen herrlich erholsamen Aufenthalt – und das rund ums Jahr zu günstigen Preisen. Reservieren Sie vorab, denn die Anzahl der Zimmer ist begrenzt. Nur Barzahlung möglich.
218 B4 Via Ficani 6 ☎349 6 38 44 24
www.camereasud.it

Colleverde Park € / €€
Vom ruhigen Garten dieses behaglichen Hotels – einer Oase am Ende eines heißen Sightseeing-Tages – genießen Sie den Blick auf die erleuchteten Tempel. Die modernen Zimmer sind bequem eingerichtet, das Personal ist hilfsbereit. Doch das Beste sind die wunderschöne Speiseterrasse und der grüne Garten.
218 B4 Via Panoramica dei Templi
☎0922 2 95 55 www.colleverdehotel.it

Hotel Costazzurra €€
In diesem familienbetriebenen Hotel direkt an der Küste, nur wenige Kilometer vom Tal der Tempel entfernt, entfliehen Sie dem Trubel im Zentrum Agrigents. Jedes der kühlen und geräumigen Zimmer hat einen Balkon. Das Haus ist schlicht, aber

Vom Pool der Villa Athena blicken Sie direkt auf den Concordia-Tempel.

komfortabel. Im Restaurant bekommen Sie Gerichte der regionalen Küche geboten, am Privatstrand und im Außenbereich finden Sie viele schattige Bereiche zum Erholen. In der Nebensaison sind deutliche Preisnachlässe möglich.
218 B4 Via delle Viole 2, Loc San Leone
0922 41 12 22 www.hotelcostazzurra.it

Villa Athena €€€
Eine der nobelsten Adressen Siziliens. In dem rundum sanierten historischen Grand Hotel entspannt man formvollendet bei Cocktails am Pool mit Blick auf den illuminierten, scheinbar zum Greifen nahen Concordia-Tempel. Fünf-Sterne-Komfort im ehemaligen Adelspalazzo mit Park.
218 B4 Via Passeggiata Archeologica 33
0922 59 62 88 www.hotelvillaathena.it

SCIACCA

Hotel Aliai €
Das komfortable Hotel mit Blick über den Hafen steht beispielhaft für die zunehmend auf hohem Niveau angebotenen Unterkünfte Siziliens. Die Zimmer sind mit schmiedeeisernen Betten und dicken Matratzen traditionell eingerichtet, haben moderne Badezimmer, schöne alte Holzbalkendecken und viel Stauraum. Alle haben sie Meerblick, einige zusätzlich winzige Terrassen. Ins nahe Stadtzentrum können Sie einen Abendspaziergang unternehmen.
213 E1 Via Gaie di Garaffe 60
0925 90 53 88 www.aliai.com

Rocco Forte Verdura Golf & Spa Resort €€€
Das Resort erstreckt sich über ein weitläufiges Areal zwischen Oliven- und Zitronenhainen. Alle Zimmer haben eine eigene Terrasse und Meerblick. Ausgestattet ist die Anlage mit allen erdenklichen Annehmlichkeiten, zu denen ein modernes Spa, Championship-Golfplatz und Privatstrand gehören. Sciacca ist 15 Minuten entfernt und auch die Tempel von Agrigento sind gut zu erreichen (40 km).
213 E1 SS115, bei Km 131, Sciacca
0925 99 80 01 www.roccofortehotels.com

Wohin zum ... Essen und Trinken?

Preise für ein Drei-Gänge-Menü mit Wein:

€	unter 20 €
€€	20–35 €
€€€	über 35 €

PIAZZA ARMERINA

Al Fogher €€€
Etwa 3 km stadtauswärts erwartet Sie in einem alten Lagerschuppen eine kreative sizilianische Küche in einem der bekanntesten Restaurants Siziliens: Traditionelle Gerichte aus regionalen Zutaten werden modern und spannend interpretiert. Gerichte mit Fenchel, Radicchio und wild wachsenden Kräutern, die fantasievollen Nachspeisen, die Weinkarte und der Service erfüllen alle Erwartungen. Reservierung erforderlich.
220 A4 Contrada Bellia 0935 68 41 23
Di–Sa 12–14.30 & 19.30–21.30, So 12 bis 14.30 Uhr, Mo 19.30–21.30, Jan. u. Juli 1 Woche geschl.

Trattoria la Ruota €€
Die hübsche Trattoria in einer alten Mühle lädt Touristengruppen nach Besuch der Villa Romana zum Mittagessen im Freien oder im schattigen Lokal ein. Kosten Sie die Küche des Inselinneren, die von hausgemachter Pasta, Kaninchen und Kalb geprägt ist. Unser Tipp: Caponata, die guten »contorni« oder gemischtes Gemüse mit Oliven und Kapern.

✢220 A4 ✉Contrada Paratore Casale
☎0935 68 05 42 ⊕www.trattorialaruota.it
●tägl. 12–14.30 Uhr

ENNA

Centrale €€ / €€€
Das Buon-Ricordo-Restaurant wird seit über 100 Jahren von der gleichen Familie geführt. Hier genießen Sie besser Fleisch- statt Fischgerichte. Berühmt ist das Antipasti-Buffet. Wählen Sie aus den allein mehr als 20 Gemüsezubereitungen. Guter Service, gute Weinkarte, zahlreiche Reisegruppen.
✢219 E5 ✉Piazza VI Dicembre 9
☎0935 50 09 63 ⊕www.ristorantecentrale.net ●tägl. 10–15 & 19–22.30 Uhr

AGRIGENTO

Kokalos € / €€
Das Gartenlokal mit gutem Service und Tempelblick wird mittags eher von Reisegruppen, abends eher von Einheimischen besucht. Spezialität sind die Cavatelli, ein Nudelgericht im Tontopf mit Auberginen und Grigliata mista. Abends knusprige Holzofenpizza.
✢218 B4 ✉Via Alfredo Capitano 3
☎0922 60 64 27 ⊕www.ristorante-kokalos.net ●Sommer tägl. 12.30–14.30 & 19.30–23.30 Uhr

Le Caprice €€
Spezialität des stylishen Restaurants ist der frische sowie einfach und perfekt zubereitete Fisch. Die Küche verwendet ausschließlich saisonale Zutaten. Sie sind gut beraten, wenn Sie als Antipasti, »primo« und »secondo« stets Fisch und Meeresfrüchte wählen. Das große Restaurant bietet innen wie auf der Terrasse mit Blick ins Grüne viel Platz. Professioneller Service, gute Weine.
✢218 B4 ✉Via Cavaleri Magazeni 2, San Leone ☎0922 41 13 64 ●Di–So 12–14.30 & 19.30–21 Uhr, Nov.–März Mo geschl.

Osteria del Cacciatore €
Zu jagen gibt's im einstigen Jägertreff in diesem verschlafenen Ort (12 km östl. von Agrigent) nicht mehr viel. Dafür serviert Antonia Cammalleri mitsamt ihren fünf Töchtern authentische Hausmannskost wie Focaccia mit sizilianischer Bratwurst und weißen Zwiebeln, Saubohnensuppe oder mit Leber und Pecorino gefüllte Zickleininnereien. Sonntagmittags Reservierung dringend empfohlen. Zum rustikalen Essen trinkt man offenen Landwein.
✢218 B4 ✉Via Puglia ☎0922 82 98 24
●Do–Di 19.30–22, So auch 13–16 Uhr

Trattoria dei Templi €€
Die Terracotta-Böden und Gewölbedecken unterstreichen den Charme des zwischen Stadt und Tempeltal gelegenen Restaurants. Wie überall am Meer wird vor allem Fisch angeboten, u. a. raffiniert zubereitete Fettuccine all'aragosta (frische Pasta mit Hummer) oder Tagliolini mit Riesengarnelen und Pistazien. Dazu passen die hervorragenden sizilianischen Weißweine.
✢218 B4 ✉Via Panoramica dei Templi 15
☎0922 40 31 10 ⊕www.trattoriadeitempli.com
●Mai–Sept. Mo–Sa 12.30–15 & 19.30–23, Okt.–April Sa–Do 12.30–15 & 19.30–23 Uhr

SCIACCA

Hostaria del Vicolo €€ / €€€
Das zentral gelegene Restaurant ist Mitglied der Slow-Food-Bewegung und hat sich seinen guten Ruf mit der Zubereitung traditioneller sizilianischer Speisen unter Verwendung regionaler Zutaten redlich verdient. Die durchdachten Gerichte sind sorgfältig zubereitet – am besten wählen Sie das schmackhafte Menü. Obwohl alle sizilianischen Weine auf der Karte zu empfehlen sind, sollten Sie sich auch ruhig bei der

Integraler Bestandteil der sizilianischen Küche sind von der Insel stammende Kapern.

Auswahl eines passenden Weins vom kompetenten Team beraten lassen.
⊹ 213 E1 ✉ Vicolo Sammaritano 10
☎ 0925 2 30 71 ⊕ www.hostariadelvicolo.it
◑ Di–So 12.30–15, 19.30–23 Uhr

Ristorante Mates € / €€
»Sicilia povera« – das alte arme Sizilien der mühseligen Plackereien, aber auch der bäuerlichen Zufriedenheit mit den Früchten der Erde wird in dieser Trattoria in Caltabellotta (20 km nordöstl. von Sciacca) lebendig. In der Gaststube, die zugleich ein Bauernhofmuseum mit Ölmühle ist, blättert der Putz von der Wand. Serviert wird alles, was der Feinschmecker begehrt: von Suppen aus Hülsenfrüchten bis zu geschmortem Lamm.
⊹ 213 E1 ✉ Vicolo Storto 3 ☎ 338 4 13 37 63
⊕ www.matesonline.it ◑ Mo–Sa 12.30–15 & 19.15–21.30, So 12.30–15 Uhr

Wohin zum ... Einkaufen?

Die Geschäfte sind fast ausschließlich auf die Bedürfnisse der einheimischen Kundschaft zugeschnitten. In Enna finden Sie im Di Bella (Via Roma 357, Tel. 0935 50 05 75) die größte Auswahl an Accessoires, Bekleidung und Schmuck. Die Pasticceria Il Dolce (Piazza Sant'Agostino 40, Tel. 0935 2 40 18) verkauft perfekte Cannoli, Russo Fernando (Via Mercato Sant'Antonio 16, Tel. 0935 50 10 31) die beste Auswahl einheimischer Käsesorten und sizilianischer Spirituosen. Ganz in der Nähe hat sich Salumi Formaggi di Dio (Nr. 34; Tel. 0935 2 57 58) auf sizilianischen Käse spezialisiert. Agrigent ist bekannt für die besten Kunsthandwerkserzeugnisse, u. a. Körbe und Teppiche. Wer es gerne süß mag, findet in der Abbazia di Santo Spirito (Cortile Santo Spirito 9, Tel. 0922 2 06 64) himmlisches Mandelkonfekt, das auch heute noch von den Benediktinerinnen hergestellt wird. Wer Keramik sucht, sollte unbedingt in Sciacca einen Stopp einlegen, das für seine traditionell bemalten Töpferwaren berühmt ist. Bei Gaspare Cascio (Corso Vittorio Emanuele 113–115a, Tel. 0925 8 28 29, www.gasparecascio.it) oder Nino Cascio (Corso Vittorio Emanuele 111, Tel. 320 264 2734) werden Vasen, Platten und Teller mit klassischen Mustern angeboten. Carlino Antonino (Corso V. Emanuele 46, www.carlinoceramiche.it) bietet eine hervorragende Sammlung von Tellern und Figuren an. Die Salumeria del Buon Sapore (Via Cappuccini 20, Tel. 0925 2 65 62) ist eine Oase für sizilianische Spezialitäten.

Wohin zum ... Ausgehen?

Vom 12. bis 14. August findet in Piazza Armerina eines der größten Mittelalterfeste Siziliens statt. Beim Palio dei Normanni treten kostümierte Ritter aus allen Teilen der Insel gegeneinander an. Um einen guten Platz bei den hitzigen Wettkämpfen und sehenswerten Umzügen zu ergattern, sollten Sie früh dran sein. Im Mai wetteifern die Einwohner beim Dekorieren ihrer Innenhöfe und Balkone und schmücken die Stadt mit Blumen. Außerhalb dieser Zeit müssen Sie sich mit der »passeggiata« und einem Absacker in einem Café zufrieden geben. Auch Enna bietet nicht viel mehr, die besten Ausgehmöglichkeiten sind die Paccamora Bio Bar an der Piazza Vittorio Emanuele oder das Gran Caffè Roma (Via Roma 312).

In Agrigent konzentriert sich das abendliche Leben rund um die Piazzale Aldo Moro und die Via Atenea. In Richtung Viale della Vittoria können Sie einen schönen Sonnenuntergang erleben. Das größte Fest im Februar, die Sagra del Mandorlo in Fiore (Mandelblütenfest), kündigt mit viel Folklore den Frühling an – Musiker aus ganz Europa musizieren dann zusammen mit den Einheimischen. Bis 3 Uhr nachts versammeln sich im Sommer die jungen Agrigentini in den Bars und Diskotheken entlang des Lungomare von San Leone; ein Dauerbrenner dort ist das Aquaselz Café (Lungomare Falcone-Borsellino, Tel. 0922 08 12 25). Die antike Stätte Eraclea Minoa (Tel. 0922 84 60 05) ist im Juli und August spektakulärer Aufführungsort klassischer Dramen und Konzerte.

Der Name des mittelalterlichen Castello di Venere verrät: Hier oben blickte man einst von einem Venus-Tempel über ganz West-Sizilien.

Der Westen

Fischgründe und Salzebenen lockten Phönizier, Römer und Griechen an die windgepeitschte Westküste. Sie hinterließen ein reiches Erbe.

Seite 154–183

Erste Orientierung

Westlich von Palermo nähert sich Italien Nordafrika. Die Berge laufen nach Süden und Westen flach aus. Im Gegensatz zur Nordküste mit ihren steilen Klippen dominieren hier die kahl gefegten Salzflächen. Vereinzelte weiße Häuser und stattliche Palmen bestimmen das Bild. Die Namen der Ortschaften klingen arabisch und statt Pasta kommt Couscous auf den Tisch.

Noch vor den Griechen, Römern und Arabern siedelten in diesem Teil der Insel Phönizier und Karthager. Die Ruinen ihrer Inselstadt Mozia unmittelbar vor der Westküste Siziliens gehören zu den Top-Sehenswürdigkeiten dieser Region. Landeinwärts in Segesta sind ein märchenhaft gelegener, griechischer Tempel und ein Theater zu bewundern. Im äußersten Westen thront das malerische Erice hoch über den Salzfeldern von Trapani und weiter im Süden liegt die Küstenstadt Selinunte mit ihrer antiken Stätte und dem adretten Sandstrand zu Füßen der Akropolis.

Rauer Norden, lieblicher Wein

Von Erice in Richtung Nordküste erwartet Sie der legere Charme von Urlaubsorten wie Castellammare del Golfo und die herrlichen, ins Meer abfallenden Klippen der Riserva Naturale dello Zingaro. Nördlich des Zingaro findet sich auf einer Halbinsel das abgelegene San Vito lo Capo mit einem der schönsten weißen Sandstrände Siziliens unterhalb von steil abfallenden Kalksteinfelsen.

Die Straßen nach Süden bringen Sie ins historische Trapani, von wo aus Fähren zu den Ägadischen Inseln ablegen, und weiter nach Marsala, das für seinen Likörwein bekannt ist. Fahren Sie schließlich weiter südostwärts über flaches Land und durch die Weinanbaugebiete, gelangen Sie nach Mazara del Vallo. Diese historische Stadt hat sich zu einem der größten Fischereihäfen Italiens entwickelt und verdient es, entdeckt zu werden.

TOP 10

8 ★★ Selinunte & Marinella

Nicht verpassen!

41 Segesta

42 Erice

43 Mozia

Nach Lust und Laune!

44 Castellammare del Golfo & Riserva Naturale dello Zingaro

45 San Vito lo Capo

46 Trapani

47 Marsala

48 Mazara del Vallo

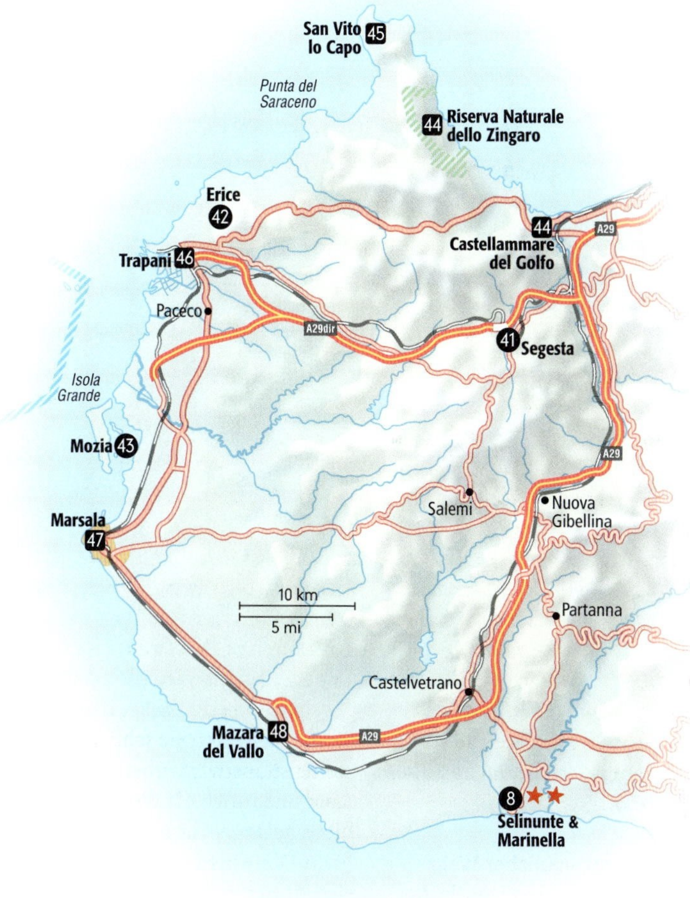

Mein Tag auf der Insel

Die Sonne lacht, der Himmel ist klar, das blaue Wasser ebenso und Sie haben Lust auf Bewegung und Strand? Dann ist ein Ausflug zum westlichsten Außenposten der Ägadischen Inseln ein Volltreffer: Marettimo lockt mit spektakulären Grotten, einer alten Burg und herrlichen Badeplätzen, die Sie nur auf einer Bootstour anlaufen können.

8.30 Uhr: Von Insel zu Insel

Kaum 20 Seemeilen sind es von 46 Trapani bis Marettimo. In rund 70 Minuten erreichen Sie mit dem Schnellboot von Liberty Lines die idyllische, gerade einmal 7,5 km lange, 2,5 km breite und doch bis zu 686 m hohe Insel.

10 Uhr: Vorbei an Felsen und Höhlen

Die halbtägigen Bootstouren rund um Marettimo starten am alten Fischerhafen. Klettern Sie mit einer bunten Truppe von Tagespassagieren an Bord. Ruhig gleitet das Schiff die Küste entlang. Links leuchtet das azurblaue Meer, rechts blickt man auf schroffen, vom Wind zerklüfteten Fels. Immer wieder legt der Kapitän an, wirft den Anker aus und holt ihn wieder ein. Die ersten Etappenziele heißen Cala Conca, Cala Cretazzo und Cala Nera. Die Grotta Bombarda ist atemberaubend, vor allem dann, wenn die Wellen laute Bombengeräusche erzeugen.

Langsam schippert das Ausflugsboot zu einer Stelle namens

13 Uhr: Regionale Leckereien an Bord

14 Uhr: Bootspause mit Sonnenbad und Kultur

16.30 Uhr: Auch im Dorf baumelt die Seele

10 Uhr: Vorbei an Felsen und Höhlen

Im einzigen Ort auf Marettimo, dem gleichnamigen Inseldorf an der Ostküste, reichen die Häuser direkt bis ans Wasser und die beiden Häfen heran.

»Ruttiddi«. Es riecht nach Meersalz und ein paar Königsmöven gleiten über das azurblaue Wasser – der perfekte Platz für eine Badepause. Wenig später nimmt das Schiff wieder Fahrt auf. Gemächlich zieht es an faszinierenden Tropfsteinhöhlen mit schönen Stalagmiten und Stalaktiten vorbei. Die Langsamkeit auf dem Wasser schärft den Blick für die Details. Noch viel spektakulärer und einer der Höhepunkte der Tour ist die Cala Bianca, an der sich die schroffen Felsen im türkisfarbenen Meer spiegeln.

13 Uhr: Regionale Leckereien an Bord

Wenig später legt das Boot am Scalo Maestro an. Die kleine Sandbucht liegt an einer schönen Landzunge auf der das stolze Castello di Punta Troia thront. Unter dem festen Sonnendach hat der Kapitän für das Mittagessen gedeckt. Es gibt Oliven, frisches Brot, Croutons mit Kapernaufstrich, Wurst, Käse, geräucherte Thunfisch- und Schwertfisch-Scheiben – alles Produkte aus der Region. Dazu einen Becher gut gekühlten Weißwein. Es wird er-

Nach rund 70 Minuten erreichen Sie den Anleger des Schnellboots am neuen Fischerhafen von Marettimo – es bleibt genug Zeit, um zum kleineren alten Fischerhafen (im Bild) auf der anderen Seite zu gelangen.

Von Wind und Wasser geformt: An der rauen Westküste warten zahlreiche Grotten und Buchten.

zählt und gelacht – wer kein Italienisch spricht, kann zeigen und gestikulieren und wird verstanden.

14 Uhr: Bootspause mit Sonnenbad und Kultur

Wer nach dem Mittagessen Lust auf mehr hat, kann den Halbtagsausflug mit einem Aufenthalt auf eigene Faust am Scalo Maestro verlängern. Nutzen Sie die Bootspause für einen Strandaufenthalt oder einen Besuch der Burg, die im 18. Jh. als Gefängnis diente. Vor allem politische Gegner verschwanden unter Vizekönig Caracciolo hinter den dicken Mauern. Daran erinnert heute das Museo delle Carceri, das wie eine Mönchsrobben-Beobachtungsstation im Kastell untergebracht

Gegen 13 Uhr legt das Boot am Scalo Maestro an, von wo aus ein Weg hinauf zum Castello führt (links und oben) – ein Sonnenschutz leistet hier wertvolle Dienste.

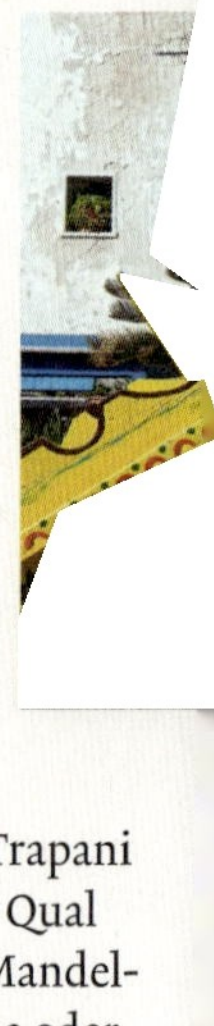

ist. Der kleine Aufstieg zur Festung lohnt alleine schon wegen der Aussicht auf die zerklüftete Küste und das tiefblaue Meer. Wieder am Strand bleibt hoffentlich noch Zeit für ein Bad, bevor das Shuttleboot eintrifft, mit dem es zurück zum alten Fischerhafen geht.

16.30 Uhr: Auch im Dorf baumelt die Seele

Nachdem Sie die Abfahrtszeit des Schnellbootes zurück nach Trapani geklärt haben, haben Sie die Qual der Wahl: eine Brioche mit Mandel-Granita im Caffè Tramontana oder doch lieber ein Aperitif mit Thunfisch-Häppchen im I Freschi? So oder so fühlen Sie sich bereits wie ein Marettimaro, für den Eile und Stress Fremdwörter sind. Nach nur sechs Stunden hat man ein anderes Zeitgefühl entwickelt. Was braucht man an einem sonnigen Tag mehr

Nach der Inselumrundung genießen Sie noch das zauberhafte Flair des kleinen Dorfs, beispielsweise im Caffè Tramontana mit seiner zauberhaften Aussicht oder bei einem Spaziergang durch die Gassen.

als dieses herrliche Eiland im westlichen Mittelmeer?

19.30 Uhr: Zurück in die Stadt

Ein wenig wehmütig blicken Sie vom Schnellboot auf den kleinen gezackten Felsklotz zurück, während die im Wasser dümpelnden Fischerboote und die hellen Häuser mit ihren leuchtend blauen Fensterläden langsam im Dunst verschwinden.

i

Länge: ca. 8,2 km

Schnellboote ab Trapani
aktuelle Fahrpläne unter www.libertylines.it
Hin- und Rückfahrt z. B. im Mai ab 40 €

Bootstour
www.marettimoweb.it Halbtagstouren mit Mittagessen an Bord (tägl. 15. Mai–15. Okt.) 25 € (die Route, die Anzahl der Badestopps, deren Dauer und Aufenthalt sind wetterabhängig; optionales Shuttleboot für die Rückfahrt ab Scalo Maestro zum alten Fischerhafen ab 5 €)

Castello di Punta Troia
☎ 0923 92 31 71

8 ★★ Selinunte & Marinella

Was?	Griechische Tempel und ein charmanter Urlaubsort
Warum?	Erst antike Ruinen bestaunen, dann zu ihren Füßen baden
Wann?	Jederzeit … besonders schön ist's im Spätsommer und Herbst, wenn das Meer noch immer herrlich warm ist.
Wie lange?	Am besten einen ganzen Tag
Was noch?	Ein antiker Steinbruch
Resümee	Verleihen Sie Ihrer Fantasie Flügel.

Die Griechen errichteten Selinus (Selinunt) auf den Hügeln mit Blick aufs Meer. Die von Mauern geschützte, wohlhabende Stadt besaß großartige Tempel und war eine der prächtigsten griechischen Kolonien. Von seiner Zerstörung 409 v. Chr. erholte sich Selinus nie wieder. Immer noch wächst hier der wilde Sellerie, »selinon«, nach dem es seinen Namen bekam. Östlich des Grabungsfelds liegt das kleine Fischerdorf Marinella di Selinunte, das mit seinem Sandstrand der wohl charmanteste Urlaubsort dieses Küstenabschnitts ist.

Siedler aus Megara Hyblea in Ostsizilien gründeten um 650 v. Chr. die westlichste der griechischen Kolonien. Sie schätzten wohl die fruchtbare Ebene und die günstige Lage des Orts auf einem Kap zwischen zwei heute versandeten Flüssen. Die meisten Tempel und die Stadt selbst stammen aus dem 5. Jh. v. Chr. Deren Dauerkonflikt mit dem benachbarten Segesta eskalierte Ende des 5. Jhs. v. Chr.: Im Jahr 409 v. Chr. rückten die mit Segesta verbündeten Karthager mit 100 000 Mann gegen Selinunt an und machten es dem Erdboden gleich. Erdbeben im Mittelalter vernichteten die Stadt endgültig. In den 1920er-Jahren begann man mit systematischen Grabungen, die bis in die heutige Zeit fortdauern.

Eindrucksvolle Ruinen

Nördlich vom Eingang stößt man auf die Gruppe der mit E, F und G bezeichneten Osttempel. Tempel E wurde 1958 rekonstruiert und ist am vollständigsten erhalten. Die gewaltige dorische Anlage war vermutlich der Aphrodite gewidmet und wirkt heute noch überwältigend. Der dahinter liegende,

Den wahrscheinlich der Hera geweihten Tempel haben die Archäologen mit dem Buchstaben E versehen – er ist das am besten konservierte Heiligtum von Selinunte.

um 550 v. Chr. errichtete Tempel F ist der älteste Selinunts. Tempel G dürfte Zeus gewidmet sein und war nach dem Tempel des olympischen Zeus von Agrigent (S. 135) das größte Heiligtum Siziliens. Von ihm steht nur noch eine einzige Säule in den Trümmern der umherliegenden Steinbrocken.

Osttempel und Akropolis liegen rund 1,5 km auseinander. Beide Areale haben eigene Parkplätze und sind durch eine Straße miteinander verbunden.

Die Akropolis

Folgen Sie dem Pfad bergab am versandeten Hafen vorbei zur Akropolis. Hier finden sich gut erhaltene Straßen, Mauerreste und die Ruinen der fünf Westtempel: Tempel C, der gewaltigste, stand ganz oben auf dem Hügel und war ver-

mutlich Apollo geweiht. Seine herrlichen Metopen (der Raum zwischen zwei Triglyphen im dorischen Fries) sind heute im Museum in Palermo (S. 61) ausgestellt. Die 14 wieder aufgerichteten Säulen vermitteln einen Eindruck seiner früheren Dimension. Von hier erstreckten sich rechtwinklige Straßen mit Häusern und Läden zum Nordtor. Dahinter liegt ein antikes, nicht ausgegrabenes Stadtviertel.

Das kleine Fischerdorf Marinella ist perfekt, um nach Ruinen-Sightseeing noch ein wenig die Seele baumeln zu lassen.

Oft unbeachtet und doch spannend sind auch die Cave di Cusa. Der antike Steinbruch rund 12 km nordwestlich von Selinunte, aus dem die Steine für die riesigen Tempel stammen, präsentiert sich als wildromantisch-verträumte Szenerie.

Marinella

Marinella östlich von Selinunt ist ein typischer, legerer Badeort mit Müßiggängern, einer bunten »passeggiata« und einem reichen Angebot an hervorragenden Fischrestaurants. Sein beliebter Strand reicht im Westen bis an die Akropolis heran. Die Hauptstraße schlängelt sich zum Hafen, in dem die Fischerboote dümpeln. Von mehreren guten Hotels blickt man über den Hafen, aufs Meer und die Hügel.

KLEINE PAUSE

Gegenüber dem Eingang zum Grabungsfeld gibt es ein einfaches Bar-Restaurant. Eine größere Auswahl an Lokalitäten finden Sie in Marinella.

---

i

213 D2

Ufficio Turistico Castelvetrano
in der Kirche Collegiata di San Pietro
347 2 22 75 77
www.visitselinunte.com
Mo–Sa 9–13, 15.30–18.30 Uhr

Archäologische Stätte
0924 4 62 77 Sommer tägl. 9–18, Winter Mo–Sa 9–17, So 9–13.30 Uhr
6 €, Elektro-Bus auf dem Areal 6 €

41 Segesta

Was?	Weniger besuchte Ausgrabungsstätte im Inselinneren
Warum?	Hier kommt man den frühen Insulanern auf die Spur.
Wann?	Im Frühling am besten am Nachmittag, im Sommer und Herbst am Morgen
Wie lange?	Eineinhalb bis zwei Stunden sind angemessen.
Was noch?	Zauberhaft: Aufführungen des Festivals »Le Notti di Segesta« im antiken Theater (Juli–Sept.)
Resümee	Fesselnde Einsamkeit

Auf einem Hügel mitten im Grünen künden ein beeindruckender dorischer Tempel und ein wunderbares Theater von der einst so prachtvollen Stadt. Egesta, das heutige Segesta am Monte Barbaro, war die erste Stadtgründung der Elymer. Deren genaue Herkunft ist ungeklärt; laut dem antiken Geschichtsschreiber Thukydides sollen sie den Trojanern angehört haben, die mit Aeneas aus Troja flohen. Um 580 v. Chr. waren sie oberflächlich gräzisiert, im 5. Jh. v. Chr. bildeten sie mit Athen eine Allianz gegen den Dauerrivalen Selinunt.

Nach der Niederlage Athens gegen Syrakus 409 v. Chr. ging Egesta ein Bündnis mit den Karthagern ein. Später wurde die Stadt von Syrakus eingenommen und erneut von Griechen besiedelt; 260 v. Chr. unterwarf sie sich als erste sizilianische Stadt Rom. Die Römer änderten den Na-

Das Theater von Segesta: Auf den 20 nach Norden zum Meer hin ausgerichteten Sitzreihen fanden bis zu 3200 Zuschauer Platz.

Im Frühjahr umgibt den Tempel ein Blütenmeer – als wolle die Natur den Unvollendeten um ein paar Farbtupfer bereichern.

men in Segesta, dessen Niedergang 73–71 v. Chr. mit den Plünderungen durch den römischen Prätor Verres begann.

Antike Meisterwerke

Der 426 bis 416 v. Chr. errichtete Tempel trägt die Handschrift eines attischen Architekten. Von unten betrachtet, wirkt der Tempel mit seinen 36 Säulen, dem Hauptgesims und dem Giebeldreieck vollkommen – nur das Dach fehlt. Oben angelangt, werden Sie aber feststellen, wie unvollständig er ist: An den Säulen fehlen die für den dorischen Stil typischen Rillen, die Cella und das Dach wurden nie errichtet, die Hebebossen am Stufenbau, die zum Transport der Steine dienten, ließ man stehen. Es wird daher vermutet, dass der Bau abgebrochen wurde, nachdem sein Zweck, Athen mit einem griechischen Tempel zu schmeicheln, erfüllt war.

Das Theater, einst mitten in der Stadt gelegen, thront hoch oben auf einem Hügel dem Tempel gegenüber mit freier Sicht auf die Ebene und das ferne Meer. Im 3. oder 2. Jh. v. Chr. erbaut, gehört es mit einem Durchmesser von 63 m zu den am besten erhaltenen klassischen Anlagen.

Eingang und Parkplatz liegen direkt am Tempel, von hier führt zum Theater ein steiler Weg 20 Minuten bergauf. Im Sommer fährt halbstündlich ein Shuttle-Bus (6 €). Der Tempel ist nicht barrierefrei zugänglich.

KLEINE PAUSE

Im Besucherzentrum am Eingang gibt es eine Bar, in der man Getränke und Snacks bekommt.

---

i

212 C4 ☎ 0924 95 23 56 Sommer tägl. 9–19.30, März, Okt. 9–18.30, Nov.–Feb. 9–17 Uhr 6 €

ab Piazza Montalto in Trapani: Mo–Sa 8, 10.20, 14 Uhr; Rückfahrt 13.50 und 16.50 (www.tarantolabus.com)

❹❷ Erice

Was?	Alte Gassen, herrliche Aussichten und leckeres Mandelgebäck
Warum?	Setzen Sie an zum Sprung ins Mittelalter!
Wann?	Am späten Nachmittag – die Sonnenuntergänge sind schlichtweg überwältigend.
Wie lange?	Zwei bis drei Stunden ... oder gleich bis zum Abendessen
Was noch?	Eine Seilbahn-Panoramafahrt nach oben
Resümee	Bilderbuch-Städtchen

In der westlichen Ecke der Altstadt erhebt sich die Kathedrale La Matrice.

Hoch oben auf einem Kalkfelsen liegt Erice. Die Hänge fallen steil nach Trapani und zum Meer hin ab. Kopfsteingassen, lauschige Innenhöfe, eine großartige Kathedrale und zahlreiche Kirchen, eine historische Burg, antike Stadtmauern, stille Parks und vor allem fantastische Aussichten – vom Cap Bon in Tunesien bis zum Ätna – machen es zu einem der schönsten Städtchen der Insel. Im Sommer überfüllt, im Winter kalt, ist Erice nicht nur Wahrzeichen Siziliens, sondern des ganzen westlichen Mittelmeers.

Erice ist ein heiliger Ort. Von den Elymer um 1200 v. Chr. gegründet, trug er in der Antike den Namen Eryx. Auf dem gleichnamigen Berg befand sich ein bedeutender antiker Tempel der Göttin der Liebe – der phönizischen Astarte, der griechischen Aphrodite bzw. der römischen Venus.

Verträumtes Gässchen in Erice: Am besten lassen Sie sich ziellos durch die Altstadt treiben.

Die Römer verdrängten Elymer und Griechen, deren Heiligtum aber blieb erhalten und wurde unter Tiberius und Claudius erneuert. Auch die arabischen Herrscher spürten die Aura des Ortes und gaben ihm den Namen Gebel-Hamed, Berg Mohammed. Die Normannen nannten Erice zu Ehren des hl. Julian, der ihnen angeblich zum Sieg über die Mauren verhalf, Monte San Giuliano. 1934 erhielt es unter Mussolini seinen ursprünglichen Namen zurück.

Besonders schön ist die Anreise mit der Seilbahn Funierice: Während Sie nach oben schweben, genießen Sie einen großartigen Blick auf Trapani, die vorgelagerten Inseln und das Meer.

Streifzug durch Erice

Erice ist in Form eines gleichseitigen Dreiecks angelegt. Die Porta Trapani liegt in der südwestlichen Ecke. Von hier sind es nur wenige Meter zur Kathedrale La Matrice, deren Innenausstattung aus dem 19. Jh. der wunderschönen Gotikfassade nicht gerecht wird. Auf einer Seite erhebt sich ein separater Glockenturm, den Friedrich III. um 1315 als Wehrturm errichten ließ. Von ihm führt die Via Vittorio Emanuele hoch zur Piazza Umberto I, dem einzigen offenen Platz des Städtchens. Bergauf kommen Sie an zahlreichen »pasticcerie« vorbei, die Erices berühmtes Konfekt verkaufen.

Direkt bei der Kirche San Pietro, etwas südöstlich der Piazza Umberto, beherbergt das Ex-Kloster San Rocco den Polo Umanistico, in dem das Museo Cordici eine repräsentative Heimstatt fand. Die Sammlung zeigt u. a. einen Kopf der Aphrodite aus dem 5. Jh. v. Chr., punische und griechische Münzen und Bronzestücke sowie eine Verkündigung aus Marmor von Antonello Gagini.

Mittelalterliches Recycling

Lassen Sie sich auch durch die unzähligen »vanelle« (Gassen) von einer winzigen Piazza zur nächsten treiben, genießen Sie hier und da einen Blick in die Hinterhöfe oder in eine der kleinen Kirchen – irgendwann gelangen Sie ganz von allein zum Castello di Venere, dem Ort des ursprünglichen Tempels. Als normannische Truppen Erice eroberten, hatten sie den Auftrag, alle Spuren des heidnischen Tempels zu zerstören. Die Trümmerstücke verwendeten sie für den Bau ihres Kastells. Der heutige Betrachter erkennt Fragmente des Heiligtums und einige Überreste der Kolonnaden im Mauerwerk. Die Aussicht von hier oben ist umwerfend.

Unterhalb der Burg, im Garten eines wieder aufgebauten normannischen Schlösschens, können Sie noch den Torre Pepoli aus dem 15. Jh. entdecken.

KLEINE PAUSE

Genießen Sie das köstliche Mandelgebäck in der **Pasticceria di Maria Grammatico** (S. 181).

---

212 B4 www.prolocoerice.it
☎ 329 0 65 82 44

Funierice
✉ Talstation in Trapani: Kreuzung SP31/Via Capua; Bergstation in Erice: Via delle Pinete ☎ 0923 50 28 21 www.funiviaerice.it variierend, s. Website einfach 5,50 €, hin & zurück 9 €

Chiesa Matrice
✉ Piazza Matrice Jan., Feb. tägl. 10–12.30, März 10–16, April–Juni und Okt. 10–18, Juli, September 10–19, Aug. 10–20, Nov., Dez. 10–13 Uhr 2,50 €

Museo Cordici
✉ Via S. Rocco ☎ 346 5 77 35 50 www.fondazioneericearte.org April–Okt. 10–18/19/20 Uhr, sonst Sa & So 10 bis 16 Uhr 4 €

Castello di Venere
✉ Largo Castello ☎ 320 8672957 s. Museo Cordici 4 €

43 Mozia

Was?	Verzauberte phönizische Siedlung auf kleinem Eiland
Warum?	Um dem rätselhaften Jüngling in die Augen zu schauen
Wann?	Jederzeit
Wie lange?	Ein halber Tag sollte es schon sein.
Resümee	Die ersten (Handels-)Herren Siziliens

In flachen und geschützten Gewässern auf der winzigen Insel San Pantaleo befindet sich das im 8. Jh. v. Chr. von Phöniziern gegründete Mozia. Der Ort inmitten des fruchtbaren Eilands zählte in der Antike zu den einflussreichsten Städten Siziliens. Er verband das phönizische Karthago mit den Elymern, den einheimischen sizilianischen Verbündeten, und den Etruskern im Gebiet der heutigen Toskana und stieg dadurch schnell zum wichtigsten Handelshafen der Phönizier in Italien auf. Durch die Westexpansion der Griechen bedroht, befestigten die Phönizier die Insel, verlagerten ihre Totenstadt auf die Hauptinsel und bauten eine heute noch sichtbare, befestigte Straße auf dem Lagunengrund. Vergebens: Nach zwei verheerenden Niederlagen gegen die Griechen – 480 v. Chr. bei Himera gegen Gelon von Syrakus und 398 v. Chr. gegen Dionysius von Syrakus – gaben sie Mozia größtenteils auf, um ihren Hauptsitz in die mächtige Seefestung Lilybaeum, dem heutigen Marsala, zu verlegen.

Unter den Falten der eng anliegenden Tunika zeichnen sich die Muskeln des geheimnisvollen »Jünglings von Mozia« ab.

Die Reste von Mozia schlummerten im Erdreich, bis 1888 Joseph »Pip« Whitaker, ein vermögender Weinhändler aus Marsala, die Insel kaufte und einige Jahre später die ersten Ausgrabungen durchführte.

Die archäologischen Stätten

Das Boot vom kleinen Fährbetreiber Mozia Line legt in der Nähe der Villa Whitaker

(s. unten) an. Über Fußwege gelangt man zu den unspektakulären, aber dennoch faszinierenden Fundorten. Beachten Sie den Kothon, den kleinen künstlichen Hafen, der sich innerhalb der ehemaligen Stadtmauer verbirgt. Die Stadtmauer selbst ist an der Porta Nord (Nordtor) besonders eindrucksvoll. Hier beginnt der heute unter der Wasseroberfläche verlaufende Weg, der einst zur Nekropole der Karthager führte. In der Nähe gibt es eine Opferstätte (Tofet), wo die Phönizier der Göttin Tanit ihre Erstgeborenen geopfert haben sollen (wahrscheinlich eine während der punischen Kriege entstandene römische Propagandalüge). Beim Spaziergang über die Insel entdecken Sie in der Nähe der Villa die Ruinen der Casa dei Mosaici mit Bodenmosaiken, die Löwen im Kampf mit einem Stier zeigen.

Krieger, Priester, Gott?

Das Museo Whitaker befindet sich in der von Pip Whitaker (1850–1936) errichteten Villa. Die Sammlung besteht aus Funden der Insel und Ankäufen, darunter über 1000 Stelae (Grabsteine), eine riesige Anzahl an Tonwaren, Masken und Götterbildern aus Terrakotta sowie feine phönizische Schmuck- und Glaswaren. Prunkstück der Sammlung ist der sogenannte »Wagenlenker« bzw. »Giovanetto di Mozia« (»Jüngling von Mozia«). Die 1978 gefundene, meisterhafte Skulptur eines jungen, selbstbewusst und kess wirkenden Mannes wird ins zweite Viertel des 5. Jhs. v. Chr. datiert. Bei der Interpretation der Statue wurde u. a. an einen hohen Magistrat, Priester oder eine Gottheit (z. B. Herakles/Melkart) gedacht.

KLEINE PAUSE

Im Museumscafé bekommen Sie Erfrischungen. Empfehlenswert ist auch **Mamma Caura**, das Restaurant am Festland-Parkplatz.

Mamma Caura (€–€€): Tel. 0923 96 60 36, http://mammacaura.it, Mo bis Fr 8.30–20, Sa & So 9–1 Uhr

212 B3

Mozia Line
☎ 360 35 60 53 www.mozialine.com
Sommer tägl. zw. 9.15 & 18.30, Winter bis 14 Uhr hin & zurück 5 €

Museo Whitaker
Mozia ☎ 0923 71 25 98
www.fondazionewhitaker.it
April–Okt. 9.30–18.30, Nov.–März 9–15 Uhr; kurzfristige Änderungen mögl. 9 €

Nach Lust und Laune!

44 Castellammare del Golfo & Riserva Naturale dello Zingaro

Castellammare del Golfo, im Altertum der Hafen der antiken Stadt Segesta (S. 167), liegt zwischen den Hügeln, die die große Bucht vom Golfo del Castellammare einrahmen. Der bezaubernde Ort unterhalb der Ruine eines aragonesischen Kastells ist noch heute ein quirliger Fischereihafen mit breiten Ufermauern. Kaum vorstellbar, dass das friedliche Städtchen einst eine Hochburg der Mafia war und angeblich jeder dritte Einwohner unter Mordverdacht stand. In letzter Zeit hat es sich zum Hotspot internationaler Prominenz entwickelt und zieht Berühmtheiten wie Brad Pitt und Catherine Zeta-Jones an.

Etliche Buchten, manche nur per Boot zu erreichen, säumen die Küste des rauen Zingaro.

Westlich von hier schützt die Riserva Naturale dello Zingaro einer 7 km langen, unberührten Küstenabschnitt mit steil ins Meer abfallenden Felsen, kleinen idyllischen Buchten und kristallklarem Wasser. 1981 protestierten die Sizilianer gegen ein Vorhaben der Regierung, die mit dem Bau einer Küstenstraße die Mafia daran hindern wollte, an den kleinen versteckten Buchten zu schmuggeln. Bis heute ist die Küste unverbaut geblieben. An den östlichen Parkeingang gelangt man über das alte Örtchen Scopello, das für seine Thunfischjagd berühmt ist. Von hier führen Wege in die verschiedenen Regionen des Zingaro. Sie wandern auf 1, 3 und 7 km langen Wegen zu den Stränden von Capreria, Marinella und Uzzo oder in die abwechslungsreichen höher gelegenen Gebiete. Außerdem im Schutzgebiet zu finden ist die Grotta dell'Uzzo: Die vor 10 000 Jahren bewohnte Höhle ist eine wichtige archäologische Stätte.

212 C4

Touristeninformation
Pro Loco, Corso Bernardo Mattarella 31 ☎ 0924 35175
www.prolococastellammare.it
Di–So 9–13, Do, Sa auch 15–18 Uhr

Riserva Naturale dello Zingaro
Parkbüro, Via Salvo d'Acquisto 1, Castellammare del Golfo
☎ 0924 35108 www.riservazingaro.it
Sommer tägl. 7–19.30, Winter 9 bis 16.30 Uhr 5 €

San Vito lo Capo im äußersten Nordwesten Siziliens ist berühmt für seine wundervollen Sandstrände.

45 San Vito lo Capo

Von Westen aus erreichen Sie den Zingaro über San Vito lo Capo, einen Badeort am Fuß des Monte Monaco. Der hl. Vitus, der Schutzheilige der Epileptiker, soll hierher geflohen sein. Die ihm geweihte Kirche in der Mitte des Ortes geht auf eine ehemals maurische Burg zurück, die an der Stelle errichtet wurde, an der er einst gelebt haben soll. Mit der Zeit wurde das Gotteshaus zu klein für die große Zahl von Pilgern, die hierher kamen, weshalb man sie immer weiter vergrößerte, bis sie schließlich das Gebäude umschloss, in dem sie einst lag. Jahrhundertelang lebte man im Ort vom Thunfischfang und der Verarbeitung von Korallen. Zu Beginn des 20. Jhs. entdeckte der Tourismus die herrlichen, breiten und glitzernden Sandstrände San Vitos, die ihre Farbe in der Dämmerung zu wechseln scheinen. Im Hochsommer kommen die Urlauber in Scharen, flanieren durch die schmucken Straßen aus dem 18. Jh., essen in einem der zahlreichen Lokale und legen sich an den Strand. In der Nebensaison haben Sie das charmante Städtchen mit ihren quadratischen Häusern praktisch für sich alleine. Ihre einzige Sorge wird die Auswahl des passenden Fischrestaurants sein. Es gibt ausgezeichnete Spazierwege: Sie können entweder den Berg emporsteigen, um die weite Aussicht zu genießen, einen Spaziergang zum Capo San Vito oder zu den Buchten im Zingaro machen.

212 C5

Touristeninformation
Via Savoia 61 ☎ 0923 97 43 00
www.sanvitoweb.com Sommer tägl. 10–13 & 17.30–20.30 Uhr

46 Trapani

Trapani kommt aus dem Griechischen und bedeutet Sichel (»drepanon«). Der Name passt zu dieser schmalen Landzunge, auf der die Altstadt steht. Der Legende nach bildete sie sich aus der Sichel, die Demeter (Ceres), die Göttin der Fruchtbarkeit, fallen ließ, als sie verzweifelt nach ihrer vom Gott der Unterwelt entführten Tochter Persephone suchte. Nach Süden erstrecken sich kilometerweit die Salinen und die Windmühlen, deren Bild im heißen Dunst des Sommers wie eine Fata Morgana flimmert. Trapani lebte ursprünglich von der Salzgewinnung, den Korallen und dem Fischfang – nicht zuletzt wurde der Dosenthunfisch hier erfunden. Überlebt hat nur die Salzindustrie. Der Hafen ist dank des Fährverkehrs zu den Ägadischen Inseln (S. 29) und nach Tunesien weiterhin in Betrieb.

Wenn auch von langweiligen Vororten umgeben, ist Trapani eine der attraktivsten Städte Westsiziliens. Elegante Architektur, stattliche Kirchen und der Hafen verströmen eine angenehme Atmosphäre. Die 200 m breite »Sichel« wird durch den Corso Vittorio Emanuele seit dem 13. Jh. in zwei Hälften geteilt. Am einen Ende steht der prächtige barocke Palazzo Cavaretta (1701). Hinter ihm befindet sich eine kleine Piazza mit der Fontana di Saturno (1342). Am Corso steht das Collegio del Gesuiti (1636), ein Jesuitenkloster, dessen harmonische Fassade mit barocken Akzenten geschmückt ist, und die Kathedrale San Lorenzo (1635) mit einem von

Mittags geht es am Corso Vittorio Emanuele in der Altstadt von Trapani ruhiger zu.

Giovanni Biagio Amico um 1683 entworfenen Portal. Er schuf auch die Chiesa del Purgatorio im Süden, in der sich die »misteri« befinden, eine Mysteriengruppe des Kreuzwegs. Während der Karfreitagsprozession werden die 21 lebensgroßen Holzfiguren durch die Stadt getragen.

Die zweite Attraktion der Stadt ist das etwas außerhalb gelegene Kloster Santuario dell'Annunziata (Heiligtum der Verkündigung; Bus 25 ab Piazza Umberto), das eine wunderschöne Marmorstatue der Madonna aus der großen Meisterschule von Pisano aus dem 14. Jh. sein Eigen nennt. Es wird erzählt, dass sie einem Kreuzritter aus Pisa gehörte, der auf dem Rückweg vom Heiligen Land in einen Sturm geriet und in Trapani strandete, wo sie ihm dann von den Einheimischen geraubt wurde. Im Klosterkomplex befindet sich auch das Museo Regionale Agostino Pepoli. Die einst private Sammlung umfasst Grabungsfunde, Silberschmuck und Gemälde. Verpassen Sie nicht das außergewöhnliche Schnitzwerk aus Korallen, für die Trapani früher bekannt war.

Am gesamten Küstenabschnitt zwischen Trapani und Marsala finden sich flache, im Sonnenlicht glitzernde Salinen. Das Meerwasser der künstlichen Becken verdunstet im Lauf von 80 bis 100 Tagen – zurück bleibt das angeblich geschmacksintensivste Salz Europas. Es wird zu großen Haufen zusammengerecht, gereinigt und verpackt. Die preiswerte Trattoria del Sale Culcasi betreibt mitten in den Salinen ein Salzmuseum.

212 B4

Touristeninformation
Via Torrearsa (Ecke Piazza Saturno)
0923 54 45 33 www.trapaniinfopoint.it Sommer Mo–Fr 9–14, 15.30 bis 22.30, Sa, So 10–12.30, 15–22.30 Uhr

Museo Regionale Agostino Pepoli
Via Conte Agostino Pepoli
0923 55 32 69 Di–Sa 9–17.30, So 9–12.30 Uhr 6 €

Trattoria del Sale Culcasi
Via Chiusa Nubia, Paceco
338 3 91 59 67 www.trattoriadelsale.com Mo. geschl.

47 Marsala

Am äußersten westlichen Punkt von Sizilien liegt Marsala. Im Altertum siedelten hier Griechen, Karthager und Römer; Letztere nutzten unter Scipio Africanus Marsala als Stützpunkt zur Eroberung Karthagos. Damals hieß der Ort noch Lilybaion bzw. Lilybaeum (»Lily« für Wasser; »baeum« bezog sich auf die Eubei, die hier vor den Phöniziern lebten). Den heutigen Namen verdankt der Ort den Arabern, die ihn Marsah-al-Allah, den »Hafen Gottes«, nannten.

Zwar florierte die Stadt bereits im Mittelalter, richtig ins Rampenlicht trat sie aber erst, als der Engländer John Woodhouse 1773 seinen Weinhandel aufnahm und 1860 der

Sonne und Salz

So schön kann das Tagesende sein: Langsam, ganz langsam färbt sich der Himmel von Zartrosa über Orange bis hin zu Glutrot. Machen Sie es wie die Marsalesi und fahren Sie am späten Nachmittag, wenn die Hitze langsam nachlässt und das Licht intensiver wird, zu den Saline dello Stagnone. Setzen Sie sich rechtzeitig ins Mamma Caura (S. 173), ehe die Sonne hinter der großen Lagune und ihren Salzmühlen im Meer versinkt. Am besten lässt sich das Abendrot verfolgen, wenn man einen Platz ganz vorne bekommen hat.

italienische Unabhängigkeitskämpfer Garibaldi mit dem »Zug der Tausend« hier landete. Letzterer machte Marsala zur ersten »befreiten« Stadt im vereinigten Italien. Heute spielt der wohlhabende Ort im Handel mit Afrika eine bedeutende Rolle.

In das historische Zentrum gelangt man durch die Stadttore in der alten Stadtmauer. Gen Westen, einst das Herz der römischen Siedlung, erstreckt sich eine weite Brachfläche bis zum Meer. Hier finden Sie ein archäologisches Grabungsfeld (mit einem antiken Wohnblock) und das in einem alten »baglio«, einer ehemaligen Weinmanufaktur, untergebrachte Museo Archeologico Baglio Anselmi. Dessen Ausstellung zeigt Funde aus Marsalas Vergangenheit, u. a. die beeindruckenden Reste einer 31,5 m langen phönizischen Galeere, die in den 1980er-Jahren auf dem Meeresboden vor Mozia (S. 172) gefunden wurde. In ihrer Nähe fand man Cannabisblätter, mit denen sich die Ruderer möglicherweise stimulierten. Durch die östliche Porta Garibaldi gelangen Sie zur Piazza della Repubblica und zur Kathedrale, die Thomas von Canterbury geweiht ist. Dahinter liegt das Museo degli Arazzi, in dem acht vornehme flämische Wandteppiche aus dem 16. Jh. zu sehen sind.

Ein Besuch in Marsala sollte aber nicht nur die archäologischen und kunsthistorischen Schätze würdigen. Kosten Sie unbedingt auch den nach dem Ort benannten Likörwein, der seit 1773 hier produziert wurde. Damals versetzte der englische Händler John Woodhouse nach dem Vorbild des Portweins den einheimischen Wein mit Alkohol und verschiffte ihn nach Liverpool – mit großem Erfolg, der 1798 mit einer Bestellung von Admiral Nelson höchstpersönlich bestätigt wurde. Weitere Unternehmen – z. B. Stabilimento Florio, Pellegrino oder Donnafugata – wurden gegründet und Wein aus Marsala wurde bald

Im Keller des Marsala-Produzenten Pellegrino lagern auch seltene und edle Tropfen.

in die ganze Welt exportiert. Heute tragen die Weine zwar noch englische Namen, die Betriebe sind aber meist in italienischer Hand. Marsala, der trocken (»secco«), halbtrocken bzw. »vollmundig« (»abboccato«) und süß (»dolce«) ausgebaut wird, gilt als hervorragender Dessertwein. Weitere Infos unter www.consorziovinomarsala.it.

212 B3

Touristeninformation
Via XI Maggio 100 ☎ 0923 71 40 97
www.marsalaturismo.it Mo–Fr 8.30–13, Di–Do auch 15.30–17.30 Uhr

Museo Archeologico Baglio Anselmi
Lumgomare Boéo ☎ 0923 95 25 35
Di–Sa 9–18.30, April–Sept. bis 19.30, So 9–13.30 Uhr 4 €

Museo degli Arazzi
Via Giuseppe Garraffa
☎ 0923 71 13 27 Di–So 9–13, 16–18 Uhr 4 €

Stabilimento Florio
Via Vincenzo Florio 1 ☎ 0923 78 11 11
www.duca.it Führungen Mo–Fr 9 bis 18, Sa 9–13 Uhr (nach Voranmeldung)
13 € (inkl. Verkostung von 4 Weinen)

Pellegrino
Via del Fante 39 ☎ 0923 71 99 11
www.carlopellegrino.it Mo–Fr 10 bis 13, 15–18, Sa 10–13 Uhr ab 21 € (inkl. Verkostung)

Donnafugata
Via Lipari 18 ☎ 0923 72 42 45
www.donnafugata.it Führung Mo bis Sa 11, 13, 16, Di–Sa auch 17.30 Uhr
ab 22 € (inkl. Verkostung)

48 Mazara del Vallo

Früher war Mazara del Vallo die bedeutendste maurische Stadt Westsiziliens. Ein schattiger »lungomare« und Parkanlagen führen an der Küste entlang zum Hafen, wo die größte Fischereiflotte Italiens beheimatet ist. Der urig-geschäftige Hafen, prächtige barocke Kirchen und die Profanbauten der Altstadt verleihen der Stadt ihren eigentümlichen Charme. Nirgendwo sonst in Italien

Typisch für Mazara del Vallo ist die arabisch-normannische Architektur.

ist der nordafrikanische Einfluss stärker zu spüren als hier: Im tunesischen Viertel (Casbah) leben viele nordafrikanische Werftarbeiter. Wandern Sie durch ein Gassengewirr, das an einen arabischen Souk erinnert – das bekannte Sizilien wird Ihnen weit entfernt scheinen. Südöstlich finden Sie an der Piazza della Repubblica den Duomo, der harmonisch in ein Ensemble von Barockbauten eingebunden ist. Und im nahen Museo del Satiro können Sie die über 2,4 m hohe Bronzestatue des »Tanzenden Satyr« bewundern, die 1998 bei Pantelleria aus dem Meer geborgen wurde.

212 B/C2

Touristeninformation
Pro Loco, Via XX Settembre 5 (Piazza della Republica) ☎ 0923 94 46 10
tägl. 9–13, 16–20 Uhr

Museo del Satiro
Sant'Egidio, Piazza Plebiscito
☎ 0923 93 39 17 tägl. 9–19.15 Uhr
6 €

Wohin zum … Übernachten?

Preise für ein Doppelzimmer pro Nacht:
€ unter 130 €
€€ 130–230 €
€€€ über 230 €

ERICE

Elimo € / €€
An der malerischen Hauptstraße mit wunderschöner Aussicht auf Trapani gelegen, laden die hübschen Zimmer mit Holzbalkendecken, historischen Kacheln und Marmorbädern sowie die kuschelige Bar, eine Terrasse und der Innenhof zum Entspannen ein. Das Frühstücksbuffet ist hervorragend, das Restaurant bietet delikat arrangierte Gerichte. Mit Privatparkplatz.
212 B4 Via Vittorio Emanuele 75
0923 86 93 77 www.hotelelimo.it

MARSALA

Villa Favorita €
2 km außerhalb von Marsala liegt in einem reizvollen Park mit Blick aufs Meer diese umgebaute Villa aus dem 19. Jh., die ihrem Namen alle Ehre macht. Die hübsch dekorierten Zimmer verfügen über gute Badezimmer, die Villa über einen eigenen Pool und einen Tennisplatz. Das Restaurant zählt zu den besseren in der Umgebung.
212 B3 Via Favorita 27 0923 98 91 00
www.villafavorita.com

MAZARA DEL VALLO

Giardino di Costanza €€€
Das Hotel steht am Rande von Mazaro del Vallo inmitten von Olivenhainen, Weinbergen, Palmen und blühenden Gärten mit Springbrunnen. Die schön dekorierten Zimmer haben große Bäder und sind mit viel Liebe zum Detail eingerichtet. Zur Anlage gehören Swimmingpools, Tennisplätze und ein Spa. Die Gäste haben Zugang zum Privatstrand.
212 B/C2 Via Salemi 0923 67 50 00
www.giardinodicostanza.it

SAN VITO LO CAPO

Mira Spiaggia €€ / €€€
Der weiß getünchte Bau liegt dem Ufer genau gegenüber. Die Zimmer mit gehobenem Komfort in der ersten Etage bieten Meerblick und Balkone, die Standardzimmer sind geräumig und bequem. Das zugehörige Fischrestaurant dehnt sich über die ganze Terrasse aus. Hoteleigener Strand mit Service, Liegen und Sonnenschirmen, Apartments für Selbstversorger und Shuttle zum Flughafen.
212 C5 Via Litoranea Lungomare 6
0923 97 23 55 www.miraspiaggia.it
Dez.–Feb. geschl.

TRAPANI

Ai Lumi €
Eine elegante und freundliche B & B-Unterkunft abseits der Hauptstraße mit grünem Innenhof. Die einfachen, bunten und eleganten Zimmer sind mit alten Möbeln und Kacheln eingerichtet. Das Restaurant ist eines der besten der Stadt, Hausgäste bekommen 15 % Nachlass. Selbstversorger finden voll ausgestattete Apartments vor.
212 B4 Corso Vittorio Emanuele 71–74
0923 54 09 22 www.ailumi.it

Wohin zum … Essen und Trinken?

Preise für ein Drei-Gänge-Menü mit Wein:
€ unter 20 €
€€ 20–35 €
€€€ über 35 €

ERICE

Maria Grammatico €
Erice ist berühmt für seine »dolci«. Probieren Sie hier federleichte Kekse, mit Ricotta und kandierten Früchten gefüllte Cannoli, ein Stück der cassata oder die zahllosen Mandelkonfekte.
212 B4 Via Vittorio Emanuele 14
0923 86 93 90 www.mariagrammatico.it
tägl. 10–20, Sommer 9–23.45 Uhr

Monte San Giuliano €€ /€€€
Das feine Restaurant mit Plätzen im Innenhof verarbeitet Erzeugnisse aus der Region zu traditionellen Rezepten mit moderner Note. Die kreative Küche ist auf Vegetarier eingestellt. Es gibt geräucherten Fisch, Berge von Meeresfrüchten, Pasta mit Sardinen und Couscous und eine himmlische Cassata.
212 B4 Vicolo San Rocco 7
0923 86 95 95 www.montesangiuliano.it
Di–So 12–14.30 & 19.30–21.30 Uhr

MARINELLA DI SELINUNTE

Pierrot €€
In dem hellen, luftigen Restaurant mit Blick über den Strand genießen Sie superfrische Meeresfrüchte und Fisch. Spezialitäten sind u. a. »ricci« (Seeigel), Pasta mit Schwertfisch und Kapern und ein leckerer Couscous. Das exzellente Mittagsmenü ist sein Geld wert. Sonntags oft von Einheimischen bevölkert.
213 D2 Via Marco Polo 108
092 44 62 05 www.ristorantepierrotselinunte.it Mai–Okt. tägl. 12–14.30 & 19.30–22, Nov.–April Mi–Mo 12–14.30 & 19.30–21.30 Uhr

MARSALA

Trattoria Garibaldi €€
Das alteingesessene Restaurant im Herzen der Stadt legt Wert auf Fisch und frische Produkte. Freuen Sie sich auf Pasta mit Hummer oder Sardinen, Fisch-Couscous, leichtes und knuspriges Fritto Misto (gemischter frittierter Fisch) oder die im Fischsud geköchelte Brasse. Wer sich nicht entscheiden kann, wählt die Antipasti, um so viel wie möglich von den Geschmacksrichtungen der Küche zu probieren.
212 B3 Piazza dell'Addolorata 1
0923 95 30 06 Mo–Sa 12.30–15.30 & 19–23 Uhr, So 12–16.30 Uhr

MAZARA DEL VALLO

La Bettola dal 1972 €€
Das bei den Einheimischen sehr beliebte Restaurant hat sich auf hervorragendes Seafood spezialisiert. Chefkoch Pietro Sardo bespricht Ihr Festmahl persönlich mit den Gästen. Versuchen Sie, für die himmlische Cassata siciliana etwas Platz zu lassen. Weinkarte mit über 200 sizilianischen Sorten.
212 B/C2 Via F Maccagnone 32
0932 94 64 22 www.ristorantelabettola.it
Do–Di 12.30–14.30 & 20–22.30 Uhr

SAN VITO LO CAPO

Da Alfredo €€
Auf der Terrasse genießen Sie den Blick aufs Meer und köstliche Spezialitäten wie Busiate alla Sanvitese (hausgemachte Pasta mit Thunfischrogen). Sie können die Bottarga (Thunfischrogen) auch auf Bruschetta (geröstetem Brot) probieren. Der Service erscheint manchmal überfordert.
212 C5 Contrada Valanga, 1 km südl. von San Vito 0923 97 23 66 Di–So 12–14.30 & 19.30–22 Uhr; Winter teilweise ganz geschl.

TRAPANI

Cantina Siciliana €€
Auf das Essen legt Inhaber Pino Maggiore großen Wert. In seiner belebten Cantina setzt er auf regionale Erzeugnisse – Fisch wie Produkte aus der »terra«. Hausgemachte Busiate (Nudeln) werden mit Pesto alla Trapanese (Pesto aus Tomaten, Basilikum, Knoblauch und Mandelpaste) serviert. Frischer Schwertfisch kommt in Begleitung winziger Tomaten und Kapern von der Insel Pantelleria auf den Tisch. Mit Wein- und Lebensmittelverkauf sowie Kochschule.
212 B4 Via Giudecca 36 0923 2 86 73
www.cantinasiciliana.it tägl. 12.30–15 & 19.30–23 Uhr

Vultaggio €
Der Agriturismo im Familiengut produziert Olivenöl und Nero d'Avola. Die Küche brilliert mit Traditionsrezepten wie Hammelschmorfleisch, Busiate mit Kohl und Bratwurst oder Pasta mit Saubohnen und Minze, die 2015 auf der EXPO in Mailand vorgestellt wurden.
212 B4 Fraz. Guarrato, Via Quartana, Contrada Misiliscemi 0923864261
www.agriturismovultaggio.it
tägl. 13–14.30 & 20–22.30 Uhr

Wohin zum ... Einkaufen?

Als Touristenmagnet bietet **Erice** einige besondere Geschäfte, die zum Stöbern einladen. Bei **Pina Parisi Tappeti** (Viale Pepoli 55, Tel. 0923 869431) finden Sie klassische Teppiche mit geometrischen Mustern oder charmanten ruralen Szenen. Im Ortszentrum verkauft **Altieri 1882** (Via Cordici 14, Tel. 0923 86 97 91) Schmuckunikate aus Gold und Korallenskeletten sowie leuchtend bunte Keramik. Zwei Türen weiter, in Haus Nr. 16, befindet sich das Geschäft **Bazar del Miele** (Tel. 0923 86 91 81, www.bazardelmiele.com), das mit einer riesigen Auswahl an Honig, Käse, Olivenöl und Eingemachtem nicht nur Honigfans glücklich macht. Wer sich für Keramikartikel interessiert, geht zu **Caterina Catalano** (Via Guarnotta 15, Tel. 0923 86 91 26).

Dinge jenseits des Mainstreams gibt es in **Trapani**, etwa das aromatisierte grobe Meersalz der Region. Hier wird auch noch der traditionelle Korallenschmuck hergestellt; am besten kauft man diesen bei **Platimiro Fiorenza** (Via Osorio 36, www.gioielleriaplatimirofiorenza.it) und **Saverio D'Angelo** (Via Cuba 19), wo es auch alten Korallenschmuck gibt. Bei **Perrone Ceramiche** (Corso Vittorio Emanuele 106, Tel. 0923 2 96 09) finden Sie reizvolle Keramikfiguren. In **Marsala** sollten Sie Wein einkaufen, entweder direkt vom Erzeuger (S. 179) oder in der urigen Enoteca **La Sirena Ubriaca** (Via Garibaldi 39, Tel. 0923 02 05 00; www.lasirenaubriaca.it), die mehrere Marken führt.

Wohin zum ... Ausgehen?

Fast das ganze Jahr über werden in Erice die Gewege früh hochgeklappt, nur im Sommer werden die Straßen bis spätabends von Touristen bevölkert. Ein Event, das Schaulustige aus ganz Sizilien anzieht, ist der **Carnevale** (www.carnevaledivalderice.org). Eine Woche lang gibt es Feuerwerke, Konzerte und Umzüge, bei denen Figuren aus Pappmaschee die Lokalprominenz karikieren. In Selinunte werden von Mitte Juli bis Ende August zwischen den Ruinen der antiken Stätte klassische Tanz-, Musik- und Theaterstücke aufgeführt. In Trapani locken im Juli Opern im Rahmen des **Luglio Musicale Trapanese** (www.lugliomusicale.it) in die Villa Margherita zu einigen Freilichtaufführungen.

Sowohl in Castellammare wie in San Vito finden Sie die üblichen Angebote der Küstenorte vor: die »passeggiata«, einige Bars und am Wochenende Discos. Im September lädt das **Couscous Fest** (www.couscousfest.it) mit unzähligen Couscousvarianten nach San Vito (S. 207). Das wohlhabende Marsala hat eine Handvoll Nachtlokale mit Livemusik und DJs an den Wochenenden zu bieten. Gönnen Sie sich einen Cocktail im **Juparanà** (Piazza Francesco Pizzo 11, Tel. 0932 95 37 58, tägl. 6.30 bis 3 Uhr), im **Divino Rosso** (Largo Di Girolamo 43/V, Tel. 0923 71 17 70, www.divinorosso.it) oder in der stimmungsvollen **Russurisira Wine Lounge** (Via Garibaldi/Antico Mercato di Porta Marina, Tel. 349 6 40 07 73, www.russurisira.it).

Die Enoteca La Sirena Ubriaca führt Sie in die Welt des Marsalas ein – dazu gibt es Antipasti.

Wanderer finden in den Madonien ihr sizilianisches Dorado vor – wer mag, kann die Tour dort verlängern und auf Schusters Rappen die Natur erkunden.

Touren & Ausflüge

Siziliens gebirgiges Gesicht, ein unbekanntes Tal im Südosten und eine der vorgelagerten Inseln lernen Sie auf diesen Ausflügen kennen.

Seite 184–197

Durch die Bergwelt der Madonien

Was?	Die Rundfahrt führt durchs Hinterland von Cefalù, erkundet werden einsame Bergdörfer und -städte in der wunderbaren Landschaft der Madonien.
Wann?	Am schönsten im Frühling oder Herbst. (Achtung: Im Winter können die Straßen vereist oder verschneit sein!)
Länge	135 km
Dauer	Ein Tag, bei geplanten Wanderungen gerne auch länger
Start/Ziel	Cefalù ⊹ 215 D3

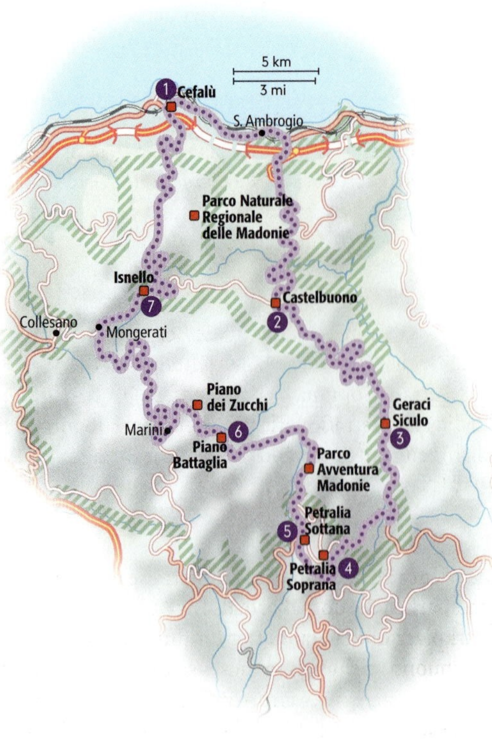

1–2
Starten Sie vom Bahnhof in Cefalù (S. 86) und fahren Sie in Richtung Centro, bis Sie die grünen Schilder in Richtung Autostrada sehen. Zunächst geht es bergauf und Sie entfernen sich von der Küste, bevor es wieder zum Meer bergab geht. Auf der SS113 nach Messina fahren Sie 8 km parallel zur Küste, bis der Parco Naturale Regionale delle Madonie mit einem braunen Schild ausgewiesen ist. Biegen Sie rechts ab und folgen Sie 13 km dem blauen Schild nach Castelbuono. Der attraktive Ort am Fuß des Gebirges bezeichnet sich selbst als Hauptstadt der Madonien. Seine Silhouette wird von der strengen Ventimiglia-Festung dominiert. 1438 erbaut, war sie Sitz des namensgebenden Clans; die kleine barocke Kapelle besitzt ansprechende Stuckarbeiten von Giacomo Serpotta. Auch die wunderbare Kirche Matrice Vecchia aus dem 14. Jh., die einige schöne Fresken aufweist, lohnt eine Besichtigung.

2–3
Sie verlassen die Stadt auf der SS286 und folgen den Schildern nach Geraci Siculo entlang der als Strada dei Castelli bekannten Strecke nach Geraci. Der Aufstieg im Ort mit seinem von Sarazenen erbauten Kastell ist steil, die Aussicht macht die Mühen jedoch allemal wett.

3–4
Nun geht es 5,5 km immer weiter in die Berge bis zur Anschlussstelle Geraci. Hier biegen Sie rechts ab auf die SS120 in Richtung Petralia Soprana (S. 90). Wer den Ort besichtigen will, sollte die Hauptstraße verlassen, den Berg hinauffahren und sein Fahrzeug am Stadtrand parken. Die Straßen im Ort sind steil und eng.

4–5
Kehren Sie wieder zurück auf die Hauptstraße nach Petralia Sottana und parken Sie dort abermals Ihr Auto vor dem Ort, auf dem Parkplatz linker Hand. Der Einfluss der Ventimiglias aus Castelbuono reichte bis in dieses schöne, verschlafene Bergdorf. Im Ort gibt es mehrere Kirchen, unter ihnen die elegante Chiesa Madre in der Nähe des höchsten Punkts.

Impressionen aus den Madonien: Altes Kopfsteinpflaster führt zum Kirchlein Santa Maria di Loreto von Petralia Soprana, kleine verwinkelte Gassen prägen die Altstadt von Castelbuono und Ziegen streifen durchs saftige Grün der Bergwelt.

5–6

Verlassen Sie Petralia Sottana und biegen Sie an der Weggabelung in Richtung Piano Battaglia, Piano dei Zucchi und Collesano ab. Diese Strecke führt Sie immer höher in die Bergwelt und seinen Mischwald, an den Straßenrändern wächst Heidekraut. Nach knapp 5 km gelangen Sie zu einer Attraktion, die vor allem (aber nicht nur) Kinder und Jugendliche begeistern wird: Der Parco Avventura Madonie bietet u. a. Kletterparcours und Bogenschießen an. An anderen Stellen im Park ernten Bauern den erhärteten Saft der Manna-Esche (fraxinus ornus), einen natürlichen Süßstoff, dem verschiedenste Heilwirkungen zugeschrieben werden. Heute interessiert sich die moderne Medizin für seine Inhaltsstoffe.

Ihr Weg führt Sie weiter nach Piano Battaglia, eine der höchsten Siedlungen der Madonien (1865 m) und Zentrum eines winzigen Skigebiets, das auch im Frühling und Sommer seine Reize hat – die frische Höhenluft ist eine willkommene Abwechslung zur Hitze an der Küste. Im Juni verwandeln zudem Wildblumen die Berge in ein Farbenmeer. Auf einer Stippvisite in die Natur begegnen Sie Dutzenden von Arten.

6–7

Folgen Sie der Umgehung rechts um Piano Battaglia und den braunen Schildern nach Piano dei Zucchi, einem weiteren Wintersportzentrum auf rund 1100 m, in dem im Sommer Wanderrouten die herrliche Landschaft erschließen. Folgen Sie der rasch abfallenden Straße nordwärts nach Isnello. Fahren Sie vorsichtig: Es gibt hier viele Wildschweine, die manchmal im Gefolge ihrer Frischlinge die Straße überqueren.

Isnello, nur wenig abseits der Hauptstrecke gelegen, ist einen Abstecher wert. In dem ursprünglichen sizilianischen Bergdorf scheint die Zeit stehen geblieben zu sein. Bei einem Spaziergang durch den Ort bekommen Sie einen Eindruck vom traditionellen Dorfleben Siziliens. Mitunter sind auch junge Frauen im typischen Schwarz gekleidet, während die alten Männer am Brunnen ein Schwätzchen halten.

7–1

Auf der Straße nach Castelbuono biegen Sie etwa 3 km hinter Isnello nach links ab und folgen der steil absteigenden Straße nordwärts. Nach dieser eindrucksvollen kommen Sie wenig später zurück nach Cefalù.

KLEINE PAUSE

Die **Trattoria da Salvatore** in Petralia Soprana ist ein hervorragendes kleines Restaurant, das lokale Spezialitäten serviert. Im Sommer sollten Sie reservieren.

Trattoria da Salvatore (€€): Piazza San Michele 3, Tel. 0921 68 01 69, Di. geschl.

Castello dei Ventimiglia
215 D3 Castelbuono 0921 67 12 11 15. Sept.–14. Mai Di–So 9.30–13 & 15–18.30, 15. Mai–14. Sept. Mo–Fr 9.30 bis 13, 16–19.30, Sa & So 10–13.30 & 16–19.30 Uhr 4 €

Parco Avventura Madonie
215 D2 an der SP54, Petralia Sottana 0917 48 71 86 www.parcoavventuramadonie.it Juli–Mitte Sept. 8.30–18.30 Uhr, sonst meist nur So 2 €, Parcours extra

Fahrt durch die Valle dell'Anapo

Was?	Auf dieser Rundfahrt geht es von Syrakus zur reizenden Barockstadt Palazzolo Acreide. Unterwegs sehen Sie Schluchten, das Hochland, den Ätna und das Meer.
Wann?	Während der Frühjahrsblüte. Im Sommer kann es extrem heiß werden.
Länge	207 km
Dauer	Ein Tag
Start/Ziel	Syrakus ⊕ 221 E3

1–2

Von Syrakus (S. 109) geht es auf der SS124 in Richtung Solarino. Im Nordwesten führt diese zunächst durch das wenig attraktive Floridia. Dahinter öffnet sich im Norden die Sicht auf die hellen Klippen der Monti Climiti. In Solarino folgen Sie der Ortsdurchfahrt bergauf in Richtung Palazzolo Acreide. Für die nächsten 25 km fahren Sie über Felder und durch Olivenhaine – in den höheren Lagen wachsen Johannisbrotbäume. Nach etwa 6,5 km liegt links das wunderschöne Tal Cava Monasterello, während im Norden der Ätna aufragt. Sie fahren erst ins Tal hinunter und auf der anderen Seite wieder hinauf nach Palazzolo Acreide. Die zauberhafte, leicht baufällige Barockstadt auf der Bergkuppe wurde unweit von Akrai errichtet, der ersten Kolonie des antiken Syrakus im Binnenland. Besuchen Sie das Casa-Museo Antonino Uccello & Akrai. Es besitzt die beste Sammlung traditioneller Artefakte und Volkskunst im Osten der Insel. Der Gründer des Museums hat in mehr als 30 Jahren über 5000 Ge-

Ein gut gehütetes Geheimnis in der Umgebung von Syrakus ist die archäologische Stätte von Akrai mit dem kleinen, aber feinen Theater.

genstände gesammelt, die in nachgebauten Zimmern und Bauernstuben präsentiert werden.

Von hier aus erreichen Sie in etwa 20 Minuten zu Fuß die archäologische Zone von Akrai, das von Syrakus im 7. Jh. v. Chr. gegründet wurde. Am besten erhalten ist das Teatro Greco (ca. 300 v. Chr.), dessen vollendeter Halbkreis 600 Zuschauern Platz bot und das heute noch für Aufführungen genutzt wird.

2–3

Sie verlassen den Ort auf der SS124 (Beschilderung nach Caltagirone) und überqueren die Oberläufe des Anapo. Sie

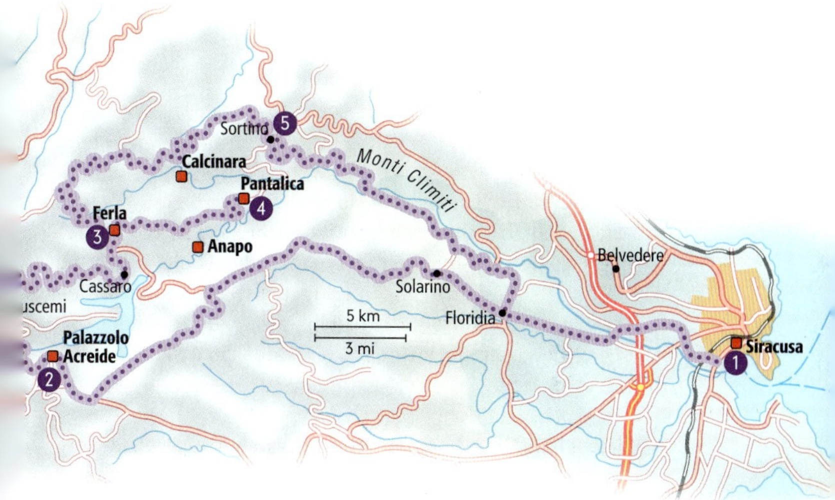

durchqueren den Ort Buscemi und fahren nach 8 km an der Kreuzung von der SS124 ab in Richtung Ferla. Die Straße führt an Kalksteinklippen und Olivenhainen vorbei nach Cassaro (6,5 km). Fahren Sie durch den Ort und folgen Sie der SP10 nach Ferla, das ungefähr auf der Hälfte der Strecke liegt und ein guter Zwischenstopp fürs Mittagessen ist.

3–4

Folgen Sie in Ferla den braunen Schildern bergauf nach Pantalica, einer Nekropole aus der Bronzezeit in den Monti Iblei

In der unberührten Naturlandschaft des Anapo-Tals liegt die Weltkulturerbestätte Pantalica. Hier wie in der ganzen Region wachsen und gedeihen Olivenbäume.

(Hybläischen Berge); die Spuren hier stammen aus dem 13. bis 10. Jh. v. Chr. Parken Sie am Eingang zum Castello del Principe (9,5 km außerhalb Ferlas) und folgen Sie dem Fußweg in die Schlucht des Anapo zu Siziliens größter Totenstadt. Sie können bis zum Flussbett hinuntergehen oder die Gräber einfach von oben aus betrachten; teils in den Kalkstein gehauene und beschilderte Pfade (Trittsicherheit vonnöten) führen zu den Höhlen. In vielen davon fanden sich Siedlungsreste und Skelette der prägriechischen Sikuler, die von ca. 1250 v. Chr. bis zum 8. Jh. v. Chr. hier lebten. Der Anapo und die Calcinara gruben zwei tiefe Schluchten in den Kalkstein der Monti Iblei, die hier mit ihren Weiden und Steineichen verzaubern. Im Frühling säumen wilde Orchideen, Iris, Minze und Kresse das Flussbett. In den oberen Hängen der Schluchten öffnen sich wunderbare Ausblicke, die zu einer Fortsetzung der Wanderung einladen.

4–5

Von der Schlucht aus gibt es derzeit keine Durchfahrtmöglichkeit nach Sortino. Es geht also zunächst wieder zurück nach Ferla und von hier noch ein Stück auf der SP10 weiter Richtung Nordwesten. Nach ca. 5 km biegen Sie rechts auf die SP29 Richtung Sortino ein. Unterwegs können Sie auf der Panoramastrecke einige Blicke auf die Schluchten des Anapo-Tals und die tiefen, vom Wasser geformten Spalten erhaschen. Fahren Sie nach Sortino hinein, das auch als »La Città del Miele« (Stadt des Honigs) bekannt und für sein jährliches Festival Sagra del Miele am ersten Wochenende im Oktober berühmt ist. Zudem lohnt hier das Museo Civico dell'Opera dei Pupi einen Besuch. Es informiert über die Geschichte des traditionellen sizilianischen Marionettentheaters, einer Kunst, deren Wurzeln vermutlich bis in die griechische Zeit zurückreichen. Das wunderbare Museum ist berühmt für seine Sammlung – einige Marionetten sind 1,5 m groß und wiegen über 35 kg! Mit etwas Glück können Sie eine Vorführung sehen. Auf humorvolle und romantische Art werden folkloristische und mythologische Geschichten oder historische Ereignisse wie die Kämpfe Karls des Großen und seiner Ritter gegen die Sarazenen nachgespielt. Sortino besitzt mehrere bezaubernde Kirchen, allen voran die Chiesa Madre aus dem 16. Jahrhundert.

5–1

Verlassen Sie Sortino über die Abzweigung nach rechts und fahren Sie auf die SP28 in Richtung Syrakus. Die Straße folgt dem Lauf des Anapo und überquert ihn mehrfach. Nach 18 km erreichen Sie die SS114, der Sie bis zur Kreuzung mit der SS124 folgen. Von hier gelangen Sie zurück nach Syrakus.

KLEINE PAUSE

Die **Trattoria del Gallo** in Palazzolo Acreide serviert nachmittags Snacks und abends Schweinesülze, Schnecken und Kutteln mit Kartoffeln.

Trattoria del Gallo (€): Via Roma 228, Tel. 0931 88 13 34, Mi geschl.

Casa-Museo Antonino Uccello & Akrai
221 D3 Via Machiavelli 19, Palazzolo Acreide 093188 14 99 Mo–Sa 9–19, So 14–19.30, 1. u. 3. So im Monat 9-13.30 Uhr, archäologische Zone tägl. 8.30-19 Uhr 2 €, archäologische Zone 4 €, Kombiticket 5 €

Necropoli di Pantalica
221 D3 0931 6 74 50 frei

Museo Civico dell'Opera dei Pupi
221 D3 Chiesa del Carmine, Sortino Voranmeldung unter 333 8 92 11 82 oder 333 17 70 523 2 €

Lipari und die Äolischen Inseln

Was?	Insel-Hopping nach Lipari, Vulcano, Panarea, Stromboli, Salina, Filicudi und Alicudi
Wann?	Jederzeit
Länge	Vulcano ist ca. 31 km, Alicudi ca. 98 km von Milazzo entfernt.
Dauer	Rund eine Woche für den Besuch aller Inseln
Start/Ziel	Porto di Milazzo ✢217 E5

Weiß gekalkte Bauernvillen, Blütenmeere von Bleiwurz und Bougainvilleen, Wanderpfade durch duftende Macchia und atemberaubende Fernblicke aufs azurblaue tyrrhenische Meer: Die vulkanischen Äolischen Insel, die seit 2000 zum UNESCO-Weltnaturerbe zählen, bieten spektakuläre Naturerlebnisse und schwarze Badestrände. Gourmets rühmen die Fisch- und Gemüserezepte der »cucina eoliana« mit den Aromen von Kapern und Wildfenchel.

Von Milazzo verkehren täglich zahlreiche Tragflügelboote von Liberty Lines zu den größtenteils autofreien Inseln (Fahrtdauer ca. 1 Std.); seltener sind Verbindungen ab Messina und Autofähren.

Lipari – die äolische Metropole

Wie ein griechisches Inselstädtchen schmiegt sich der Hauptort Lipari mit seinen Flachdächern und bonbonbunt getünchten Fassaden in eine weite, macchiaüberwucherte Bucht. Überragt wird das Ensemble vom mächtigen Burgberg, der schon in der Jungsteinzeit besiedelt war und als Fluchtburg bei Piratenüberfällen diente. Die von Ufercafés

An der hübschen Marina Corta von Lipari warten Ausflugsboote und gemütliche Straßencafés auf Kundschaft.

gesäumte Marina Corta lädt ebenso zum Verweilen ein wie die verwinkelte Altstadt mit ihren Lädchen, die Obsidianschmuck, Segelaccessoires und Mandelgebäck feilbieten.

Einzigartig ist die Sammlung antiker Theatermasken aus Terrakotta im Museo Archeologico Eoliano auf dem Burgberg. Der benachbarte Dom ist dem allgegenwärtigen

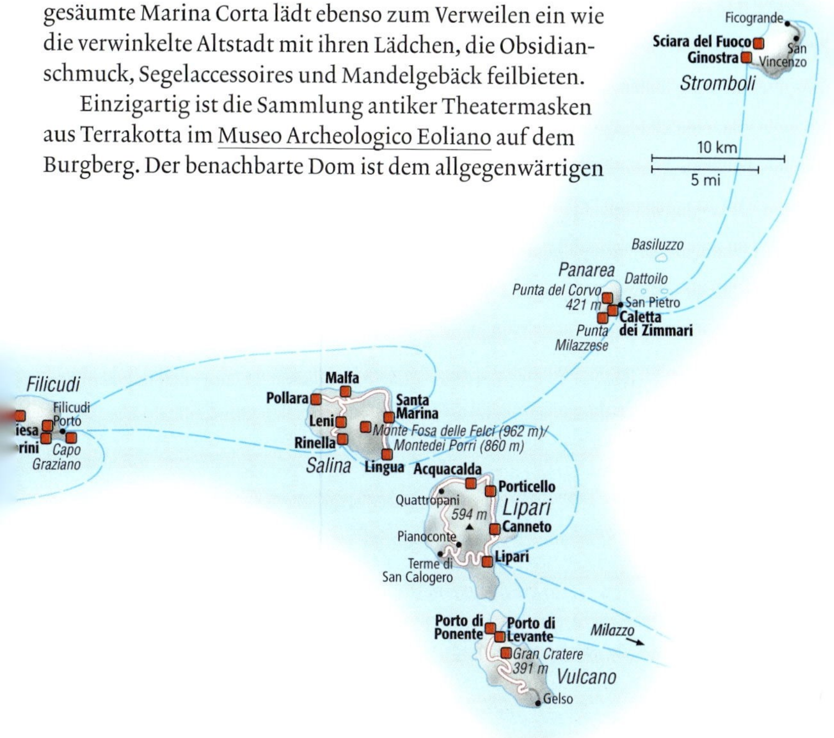

Inselpatron Bartholomäus geweiht und birgt eine silberne Prozessionsstatue des gehäuteten Apostels. Vom Kirchenschiff erreicht man den normannischen Kreuzgang, der aus antiken Säulen zusammengesetzt wurde.

Ein Muss ist eine Inselrundfahrt, z. B. mit den Taxiunternehmern Mirko & Bartolo Villini (Tel. 338 1 96 63 78 oder Tel. 368 67 54 00) mit Stopps bei Bimssteinbrüchen, Obsidianflüssen und traumhaften Fotoblicken auf die Nachbarinseln. Unterwegs passiert man u. a. den lang gestreckten Badeort Canneto und die industriehistorischen Verladekais von Porticello und Acquacalda.

Vulcano – willkommen beim Schwefelgott

Suhlen Sie sich im ebenso heilsamen wie geruchsintensiven Schwefeltümpel der Geoterme wenige Schritte vom Kai ent-

Schatten sollte man bei einer Tour zum Gipfel von Vulcano nicht erwarten, dafür aber eine grenzenlose Aussicht auf Lipari.

fernt oder erklimmen Sie auf Schusters Rappen (auf offensichtlich nur theoretisch gesperrtem Pfad) den Rand des 391 m hohen Gran Cratere mit seinen dampfenden Fumarolen. Charmantere Perspektiven als die gesichtslos modernen Hafendörfer Porto di Levante und Porto di Ponente gewährt eine Inselrundfahrt zu Panoramaterrassen, der ausgezeichneten Inselkäserei und dem Badestrand von Gelso.

Capperi – Salinas grünes Gold

Die eingesalzenen Knospen und Früchte (cucunci) der Kapernbüsche der Insel gelten Gourmets als die feinsten der Welt! Hochgeschätzt wird auch der sherryartige Malvasia-Wein Salinas. Erdbeerbäume, gelb blühender Stechginster und rot geflammte Kapernblüten erfreuen das Auge beim schweißtreibenden Anstieg auf die vulkanischen Zwillingsberge Monte Fossa delle Felci (962 m) und Monte dei Porri (860 m). Als Standquartier bietet sich der schmucke Hafenort Santa Marina an. Der Inselbus tuckert zur einstigen Saline von Lingua, nach Malfa mit Villen und Auswanderermuseum, zum Bergdorf Leni und dem zweiten Fährhafen Rinella.

Dolce Vita a Panarea

Einst Piratennest, heute sommerlicher Hotspot der Mailänder Schickeria. Man gleitet in Elektrotaxis zur Badebucht Caletta dei Zimmari, erkundet die bronzezeitlichen Mauerreste auf dem Plateau der Punta Milazzese, checkt die Boutiquen und isst bei Pina Auberginengnocchi. Alternativen: eine anspruchsvolle Tour zur 421 m hohen Punta del Corvo, Kajakpaddeln oder ein Tauchgang zu den vorgelagerten Inselchen Dattilo oder Basiluzzo.

Feuerspeiendes Stromboli

Als Roberto Rossellini mit Ingrid Bergman 1949 den Film »Stromboli« drehte, waren die wenigen Insulaner noch bettelarm. Heute betreiben sie Boutiquen, Fischrestaurants und Gartenweinbars wie das Pardès, in denen sie nicht nur Tagestouristen vom kalabresischen Tropea bewirten.

Hauptattraktion ist der anstrengende, staubige Aufstieg zum Kraterrand des über 900 m hohen aktiven Vulkans, der nur in Begleitung eines Bergführers gestattet ist. Mit Helmen und Atemschutzmasken werden die Trekkingteilnehmer gegen die gefährlichen Eruptionen und Aschewolken geschützt.

Ein unvergessliches Erlebnis ist eine nächtliche Bootstour zur Nordflanke Strombolis, wo man mit etwas Glück die Lavaglut der Sciara del Fuoco (»Feuerrutsche«) leuchten sieht. Nur per Boot zu erreichen ist das noble Aussteigerdorf Ginostra, das den angeblich kleinsten Hafen der Welt sein Eigen nennt.

Alicudi und Filicudi – Maultiere und Meeresgrotten

1991 kam die Moderne nach Alicudi: Die 130 Einwohner des abgeschiedenen Eilands erhielten elektrisches Licht! Statt Straßen gibt's hier steile Treppen, statt Vespas warten Mulis für den Warentransport am Hafen.

Auf Filicudi lohnt die serpentinenreiche Taxirundfahrt zur Kirche von Vallechiesa und zum Fischerhafen Pecorini sowie der reizvolle Spaziergang zu dem bronzezeitlichen Grabungsfeld auf dem Capo Graziano. Nicht verpassen sollte man eine Bootsfahrt zur spektakulären Grotta del Bue Marino.

Liberty Lines
217 E5 Via Luigi Rizzo, Milazzo Porto ☎ 090 9 22 41 93 www.libertylines.it

Museo Archeologico Eoliano
217 E5 Via Castello 2, Lipari ☎ 0931 6 74 50 Mo–Sa 9–19.30, So 9–13.30 Uhr 6 €

Geoterme
217 E5 Piazza degli Angeli, Vulcano www.geoterme.it 9–17/19 Uhr 3 €/Dusche 1 €

Ristorante da Pina (€€/€€€)
217 E5 Via S. Pietro, Panarea ☎ 090 98 30 32 www.ristorantedapina.com tägl. 12–15 & 20–23 Uhr

Pardès (€€)
217 E5 Via Vittorio Emanuele 81, Stromboli ☎ 377 150 51 94 Mo–Sa 12.30–14.30 & 18.30–22.30

W S AGATA

Praktische Informationen

Was vor der Reise wichtig ist, wie Sie vor Ort gut zurechtkommen und viele Infos mehr erfahren Sie hier.

Seite 198–211

Auf dem traditionellen Fischmarkt in Catania findet sich so manche Delikatesse.

Auskunft

Tourist-Information

Regione Siciliana, Assessorato Turismo, Sport e Spettacolo: ✉ Via Notarbartolo 9, 90141 Palermo ☎ 0917078100 🌐 E-Mail: urp.dipturismo@regione.sicilia.it, www.regione.sicilia.it

Offizielle Website der Region Sizilien

ENIT – Italienische Zentrale für Tourismus in Italien: ✉ Via Marghera 2/6, I-00185 Rom ☎ 06 49711 🌐 E-Mail: presidenza@enit.it, www.enit.it

ENIT in Deutschland: ✉ Barckhausstraße 10, D-60325 Frankfurt am Main ◐ Mo–Fr 9.15–17 Uhr ☎ 069 237434 🌐 www.enit-italia.de

ENIT in Österreich: ✉ Mariahilferstraße 1b/XVI, A-1060 Wien ☎ 015 05 16 39 🌐 www.enit.at ◐ Di, Mi, Do 9–12.30 Uhr

ENIT in der Schweiz c/o Generalkonsulat Italien: ✉ Todistraße 65, CH-8002 Zürich ☎ 044 5 44 07 97 🌐 E-Mail: zurigo@enit.it

Touristenbüros

Palermo Zentrum: ✉ Via Principe di Belmonte 92 ☎ 091 58 51 72 🌐 www.cittametro politana.pa.it/turismo/ ◐ Mo–Do 8–14.30, Do 8–18.30 Uhr, Sa–So geschl.

Flughafen Punta Raisi: Ankunftshalle ◐ Mo bis Fr 8.30–19.30, Sa 8.30–18 Uhr

Catania Zentrum: ✉ Via Etnea 63/65 ☎ 095 4 01 40 70 🌐 http://turismo.provincia.ct.it ◐ Mo–Fr 8.30–17.30 Uhr

Flughafen Vincenzo Bellini: Ankunftshalle ◐ Mo–Fr 9–14, Di, Do auch 14.30–17.30 Uhr

Websites

www.visitsicily.info: Offizielle Seite der Touristeninformation Sizilien mit Tipps und Empfehlungen.

www.siciliainfesta.com: Das Portal informiert über Feste, weitere Veranstaltungen und Termine in der Region.

https://lovesicily.com/blog: Kulinarischer Blog von Katia Amore, die in Modica eine Kochschule betreibt.

www.walksicily.de: Ausführliche Infos sowie Ausflugs- und Wandertipps.

www.addiopizzo.org: Die Antimafia-Bewegung verleiht Unternehmen, die kein Schutzgeld (»pizzo«) zahlen, ein Gütesiegel.

www.addiopizzotravel.it: Für sozial verantwortliche Urlauber. Der Anbieter nennt No-Mafia-Touren und Unterkünfte, deren Betreiber kein »pizzo« zahlen.

Botschaften

Deutsche Botschaft in Rom: ✉ Via San Martino della Battaglia 4, I-00185 Rom ☎ 06 49 21 31 🌐 www.rom.diplo.de

Österreichische Botschaft in Rom: ✉ Via Pergolesi 3, I-00198 Rom ☎ 06 8 44 01 41 🌐 www.bmeia.gv.at/oeb-rom

Schweizerische Botschaft in Rom: ✉ Via Barnaba Oriani 61, I-00197 Rom ☎ 06 80 95 71 🌐 www.eda.admin.ch/roma

Elektrizität

Euro-Flachstecker passen meist. Für andere Stecker gibt es in größeren Supermärkten und Fachgeschäften einen Adapter (»adattatore«). Schweizer sollten Zwischenstecker für die dreipoligen SEV-1011-Stecker mitbringen; Adapter dafür sind schwer zu finden.

Ermäßigungen

Italiens staatliche Museen besuchen Menschen bis 18 Jahre gratis. 18- bis 25-Jährige und Inhaber eines Internationalen Studentenausweises bekommen häufig Rabatt. Am ersten Sonntag im Monat können alle staatlichen Museen gratis besichtigt werden.

Feiertage

1. Januar	Neujahr
6. Januar	Hl. Drei Könige
März/April	Ostersonntag, Ostermontag
25. April	Befreiungstag
1. Mai	Tag der Arbeit
2. Juni	Tag der Republik
15. August	Mariä Himmelfahrt
1. November	Allerheiligen
8. Dezember	Mariä Empfängnis
25. Dezember	Weihnachten
26. Dezember	Stephanstag

Geld

Währung: Italien gehört zur Euro-Zone. Für Schweizer: 1 CHF = ca. 0,86 €, 1 € = ca. 1,16 CHF

Kreditkarten: Banken, Hotels, Restaurants Autovermieter und Einzelhandelsgeschäfte akzeptieren in der Regel die gängigen internationalen Kreditkarten.
Sperrnummern: Unter der Notrufnummer 0049 11 61 16 kann man in Deutschland Bank- und Kreditkarten, Online-Banking-Zugänge, Handykarten und die elektronische Identitätsfunktion des neuen Personalausweises sperren lassen. Österreich: 0043 1 2 04 88 00. Die wichtigsten Nummern für Schweizer: 0041 44 6 59 69 00 (Swisscard), 0041 44 828 31 35 (UBS Card Center), 0041 58 9 58 83 83 (VISECA), 0041 44 8 28 32 81 (PostFinance).

Gesundheit

Krankenversicherung: EU-Bürger und Schweizer mit einer europäischen Krankenversicherungskarte (EHIC) haben in Italien Krankenversicherungsschutz. Der Abschluss einer privaten Reisekrankenversicherung, die z. B. die Kosten für einen Rücktransport übernimmt, ist dennoch empfehlenswert.
Erste-Hilfe-Stelle für Urlauber: Zur Saison betreibt das sizilianische Gesundheitsamt in vielen Ortschaften und Küstengebieten eine ambulante Erste-Hilfe-Stelle für Urlauber. Die »Guardia Medica Turistica« gewährleistet eine 12- bzw. 24-stündige Erreichbarkeit und ist in der Regel von Mitte Juni bis Mitte September geöffnet.

In Kontakt bleiben

Post: Postämter sind in der Regel Mo–Fr 8.20–13.35 und Sa 8.20–12.35 Uhr geöffnet. In größeren Städten haben einige Postämter an Werktagen durchgehend 8.20–19.05 Uhr geöffnet. Das Porto für einen Brief oder eine Ansichtskarte beträgt 1 €.
Telefonieren: Seit 2017 fallen keine Zusatzkosten mehr an, wenn Sie im EU-Ausland mit dem Handy telefonieren. Von Italien aus können Nutzer zu ihren normalen Heimattarifen telefonieren oder Nachrichten verschicken.
WLAN und Internet: Zahlreiche Restaurants, Hotels, B & Bs, Ferienhäuser und -wohnungen bieten WLAN-Zugang (in Italien WiFi). Öffentliche WLAN-Hotspots gibt es in größeren Städten und bisweilen auch in den Ferienorten am Meer.

Notrufe

Polizei (Carabinieri): ☎ 112
Polizei (Polizia): ☎ 113
Feuerwehr (Vigili del Fuoco): ☎ 115
Notarzt (24 Stunden): ☎ 01 47 07 77 77
Kranken- bzw. Rettungswagen (Ambulanza): ☎ 118
Küstenwache (Guardia Costiera): ☎ 15 30
Forstverwaltung (Guardia Forestale): ☎ 15 15
Pannenhilfe des Automobil Clubs ACI: ☎ 80 31 16
Pannen- und Abschleppdienst von Europ Assistance (deutschsprachig): ☎ 80 38 03

Reisedokumente

Obwohl Urlauber aus Deutschland und Österreich den Personalausweis nur noch in Notfällen benötigen, ist es empfehlenswert, gültige Ausweispapiere mitzunehmen. Schweizer benötigen immer einen gültigen Ausweis oder Reisepass. Für Kinder ist unabhängig vom Alter ein eigener Ausweis mitzuführen. Autofahrer sollten außer dem nationalen Führerschein und den Fahrzeugpapieren auch die grüne Versicherungskarte und einen Auslandsschutzbrief dabeihaben.

Reisezeit

Schon Ende Januar, Anfang Februar bezaubert die Insel mit zarten weiß-rosa Mandelblüten. Doch am schönsten zeigt sich das Eiland im Frühling, wenn alles grünt und die Macchia blüht. Der Frühsommer bringt erste Badefreuden: In Mai und Juni sind die Temperaturen sehr angenehm. Wenn im Juli die Hauptsaison beginnt, wird es heiß und voll. In den Sommermonaten bevölkern Tausende Urlauber die Strände, Küstenorte, Städte und Sehenswürdigkeiten. In der brütenden Hitze trocknet die Landschaft aus. Wenn dann noch der Schirokko einsetzt, erstickt dieser heiße Saharawind die Insel oft tagelang. Milder und weniger turbulent wird es im Herbst, wenn wieder kräftigere Lüftchen wehen, es den ersten Regen gibt und das Meer noch warm genug ist zum Baden. An den Küsten herrschen meist laue Temperaturen, Nebelschwaden durchziehen das Inselinnere, in den Bergen fällt der erste Schnee – perfekt für einen Aktivurlaub.

Sicherheit

Über Sizilien und Taschendiebe hört man viel, doch nur wer sie herausfordert, bekommt Probleme. Wer sich unauffällig verhält, auf offener Straße kein Bargeld zückt, keinen auffälligen Schmuck zeigt und seine Tasche verschlossen vor dem Körper trägt, ist selbst im Bus, auf den belebten Plätzen und den quirligen Märkten der Insel sicher.

Zollbestimmungen

Im privaten EU-Reiseverkehr ist die Einfuhr von Waren zum eigenen Verbrauch weitgehend unbegrenzt zulässig. Allerdings gelten obere Richtmengen (z. B. für Reisende über 17 Jahren 800 Zigaretten, 10 l Spirituosen, 90 l Wein). Zollfrei sind auch Mitbringsel bis zu einem Wert von insgesamt 430 € (bei einer Flugreise) bzw. 300 € (Reise mit Pkw, Bus oder Bahn). Zollfrei bei der Wiedereinreise in die Schweiz sind für Personen ab 17 Jahren z. B. 250 Zigaretten, 5 l Wein, 1 l Spirituosen sowie weitere Reisemitbringsel im Wert von bis zu 300 CHF (aktuelle Infos unter www.zoll.de und www.ezv.admin.ch).

ANREISE

Vier internationale Flughäfen – Palermo im Norden, Catania im Osten, Trapani im Westen und Comiso im Süden – bilden die Verkehrsknotenpunkte. Alle werden von zahlreichen Airlines auch nonstop angeflogen. Eurowings, Lufthansa, easyJet und Ryanair fliegen z. B. ab deutschen Flughäfen nach Palermo und Catania. Österreicher und Schweizer fliegen mit Austrian bzw. Swiss Air. Trapani und Comiso sind mit Ryanair ab HHN, NRN und FKB zu erreichen.

Eine Fahrt nach Sizilien dauert mindestens zwei Tage. Man reist durch Italien, bringt mit dem Auto ca. 1500 km hinter sich bzw. braucht mehrere Züge und eine Fähre.

Mit dem Flugzeug

Der Flughafen **Falcone Borsellino** (Aeroporto Internazionale di Palermo; www.gesap.it) liegt ca. 35 km südöstlich des Stadtzentrums. Im Ankunftsbereich gibt es einen Infoschalter; der Informationsdienst ist täglich 6–24 Uhr unter Tel. 091 7 02 02 73 erreichbar.

Der **Airport Vincenzo Bellini** (Aeroporto di Catania-Fontanarossa; www.aeroporto.catania.it) liegt knapp 6 km nördlich der Innenstadt. Der Infoschalter ist täglich 8-24 Uhr unter Tel. 095 34 05 05 zu erreichen.

Der Flughafen in Trapani-Birgi hat sich als Billigflugziel etabliert. Der **Aeroporto Vincenzo Florio** (www.airgest.it) liegt knapp 15 km nördlich des Stadtzentrums. Infos sind unter Tel. 0923 61 01 11 erhältlich.

Der Flughafen **Pio La Torre** (Aeroporto degli Iblei; www.aeroportodicomiso.eu) befindet sich knapp 7 km südlich von Comiso und ca. 25 km südöstlich von Ragusa. Infos gibt es unter Tel. 0932 96 14 67.

Vom Aeroporto Falcone Borsellino kommen Sie mit dem **Mietwagen**, **Bus** (ca. 5–24 Uhr im 30-Minuten-Takt; www.prestiaecomande.it) oder **Taxi** in die Innenstadt. Eine **Zugverbindung** gibt es, wegen Bauarbeiten an der Bahntrasse ist sie jedoch derzeit nicht nutzbar (es ist geplant, sie 2019 wieder in Betrieb zu nehmen; www.trenitalia.it). Wer unabhängig und flexibel reisen möchte, nimmt einen Mietwagen. Die Büros namhafter Autovermieter finden Sie in der Ankunftshalle. Über einen Zubringer gelangen Sie vom Flughafen direkt auf die Autostrada A29/E90 Richtung Palermo. Eine Fahrt mit dem Bus zu Palermos Hauptbahnhof dauert ca. 50 Minuten und kostet 6,30 €; Tickets gibt es online, beim Busfahrer oder beim Ticketschalter am Flughafen. Autolinee Sal (Mo–Sa 3- bis 4-mal tägl.; www.autolineesal.it/) fährt in etwa 2 Stunden und 40 Minuten nach Agrigento (Ticket ca. 13 € beim Busfahrer). Schneller, aber teurer ist ein Taxi (Coop. Trinacria, Tel. 091 22 54 55, Coop. Autoradio Taxi, Tel. 091 51 33 11). Eine Fahrt bis ins Zentrum dauert etwa 30–50 Min. und kostet ca. 45 €. Wenn Sie kleinere Umwege in Kauf nehmen, wird es günstiger (8 €/Person). Beim »Taxi-Sharing« teilen sich vier Kunden ein Taxi. Allerdings wird dieser Tarif nur angewendet, wenn tatsächlich vier Personen zusteigen. Wenn sie denn fahren, sind Züge günstiger (Trinacria Express, Tel. 89 20 21; Fahrkartenschalter: Tel. 199 16 61 77; Flughafenbüro Tel. 091 7 04 40 07; www.trenitalia.it).

Unabhängig von Bus und Taxi kommen Sie mit dem Mietwagen vom Aeroporto di Catania-Fontanarossa nach Catania und über die A19 in Richtung Westen sowie über die A18 in Richtung Norden. Alle namhaften Vermieter sind im Flughafen vertreten – einige Schalter befinden sich jedoch in einem Gebäude gegenüber der Ankunftshalle. Vor dem Flughafenterminal steht der Catania-Airport-Shuttle-Bus »Alibus« (ca. 5–24 Uhr im 25-Minuten-Takt; www.amt.ct.it; Tel. 800 01 86 96), der Sie für 4 € in 20 Minuten ins Stadtzentrum fährt. Weitere Busse fahren Städte auf ganz Sizilien an (www.aziendasicilianatrasporti.it, www.etnatrasporti.it, www.giuntabus.com, www.interbus.it, www.saistrasporti.it, www.saisautolinee.it). Die Taxi-Standplätze befinden sich vor dem Flughafengebäude. Eine Fahrt ins Zentrum dauert etwa 20 Minuten. Vier Personen zahlen etwa 25 € zuzüglich Gepäck.

Vom Flughafen in Trapani-Birgi gelangen Sie für 4,90 € mit dem Bus der AST (Azienda Siciliana Trasporti S. p. A.; www.astsicilia.it) in 45 Minuten vom Airport zum Hafen. Etwas fixer geht die Fahrt ins Stadtzentrum mit dem Taxi (fester Tarif 30 €).

Wer vom Aeroporto degli Iblei nach Comiso oder weiter als in das Städtchen möchte, kann einen der Airport-Shuttle (www.sicilyshuttle.com, http://comisoairportshuttle.it) in Anspruch nehmen, die vom Flughafen in Richtung Provincia di Ragusa und Val di Noto fahren. Ein Ticket nach Comiso kostet ca. 15, nach Ragusa ca. 35 €.

Mit der Bahn

Es gibt keine Direktzüge, und die Anreise aus Deutschland oder der Schweiz mit Umsteigen in Mailand oder Rom dauert etwa 20 Stunden. Wenn Sie in München in den Nachtzug steigen, sind Sie am nächsten Morgen in Rom. Mit dem Anschlusszug geht es meist an der Küste entlang durch Kampanien und Kalabrien bis an die Meerenge von Messina. Hier nimmt die Fähre den Zug mit übers Meer. Die Überfahrt dauert ca. 1 Stunde. Von Messina können Sie mit dem Zug nach Catania (Stazione Centrale, Piazza Giovanni XXIII, Tel. 89 20 21) oder Palermo (Stazione Centrale, Piazza Giulio Césare, Tel. 89 20 21) reisen. Vor beiden Bahnhöfen finden Sie Taxis und Bushaltestellen.

Deutsche Bahn: Tel. 0800 150 70 90 (Fahrplanauskunft); Tel. 0180 6 99 66 33 (Buchung); www.bahn.de

Trenitalia: vom Ausland Tel. 06 68 47 54 75 (Auskunft tägl. 7–23.59 Uhr); Buchung auf www.trenitalia.com

Mit dem Auto

Die Fahrt dauert lange (ca. 1700 km von München über den Brenner durch Italien bis Palermo) und ist wegen der italienischen Autobahnmaut teuer. Eine Alternative sind die Autofähren der Tirrenia, Grandi Navi Veloci (GNV) und Grimaldi Lines, die ab Genua, Livorno, Neapel oder Civitavecchia (Rom) nach Palermo übersetzen. Wenn Sie dennoch die Landroute wählen, können Sie die Straße von Messina mit der Fähre ab Villa San Giovanni oder mit dem Tragflügelboot bzw. der Fähre ab Reggio di Calabria (ca. 30 Min.) überqueren. Folgen Sie der Beschilderung »Traghetti«. Die Fähren legen ein- bis zweimal pro Stunde ab. Reservierungen sind nicht erforderlich. Fahrscheine gibt es am Hafenkiosk. Im Hochsommer ist allerdings mit längeren Wartezeiten zu rechnen.

Die bekannten internationalen Autovermietungen sind auch auf Sizilien vertreten. Man findet sie an den Flughäfen und in den Städten. Da man vor Ort nur selten günstigere Preise als bei Vorausbuchung erhält und es manchmal Fahrzeugengpässe gibt, lohnt sich die Buchung von zu Hause. Eine Hilfe sind Portale wie www.billiger-mietwagen.de, www.sunnycars.de, www.autoeurope.de oder www.cardelmar.com.

UNTERWEGS AUF SIZILIEN

Mit dem Auto/Mietwagen

Für alle, die es unabhängig lieben und auf dem Weg unerwartet schöne Flecken entdecken möchten, ist ein eigenes Auto ideal. Ein gut ausgebautes Autobahnnetz (Messina–Catania (A18), Catania–Syrakus, Catania–Palermo (A19), Palermo–Trapani/Mazara del Vallo (A29), Syrakus–Gela und Messina–Palermo (A20); die Abschnitte von Messina nach Catania bzw. nach Palermo sind gebührenpflichtig) sorgt für schnelle Ankunft. Tolle Ausblicke genießt man von den gewundenen Küsten- und Gebirgsstraßen. Hier zu fahren, kostet mehr Zeit, und die Straßen sind nicht immer im besten Zustand.

Sizilianer kommunizieren über Aufblenden und Hupen und fahren flott, doch meistens rücksichtsvoll. Die Geschwindigkeitsbegrenzung beträgt in geschlossenen Orten 50 km/h, 110 km/h bzw. 90 km/h auf Landstraßen und 130 km/h auf Autobahnen. Außerhalb geschlossener Ortschaften muss das Abblendlicht stets eingeschaltet sein.

Es gilt Gurtpflicht, die Alkoholgrenze liegt bei 0,5 ‰. Autofahrer müssen einen gültigen Führerschein, Autopapiere und ihren Ausweis mit sich führen und auf Verlangen der Polizei vorzeigen; nicht zwingend vorgeschrieben, aber im Fall eines Unfalls nützlich ist die Grüne Versicherungskarte. Ebenfalls dabei sein müssen ein Warndreieck, das bei Mietwagen zur Ausstattung gehört, und eine Warnweste (im Fahrerraum!). Bei einer Panne muss die Warnblinkanlage angeschaltet, die Warnweste angelegt und das Warndreieck 50 m hinter dem Fahrzeug aufgestellt werden. Beim ACI (Automobile Club d'Italia, Tel. 116) können Sie kostenpflichtig Hilfe anfordern.

Da die sizilianischen Ortschaften mit ihren engen Straßen nicht für große Geländelimousinen konzipiert wurden und das Zentrum vieler Touristenorte für den Autoverkehr gesperrt ist, sollte man rechtzeitig nach Parkplätzen Ausschau halten.

Mit dem Bus

Busse fahren in jeden Ort auf Sizilien. Die oft klimatisierten Fahrzeuge (»autobus« oder »pullman«) sind zuverlässig, bequem und relativ günstig. Vor allem für Fahrten aufs Land und in kleine Dörfer sind sie ideal. Doch eine Reise per Überlandbus über die Insel will gut geplant sein, da der Betrieb sonntags eingeschränkt oder gar komplett eingestellt wird. Außerdem sind die Fahrpläne für abgelegene Strecken auf Schul- und Marktzeiten abgestimmt, daher verkehren die Busse sehr früh. Tickets gibt es im Bus oder an den Schaltern der Busunternehmen.

Stadtbusse sind preiswert und fahren häufig. Sie können die Fahrscheine vorher im Tabacchi oder am Kiosk kaufen und im Bus abstempeln. Fahrpläne finden Sie im Internet, in den Büros der Verkehrsbetriebe, an den Bushaltestellen (»fermata dell'autobus«, »stazione dell'autobus«) oder im Bus.

Inselweit gibt es mehrere Busunternehmen, zu den größten gehören die Azienda Siciliana Trasporti (AST; www.aziendasicilianatrasporti.it), Autoservizi Cuffaro (www.cuffaro.info), Giuntabus (https://giuntabus.com), Interbus (www.interbus.it) und SAIAS Trasporti (http://www.saistrasporti.it).

Mit dem Zug

Teile Siziliens lassen sich mit dem Zug erkunden. Alle größeren Städte sind an die italienische Bahn (Trenitalia; www.trenitalia.com) angebunden. Generell ist das Schienennetz im Osten der Insel besser ausgebaut als im Westen. Quer über die Insel führt nur eine Trasse von Catania über Enna nach Palermo.

Es gibt fünf Zugtypen: Intercity (zzgl. 30 % zum normalen Fahrpreis, Reservierung zwingend erforderlich), Diretto, Espresso und Interregionale (Fernschnellzüge, die nur an größeren Bahnhöfen halten) sowie Regionale (langsame Züge, die an jeder Station halten). Vor allem im Sommer ist es ratsam, Bahnfahrten auf den Hauptstrecken vorab zu reservieren (online oder am Bahnhof; auf einigen Strecken verbindlich). Zugtickets gibt es am Schalter, in Palermo, Catania und Messina auch an den Automaten von Trenitalia. Die Fahrkarte muss vor Fahrtantritt entwertet werden, dafür gibt es einen weiteren Automaten! Tipp: Den Ätna sehen Sie auf der Fahrt mit der Circumetnea (www.circumetnea.it). Die private Bahngesellschaft betreibt eine 114 km lange Strecke rund um den Vulkan.

ÜBERNACHTEN

Das Angebot an Unterkünften auf Sizilien hat für jeden Geschmack und Geldbeutel etwas zu bieten. Während in der Nebensaison viele

Hotels kurzfristig buchbar sind, ist es ratsam, für den Sommer und für Reisen ins Inselinnere, wo es weniger Unterkünfte gibt, im Voraus zu buchen – zumindest für die Orte, die Sie auf jeden Fall besuchen möchten und wenn Sie nur kurz bleiben.

Preise für ein Doppelzimmer pro Nacht (ohne Frühstück):

€	unter 130 Euro
€€	130–230 Euro
€€€	über 230 Euro

Hotels

Die sizilianischen Hotels sind in fünf Kategorien klassifiziert, vom Fünf-Sterne-Haus der Luxusklasse bis zur einfachen Pension mit einem Stern. Viele Fünf- und Vier-Sterne-Häuser sind in historischen Gebäuden untergebracht. Drei-Sterne-Hotels bieten meist viel Ambiente; Ein- bis Zwei-Sterne-Hotels sind meist sauber und sicher.

Bed & Breakfast und Gästezimmer

Bed & Breakfast und Gästezimmer in einfachen, sauberen und gepflegten Privathäusern werden immer öfter angeboten; oft verfügen sie sogar über einen Pool und anderen Extras. Viele werden von Ausländern geführt, die auf die Bedürfnisse nicht-italienischer Gäste eingestellt sind. Kommen Sie ohne Reservierung, hilft Ihnen die Tourist-Information weiter. Wer lieber im Voraus bucht, findet auf www.bed-and-breakfast-sicilia.it eine Auswahl an Unterkünften. Die Preise hängen von Lage und Ausstattung ab.

Agriturismo

Agriturismo, d. h. Unterkünfte auf bewirtschafteten Bauern- und Gutshöfen, ist Trend in Italien. Die meisten Anlagen, deren Besitzer oft nur Italienisch sprechen, liegen so abseits, dass sie nur mit dem Auto erreichbar sind. Manche legen zudem einen Mindestaufenthalt von drei Nächten fest. Eine breite Auswahl gibt es unter www.agrituristsicilia.it oder www.agriturismo-sicilia.it.

Selbstversorger

Selbstversorger sind gut mit »agriturismi«, Ferienwohnungen in Badeorten oder gehobenen Villen beraten, die meist im Voraus gebucht werden. Private Angebote finden Sie z. B. unter www.fewo-direkt.de und www.traum-ferienwohnungen.de.

Campingplätze

Auf Sizilien gibt es etwa 100 gut ausgestattete Campingplätze in Küstennähe, jedoch wenige im Inselinneren. Für Juli und August muss man vorab buchen. In der Nebensaison sind viele noch nicht geöffnet oder schon geschlossen. Infos erhalten Sie bei der örtlichen Tourist-Information, unter www.camping.it oder im Campingführer des Touring Club Italiano (»Campeggi e villaggi turistici«, im Buchhandel, www.touringclub.it).

Rifugi

Am Ätna, in den Madonien und den Monti Nebrodi ist es möglich, in bewohnten Berghütten (»rifugi«) zu übernachten, das sind einfache, aber oft bewirtschaftete Unterkünfte in hinreißender Umgebung. Näheres erfahren Sie bei der Tourist-Information oder beim Club Alpino Siciliano (www.clubalpinosiciliano.it), der die »rifugi« unterhält.

ESSEN UND TRINKEN

In der lokalen Küche (S. 22) mit ihren griechischen, arabischen und normannischen Einflüssen spiegelt sich die Inselgeschichte wider. Viele Spezialitäten haben intensive Aromen und sind würziger, schärfer oder süßer als im übrigen Italien. Die Grundnahrungsmittel sind Brot, Pasta, Fisch und Gemüse. Dazu gibt es jede Menge köstliche Süßigkeiten und Gebäck.

Preise für ein Drei-Gänge-Menü mit Wein:

€	unter 20 Euro
€€	20–35 Euro
€€€	über 35 Euro

Ein erstes oder zweites **Frühstück** (»colazione«) bekommt man in einer Bar oder Pasticceria (Konditorei): mit einer Tasse Espresso oder Cappuccino und einem Cannolo (mit Ricotta gefülltem Gebäck), Cornetto (Croissant) oder einer Brioche (Milchbrötchen), gefüllt mit Marmelade, Eis oder Granita. Sie können sich setzen und sich am Tisch bedienen lassen oder das Frühstück am Tresen zu sich nehmen.

Wenn Sie zur Mittagszeit (»pranzo«; 13 bis 15 Uhr) oder abends (»cena«; 19.30/20 bis 22/23 Uhr) die typisch sizilianische Küche kennenlernen möchten, besuchen Sie die unzähligen Restaurants und Trattorien. Schon zu **Mittag**, doch erst recht am **Abend** ist es Zeit für die großartigen mehrgängigen Mahlzeiten, bei denen traditionell »antipasti« (Vorspeisen), ein »primo« (erster Gang, normalerweise Suppe oder Pasta, Reis oder Couscous) und ein »secondo« (Hauptspeise, Fleisch oder Fisch) mit »contorno« (Beilagen), bestehend aus Gemüse (»verdura«) oder Salat (»insalata«) auf den Tisch kommen. Frisches Obst (»frutta«), feinste Eiscreme (»gelato«) oder eine einfache Tarte (»crostata«) bilden den perfekten Abschluss. Auch die **sizilianischen Weine**, die flaschenweise oder offen in der Karaffe (»sfuso« oder »vino locale«) bestellt werden können, sollten Sie probieren. Aus den regionalen Rebsorten Nero d'Avola, Grecanico und Pignatello werden moderne Weine gekeltert. Beachtenswert sind Rebsäfte der Güter Corvo und Regaleali sowie die Lagen Alcamo, Cerasuolo, Etna und Mamertino (Rot- und Weißweine). Zum Dessert sollten Sie sich einen süßen Marsala, Moscato oder Passito gönnen und zum Schluss einen Averna. Und wenn nach dem Essen die Rechnung kommt, machen Sie mit 10 % **Trinkgeld** (»mancia«) als Dank für einen guten Service nichts falsch.

Wer nur eine Kleinigkeit essen möchte, ist in einer **Tavola Calda, Rosticceria, Gastronomia** oder **Bar** richtig. Hier gibt es Warmes und Kaltes, Salate und Sizilianisches »to go«. Die Klassiker heißen »arancini« (wörtlich: Orangen – frittierte Reisbällchen mit pikanter Füllung), »sfincione« (Pizza mit Zwiebeln und Sardellen), »panelle« (Hühnchen-Kichererbsen-Bratlinge) oder »tramezzini« (Sandwiches aus Toast).

Das Mittagessen kann aber auch durch zwei Kugeln Milchspeiseeis – am besten aus hauseigener Produktion (»produzione propria«) – oder eine erfrischende Granita (ähnlich einem Sorbet) ersetzt werden. Oder man lässt sich auf einem der Märkte Snacks schmecken, die man so kaum auf den Speisekarten der Restaurants findet.

EINKAUFEN

Bunte Märkte, Souvenirläden, urige Geschäfte, noble Boutiquen – auf Sizilien gibt es zig Möglichkeiten, die italienische Leidenschaft für »alta moda« (Haute Couture), Lederwaren und Schuhe, regionale Lebensmittel und Getränke zu teilen. Die besten Einkaufsmöglichkeiten finden Sie in Palermo, wo es eine mit Städten des italienischen Festlands vergleichbare Auswahl an Geschäften gibt, ferner in der Modemetropole Catania, in Taormina und in Cefalù an der Nordküste. In Sachen Lebensmittel hat jeder Ort seine eigenen Spezialitäten.

Wer sich bei Armani, Dolce & Gabbana und Furla schicke Kleidchen oder Taschen in elegante Einkaufstüten packen lassen will, braucht nicht unbedingt eine gut gefüllte Reisekasse, denn das **Sicilia Outlet Village** (www.siciliaoutletvillage.com) im Herzen der Insel (A19 Palermo-Catania, Ausfahrt Dittaino-Outlet) lockt mit Designer-Schnäppchen. Auch Palermo, Catania und Taormina haben viele Modeläden.

Sehr lebendig geht es auf den Märkten von Palermo, Catania, Syrakus und vielen Küstenorten zu. Selbst die kleinsten Dörfer haben einen Wochenmarkt, auf dem es alles Mögliche von Früchten und Gemüse bis hin zu Töpferwaren, Haushaltsartikeln und Kleidung gibt (meist 7–13 Uhr). Sie dürfen bloß nicht erwarten, dass die Ware ewig hält. Im Landesinneren werden Obst und Gemüse oft am Straßenrand verkauft.

Wer stilvolle Souvenirs sucht, sollte in Sciacca, Caltagirone und Santo Stefano di Camastra nach **Töpfer- und Keramikwaren** Ausschau halten. Dort gibt es ein riesiges Angebot zu meist fairen Preisen. Traditionelle **Teppiche** (»frazzata«) gibt es in Erice, während Giardini-Naxos für seine **Kunstschmiedearbeiten** berühmt ist. Schöne **handgemachte Marionetten** erwerben Sie am besten direkt im Puppentheater. Sizilianische **Lebensmittel** wie die Frutta alla Martorana (Früchte aus Marzipan), handgemachte Pasta, Kapern, »bottarga« (Thunfischrogen), Pinienkerne oder Marsala gibt es in den Spezialitätengeschäften oder auf dem Markt. Empfehlenswert ist auch das hochwertige Olivenöl der Insel.

Öffnungszeiten

Im Allgemeinen haben kleinere Geschäfte Montag bis Samstag ab ca. 9.30 oder 10 Uhr (Lebensmittelgeschäfte ab 8 Uhr) geöffnet. Sie schließen zwischen 13 und 16/17 Uhr und sind danach bis 19.30 oder 20 Uhr geöffnet. Viele Geschäfte, die keine Lebensmittel verkaufen, sind montagvormittags geschlossen. In den Touristenorten haben viele Souvenirshops und Läden auch sonn- und feiertags geöffnet. Märkte sind meist von 7 bis 13 Uhr geöffnet, die großen Märkte in Palermo den ganzen Tag (doch die beste Zeit für einen Einkauf ist der Vormittag). Apotheken unterhalten einen Notdienst. Adressen und Öffnungszeiten finden Sie im Schaufenster.

AUSGEHEN

Ein Opernabend, Theater, bunte Straßenumzüge, kulinarische Feste und religiöse Rituale: Auf Sizilien ist immer etwas los.

Feste und Veranstaltungen

Auf Sizilien wird viel gefeiert. Zum Programm gehören Umzüge, Musik und Tanz, Speis und Trank und oft auch Feuerwerk. Im Sommer werden Pilgerwanderungen, Fischfang- und Erntedankfeste, Mittelalterspektakel und Tanzfestivals sowie Marionettentheater geboten. Typisch sind die »sagre« (kulinarische Feste), auf denen Sie lokale Spezialitäten kosten können. Die Termine dieser Feste erfragen Sie in den Tourismusbüros vor Ort.

Fest der Santa Agata: Rund 1 Mio. Menschen besuchen vom 3. bis zum 5. Februar das Fest der hl. Agatha in Catania.

Karneval (»carnevale«): Der Beginn der Fastenzeit wird auf ganz Sizilien gefeiert, besonders prächtig u. a. in Sciacca.

Sagra del Mandorlo: Das einwöchige Mandelblütenfest in Fiore (Feb./März) bietet ein buntes Programm und Festbankette.

Osterprozessionen: Besonders beeindruckend sind die Misteri di Trapani, das Festival Processione della Settimana Santa in Enna und der ostersonntägliche Aballu de li Diavoli (Tanz der Teufel) in Prizzi.

Infiorata: Anlässlich des Blumenfestivals von Noto am dritten Sonntag im Mai verwandelt sich das Städtchen in ein Meer aus Blüten.

Palio dei Normanni: In der zweiten Augustwoche feiert Piazza Armerina die Ankunft Rogers I. (1031–1101). Das Fest gipfelt im Palio, einem spektakulären »Ritterturnier«.

Couscous Festival: In San Vito lo Capo wetteifern im September Küchenchefs um den Titel des besten Couscous-Kochs im Mittelmeerraum.

Kultur

Das ganze Jahr pulsiert in Palermo und Catania das Kulturleben. Am schönsten aber sind die Sommerfestivals – die Open-Air-Konzerte oder Aufführungen in einem der griechischen Theater. Die wichtigsten Feste sind das Zanne Festival in Catania, das Taormina Arte mit Musik, Tanz und Theater im Teatro Greco und das Horcynus Festival in Messina. In Agrigento werden Stücke von Pirandello aufgeführt, beim Festival Orestiadi di Gibellina antikes und modernes Theater. Die örtliche Tourist-Information hilft beim Kartenkauf.

Nachtleben

Nightlife-Locations bieten größere Städte und Urlaubsorte. Allerdings können Siziliens Club-Nächte nicht mit denen anderer mediterraner Reiseziele mithalten. Bei den Sommerfestivals spielen oft nur einheimische Bands. Am besten feiert man in Palermo, Catania, Taormina und Cefalù (Infos bei der Tourist-Information, auf www.tuttocitta.it oder im »Giornale di Sicilia«, http://gds.it).

Sport und Freizeitaktivitäten

Die Ferienorte und Hotels an der Küste bieten Pools und Tennisplätze. Das Meer lädt zum Baden, Tauchen, Segeln, Wind- und Kitesurfen ein. Wanderer werden rund um den Ätna und in den Madonien glücklich. Am Fuß der Berge liegen auch die wichtigsten Golfplätze. Ausflugsziele sind die Naturschutzgebiete an der Küste von Scopello und Capo San Vito. Im Winter können Sie am Ätna und in den Madonien Ski fahren.

SPRACHE

Immer zu gebrauchen

Ja/Nein	**sì/no**
Bitte	**per favore**
Danke	**grazie**
Keine Ursache/bitte	**di niente/prego**
Entschuldigung	**mi dispiace**
Auf Wiedersehen	**arrivederci**
Guten Morgen	**buongiorno**
Gute Abend	**buona sera**
Wie geht es Ihnen?	**Come sta?**
Wie viel kostet das?	**Quanto costa?**
Ich hätte gern ...	**Vorrei ...**
Offen	**aperto**
Geschlossen	**chiuso**
Heute	**oggi**
Morgen	**domani**
Montag	**lunedì**
Dienstag	**martedì**
Mittwoch	**mercoledì**
Donnerstag	**giovedì**
Freitag	**venerdì**
Samstag	**sabato**
Sonntag	**domenica**

Nach dem Weg fragen

Ich hab mich verlaufen	**Mi sono perso/a**
Wo ist ...?	**Dove si trova ...?**
... der Bahnhof	**... la stazione**
... das Telefon	**... il telefono**
... die Bank	**... la banca**
... die Toilette	**... il gabinetto, il bagno**
Biegen Sie links ab	**volti a sinistra**
Biegen Sie rechts ab	**volti a destra**
Gehen Sie geradeaus	**vada dritto**
An der Ecke	**all'angolo**
die Straße	**la strada**
das Gebäude	**l'edificio**
die Ampel	**il semaforo**
die Kreuzung	**l'incrocio**
der Wegweiser nach ...	**l'indicazione per ...**

Im Notfall

Hilfe!	**Aiuto!**
Könnten Sie mir bitte helfen?	**Mi potrebbe aiutare?**
Sprechen Sie Englisch/Deutsch?	**Parla inglese/tedesco?**
Ich verstehe nicht	**Non capisco**
Rufen Sie mir bitte schnell einen Arzt	**Mi chiami presto un medico, per favore**

Im Restaurant

Ich möchte einen Tisch reservieren	**Vorrei prenotare un tavolo**
Einen Tisch für zwei Personen, bitte	**Un tavolo per due persone, per favore**
Bringen Sie uns bitte die Speisekarte	**Ci porta la lista, per favore**
Was ist das?	**Cosa è questo?**
Eine Flasche/ein Glas ...	**una bottiglia di/un bicchiere di ...**
Die Rechnung, bitte	**Il conto, per favore**

Übernachten

Haben Sie ein Einzel-/Doppelzimmer?	**Ha una camera singola/doppia?**
mit/ohne Badewanne/Toilette/Dusche	**con/senza vasca/gabinetto/doccia**
Ist das Frühstück im Preis enthalten?	**È inclusa la prima colazione?**
Ist das Abendessen im Preis enthalten?	**È inclusa la cena?**
Gibt es einen Zimmerservice?	**C'è il servizio in camera?**
Kann man das Zimmer sehen?	**È possibile vedere la camera?**
Ich nehme dieses	**Prendo questa**
Danke für Ihre Gastfreundschaft	**Grazie per l'ospitalità**

Zahlen

0	**zero**
1	**uno**
2	**due**
3	**tre**
4	**quattro**
5	**cinque**
6	**sei**
7	**sette**
8	**otto**
9	**nove**
10	**dieci**
11	**undici**
12	**dodici**
13	**tredici**
14	**quattordici**
15	**quindici**

16	**sedici**
17	**diciassette**
18	**diciotto**
19	**diciannove**
20	**venti**
21	**ventuno**
22	**ventidue**
30	**trenta**
40	**quaranta**
50	**cinquanta**
60	**sessanta**
70	**settanta**
80	**ottanta**
90	**novanta**
100	**cento**
101	**cento uno**
110	**centodieci**
120	**centoventi**
200	**duecento**
300	**trecento**
400	**quattrocento**
500	**cinquecento**
600	**seicento**
700	**settecento**
800	**ottocento**
900	**novecento**
1000	**mille**
2000	**duemila**
10 000	**diecimila**

Speisekarte A–Z

acciughe	Sardellen
acqua	Wasser
affettati	geräucherte Wurstscheiben
affumicato	geräuchert
aglio	Knoblauch
agnello	Lamm
anatra	Ente
antipasti	Vorspeisen
arista	Schweinebraten
arrosto	Braten
asparago	Spargel
birra	Bier
bistecca	Steak
bollito	Suppenfleisch
braciola	Schnitzel, Steak
brasato	geschmort, Schmorbraten
brodo	Brühe
bruschetta	geröstetes Knoblauchbrot (oft mit Tomaten)
budino	Pudding
burro	Butter
cacciagione	Wildbret
cacciatora, alla	nach Jägerart
caffè corretto	Espresso mit Likör
caffè freddo	Eiskaffee
caffè latte	Milchkaffee
caffè lungo	schwacher Kaffee
caffè macchiato	Espresso mit etwas Milch
caffè ristretto	starker Kaffee
calamari	Tintenfisch
capperi	Kapern
carciofo	Artischocke
carne	Fleisch
carota	Möhre, Karotte
carpa	Karpfen
casalingo	hausgemacht
cassata	sizilianische Eisbombe mit Fruchtstückchen
cavolfiore	Blumenkohl
cavolo	Kohl
ceci	Kichererbsen
cervello	Hirn
cervo	Hirsch
cetriolino	Essiggurke
cetriolo	Gurke
cicoria	Chicorée
cinghiale	Wildschwein
cioccolata	Schokolade
cipolla	Zwiebel
coda di bue	Ochsenschwanz
coniglio	Kaninchen
contorni	Beilagen, Gemüse
coperto	Gedeck
cornetto	Hörnchen, Croissant
coscia	Schenkel, Keule
cotoletta	Kotelett, Schnitzel
cozze	Miesmuscheln
crema	Sahne, Creme, Cremesuppe
crostini	geröstete Weißbrotscheiben mit pikantem Belag
crudo	roh
digestivo	Digestif
dolci	Kuchen, Süßspeisen
erbe aromatiche	Kräuter

fagioli	Bohnen
fagiolini	kleine grüne Bohnen
faraona	Perlhuhn
farcito	gefüllt
fegato	Leber
finocchio	Fenchel
formaggio	Käse
forno, al	überbacken, gebacken
frittata	Omelett
fritto	frittiert, gebacken
frizzante	kohlensäurehaltig
frullato	geschlagen, gequirlt
frutta	Obst
frutti di mare	Meeresfrüchte
funghi	Pilze
gamberetti	Shrimps, Garnelen
gelato	Eiscreme, Speiseeis
ghiaccio	Eis (gefrorenes Wasser)
gnocchi	Kartoffel-, Teigklößchen
granchio	Krabbe
gran(o)turco	Mais
griglia, alla	gegrillt
imbottito	gefüllt
insalata	Salat
IVA	Mehrwertsteuer
latte	Milch
lepre	Hase
lumache	Schnecken
manzo	Rindfleisch
merluzzo	Kabeljau
miele	Honig
minestra	Suppe
molluschi	Weichtiere
olio	Öl
oliva	Olive
ostrica	Auster
pancetta	Bauchspeck
pane	Brot
panna	Sahne, Rahm
parmigiano	Parmesankäse
passata	Püree, Mus
pastasciutta	Nudelgerichte
pasta sfoglia	Windbeutel
patate fritte	Pommes frites, Röstkartoffeln
patatine fritte	Pommes frites

pecora	Schaf
pecorino	Schafskäse
peperoncino	Chilischote, Peperoni
peperone	Paprikaschote
pesce	Fisch
petto	Brust
piccione	Taube
piselli	Erbsen
pollame	Geflügel
pollo	Hähnchen, Huhn
polpetta	Fleischbällchen
porto	Portwein
prezzemolo	Petersilie
primo piatto	erster Gang
prosciutto	Schinken
ragù	Fleischsauce, Ragout
ripieno	gefüllt, Füllung
riso	Reis
salsa	Sauce
salsiccia	Wurst
saltimbocca	Kalbsschnitzel mit Schinken und Salbei
secco	trocken
secondo piatto	Hauptgericht
senape	Senf
servizio compreso	Bedienung im Preis enthalten
spuntini	Snacks
succo di frutta	Fruchtsaft
sugo	Sauce
tonno	Thunfisch
uova strapazzate	Rührei
uovo affrogato/in carnica	pochiertes Ei
uovo alla coque	weich gekochtes Ei
uovo alla sodo	hart gekochtes Ei
uovo al tegame/fritto	Spiegelei
verdura	Gemüse
vino bianco	Weißwein
vino rosato	Roséwein
vino rosso	Rotwein
vitello	Kalbfleisch
zucchero	Zucker
zuppa	Suppe

Reiseatlas

Legende

- A 29 Autobahn mit Nummer
- Schnellstraße
- SS42 Fernstraße mit Nummer
- Hauptstraße
- Nebenstraße
- Straße in Bau/Planung
- Fahrweg; Fußweg, Pfad
- Naturpark/-schutzgebiet
- Naturschutzgebiet, maritim
- Badestrand
- Flughafen
- Sehenswürdigkeit; Hütte
- Burg, Schloss; Ruine
- Kloster; Kirche, Kapelle
- Museum
- Archäologische Stätte
- Höhle

- 2 ★★ TOP 10
- 11 Nicht verpassen!
- 12 Nach Lust und Laune!

1 : 550 000

0 – 10 – 20 km
0 – 5 – 10 mi

A
B
C
5
4
3
2
San Vito lo Capo
45
Tonnara del Secco
Grotta Racchio
Timpone
Torre dell' Impiso
Macari
Tonnarella dell'U
Cava di Tufo
Ficarella
Riserva Natur
dello Zingaro
Castelluzzo
44
Custonaci
Purgatorio
Scopello
Sperone
Assieni
Visicari
Sant' Andrea
Pizzolungo
Bonagia
Paparella
M. Sparagio
1110 m
Balata di Baida
Lido di S. Giuliano
SS187
Erice
42
Valderice
Badia
Buseto Palizzolo
La Tussia
M. Inic
1064
Isole Egadi
Trapani
46
Milo
Chiesa Nuova
Buseto Superiore
Isola di Levanzo
Lenzi
Segest
Grotta del Genovese
Pzo. d. Monaco
278 m
Ris. Nat. Saline di Trapani e Paceco
Xitta
Paceco
Napola
Città Povera
Murfi
Nubia
Ballata
Borgo Casale
Levanzo
Maraone
Marino
SP21
SS11
Dattilo
SS113
Baglio Rizzo
Bruca
Ris. Nat. Marina Isole Egadi
Pietretagliate
Isola Favignana
Palma
Fulgatore
Segesta
Ponte Bineara
41
Tonnara Florio
Marausa
Loco-grande
Guarrato
La Pergola
A29dir
Ummari
Favignana
Aeroporto Trapani-Birgi
Rilievo
Mendola
SS113
Case Tedesco
Casa di Vita
Cantoniera
Birgi Novo
Ballottella
Ponte di Cuddia
SS188A
Ris. Nat. Isole dello Stagnone di Marsala
Borgo Celso Fardella
Vita
San Leonardo
Granatello
Borgo Zaffarana
Casa Tafele
Mozia
Dara
Madonna della Cava
Borgo Fazio
Filci
43
Ulmi
Isola Grande
SS115
Santi Filippo Giacomo
Borgo Rinazzo
San Ciro
Sale
SP21
SS188
Paolini
Borgo Ghitarra
SS18
Matarocco
MARSALA
SS188
47
Brugnone
Calamita Vecchia
Ciavolotto
Ciavolo
Borgo di Buturro
Abate
Chelbi
Aquila
Villapetrosa
SS115
Cardilla
Casale
Lido Signorino
Terrenove
Roccolino Soprano
Casa Agate
Palermo
Strasatti
Petrosino
Roccazzello
Rapparoddi
Borgata Costiera
Santissima Trinità di Delia
Pizzolato
Piano Mazzapelle
Vignale
Castelvetrano
Pantelleria 6 h
Campobello di Mazara
Mazara del Vallo
48
E 90
E 931
Cave di Cusa
Rocche di Cusa
Baglio Ingham
Granitola-Torretta
Triscina
Tre Fontane
Trapani 6 h
I. di Pantelleria
Pantelleria
S. Chiara
S. Francesco
S. Vito
Tracino
S. Michele
M. Gibele
700 m
Scauri
C. Bono
Mar Mediterraneo

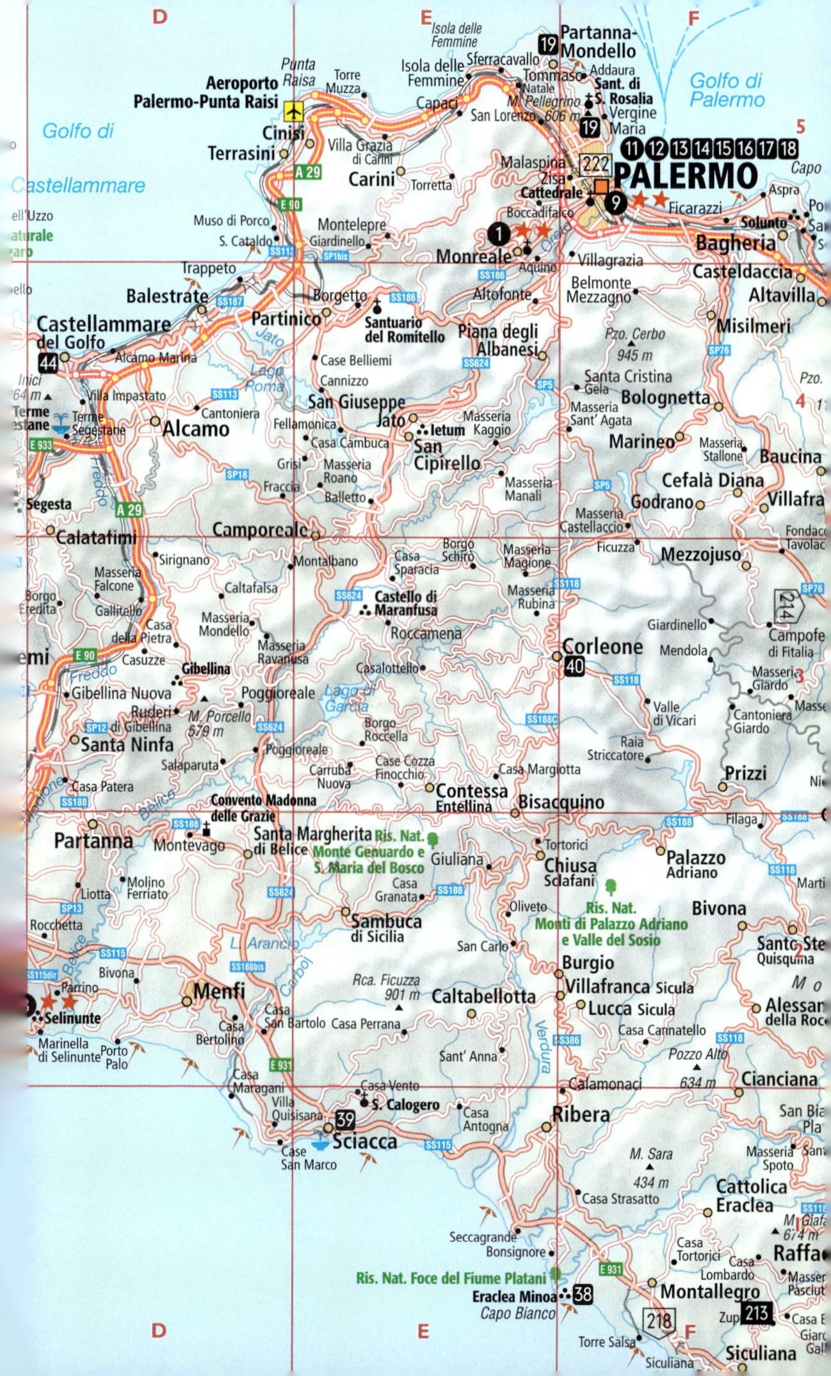

D
E
F
5
4
3
Isola delle Femmine
Partanna-Mondello
Punta Raisa
Torre Muzza
Aeroporto Palermo-Punta Raisi
Isola delle Femmine
Sferracavallo
Tommaso Natale
Addaura
Sant. di S. Rosalia
Golfo di Palermo
Capaci
M. Pellegrino 606 m
San Lorenzo
Vergine Maria
Golfo di Castellammare
Cinisi
Terrasini
Villa Grazia di Carini
A 29
E 90
Carini
Torretta
Malaspina
Zisa
222
PALERMO
Cattedrale
Capo
Aspra
Ficarazzi
Solunto
Bagheria
Boccadifalco
Muso di Porco
S. Cataldo
Montelepre
Giardinello
SS113
SP1bis
Monreale
Aquino
Oreto
Villagrazia
Casteldaccia
Altavilla
Trappeto
Balestrate
SS187
Borgetto
SS186
Altofonte
Belmonte Mezzagno
Partinico
Santuario del Romitello
Piana degli Albanesi
Misilmeri
Castellammare del Golfo
Jato
Pzo. Cerbo 945 m
44
Alcamo Marina
Case Belliemi
SS624
SP76
Inici 64 m
Lago Poma
Cannizzo
Santa Cristina Gela
Pzo.
Villa Impastato
SS113
San Giuseppe Jato
SP5
Bolognetta
Terme Segestane
Alcamo
Cantoniera
Fellamonica
Ietum
Masseria Kaggio
Masseria Sant' Agata
Marineo
Masseria Stallone
Baucina
E 933
Casa Cambuca
San Cipirello
Grisi
Masseria Roano
Cefalà Diana
SP18
Fraccia
Balletto
Masseria Manali
SP5
Godrano
Villafra
Segesta
A 29
Masseria Castellaccio
Fondaco Tavolac
Calatafimi
Camporeale
Ficuzza
Sirignano
Montalbano
Casa Sparacia
Borgo Schirò
Masseria Magione
Mezzojuso
Masseria Falcone
Caltafalsa
SS118
SP76
Borgo Eredità
Gallitello
SS624
Castello di Maranfusa
Masseria Rubina
214
Masseria Mondello
Roccamena
Giardinello
Campofe di Fitalia
Casa della Pietra
Masseria Ravanusa
Corleone
Mendola
E 90
Casuzze
Gibellina
Casalotello
40
Masseria Giardo
Freddo
SS118
Gibellina Nuova
Poggioreale
Lago di Garcia
Valle di Vicari
Ruderi di Gibellina
M. Porcello 579 m
Cantoniera Giardo
SP12
SS624
Borgo Roccella
SS188C
Santa Ninfa
Raia
Striccatore
Poggioreale
Salaparuta
Carruba Nuova
Case Cozza Finocchio
Casa Margiotta
Prizzi
Casa Patera
Belice
Convento Madonna delle Grazie
Contessa Entellina
Bisacquino
SS188
Filaga
SS188
Partanna
SS188
Montevago
Santa Margherita di Belice
Ris. Nat. Monte Genuardo e S. Maria del Bosco
Tortorici
Palazzo Adriano
Giuliana
Chiusa Sclafani
SS118
Liotta
Molino Ferriato
SS624
Casa Granata
SS188
Ris. Nat. Monti di Palazzo Adriano e Valle del Sosio
SP13
Oliveto
Bivona
Rocchetta
Sambuca di Sicilia
L. Arancio
San Carlo
Santo Ste Quisquina
SS115
SS188bis
Burgio
Bivona
Rca. Ficuzza 901 m
Villafranca Sicula
SS115dir
Parrino
Menfi
Carboi
Caltabellotta
Alessan della Roc
Selinunte
Casa San Bartolo
Casa Perrana
Lucca Sicula
Verdura
Casa Cannatello
Casa Bertolino
SS386
SS118
Marinella di Selinunte
Porto Palo
E 931
Sant' Anna
Pozzo Alto 634 m
Casa Maragani
Casa Vento
Calamonaci
Cianciana
Villa Quisisana
S. Calogero
Casa Antogna
Ribera
San Bia Pla
39
Sciacca
SS115
Case San Marco
M. Sara 434 m
Masseria Spoto
Casa Strasatto
Cattolica Eraclea
Seccagrande
Bonsignore
Casa Tortorici
Casa Lombardo
Raffa
E 931
Ris. Nat. Foce del Fiume Platani
Montallegro
Eraclea Minoa
38
Capo Bianco
218
Zup
213
Casa
D
E
F
Torre Salsa
Siciliana
Siculiana

A
B
C
5
Mar Tirreno
Partanna-Mondello
Sferracavallo
Tommaso Natale
Addaura
Sant. di S. Rosalia
M. Pellegrino 606 m
Vergine Maria
San Lorenzo
Golfo di Palermo
Malaspina
Zisa
Cattedrale
222
PALERMO
11 12 13 14 15 16 17 18
Capo Zafferano
Aspra
Porticello
Santa Flavia
Solanto
Solunto
Ficarazzi
Boccadifalco
Bagheria
Casteldaccia
Altavilla
Golfo di Termini Imerese
Monreale
Aquino
Villagrazia
Belmonte Mezzagno
Altofonte
Piana degli Albanesi
Misilmeri
A 19
E 90
San Nicola l'Arena
Trabia
Termini Imerese
Castello di Roccella
A 20
Buonfornello
Campofelice di Roccella
Imera
Pzo. Cerbo 945 m
Sant' Onofrio
Pzo. d. Leone 1119 m
Ris. Nat. Pizzo Cane, Pizzo Trigna e Grotta Mezzamuto
Santa Cristina Gela
Bolognetta
Masseria Sant' Agata
Masseria Kaggio
Marineo
Masseria Stallone
Baucina
Ventimiglia di Sicilia
Caccamo
Ris. Nat. Monte San Calogero
Sciara
Cerda
Collesano
SS113
SS120
SS186
SS624
SP5
SP76
Masseria Manali
Cefalà Diana
Godrano
Villafrati
Ciminna
E 932
Masseria Castellaccio
Fondaco Tavolacci
Torto
San Leonardo
SP7
Ficuzza
Mezzojuso
Montemaggiore Belsito
Aliminusa
Scillato
Masseria Magione
Casa Cerrito
SP24
Masseria Rubina
SS118
Ris. Nat. Bosco d. Favare e Bosco d. Granza
Granza
2
Vicari
Regalgioffoli
Sclafani Bagni
Giardinello
Campofelice di Fitalia
Roccapalumba
Corleone
40
Mendola
213
Masseria Giardo
Alia
Grotta della Gulfa o dei Saraceni
Valle di Vicari
Masseria Pergole
SS188
Lercara Friddi
Valledolmo
SS188C
Cantoniera Giardo
Raia Striccatore
Lercara Bassa
Magazzinazzo
Regaleale
Casa Margiotta
Prizzi
Casa Nicolosi
Borgo Regalmici
Contessa Entellina
Bisacquino
Filaga
Castronuovo di Sicilia
Vallelunga Pratameno
SS121
Tortorici
Palazzo Adriano
Casa Martinella
Villalba
Chiusa Sclafani
Cammarata
Chiapparia
Polizzello
Oliveto
Ris. Nat. Monti di Palazzo Adriano e Valle del Sosio
Bivona
San Giovanni Gemini
Case Castiglione
Ris. Nat. Monte Cammarata
Casa Schifani
San Carlo
Santo Stefano Quisquina
Casa Salina
SS189
1
214
Burgio
Villafranca Sicula
Monti Sicani
218
Scala Nuova
Caltabellotta
Lucca Sicula
Alessandria della Rocca
Cozzo Tre Monaci 970 m
Acquaviva Platani
Mussomeli

D
E
F
5
Mar Tirreno
4
Mal
Torr
Sant'Agata
di Militello
Acquadolci
Grotta di San Teodoro
Marina di Caronia
Caronia
Nicetta
San Fratello
Cefalù
10
21
Santo Stefano
di Camastra
Canneto
Sant' Ambrogio
Finale
Castèl di Tusa
E 90
SS113
Lascari
Halaesa
Tusa
Pollina
Motta d'Affermo
Reitano
Case Mamma
3
Santuario di Gibilmanna
Pizzo Sant' Angelo
1081 m
Gratteri
Pettineo
Tusa
Parco
SS286
Aquilea
Castelbuono
San Mauro
Castelverde
Mistretta
Casa A
Parco
Isnello
Munciarrati
delle
Portella dell'Obolo
1503 m
Casa Siracusa
Pizzo Pilato
1567 m
Le Madonie
Portella di Mare 582 m
Cammisini
Rifugio Marini
Piano Battaglia
Monte Mufara
1865 m
Geraci Siculo
Castèl di Lucio
Api
Casa Cozzo Nobile
Monte Pomiere
1544 m
SS117
Colle del Contrasto
1107 m
Capizzi
Monti
Firrione
SS643
Carpinelli
Madonie
SS286
Monte Sambughetti
Ris. Nat. 1558 m
Sambuchetti-Campanito
Cerami
Mulini di Failla
Grotta del Vecchiuzzo
Petralia Sottana
20
Petralia Soprana
Gangi
Pancallo
Portelle
SS120
Troina
Polizzi Generosa
Calcarelli
SP29
Fasano
Castellana Sicula
Pianello
SP29
Sperlinga
Villa Marigo
Villa Pietralunga
Musa Soprana
216
SS120
Verdi
San Giovanni
Blufi
Locati
Bompietro
Masseria San Silvestro
Mandre
Nicosia
Salso
Casa Speciale
Gagliano Castelferrato
Villaggio Santa
SS290
Casalgiordano
SS117
Alimena
Borgo Milletari
Villadoro
Casuto
Case Tre Fontane
Lago Pozzillo
Resuttano
Tudia
Landro
Granieri
Nissoria
Agira
SS121
San Giorgio
Leonforte
Casa Castro
Portella Palermo 676 m
Recattivo
San Nicola
Garisi
Villapriolo
San Giovanello
SS290
Valle di Manna
Casa Commenda
Lago Nicoletti
Assoro
Vallone Salito
Scardilli
Santa Caterina Villarmosa
Garcia
Calascibetta
SS121
Dittaino
Marianopoli
Villarosa
Barriera Noce
34
Enna
Calderari
Casa Sant' Anna
SS192
215
SS121
SS122bis
A 19
219
E 932
D
E
F
Mulinello
Borgo Petilia
Masseria Pizzuto
SS117bis
Pergusa
Libertina
M. Libra
Xirbi
SS640

A
B
C
5
4
3
2
1
Isole Eolie
Mar Tirreno
Gioiosa Marea
Santuario di Maria Santissima
Capo d'Orlando
Brolo
Piraino
Sorrentini
Montagnareale
Forno Marina
Naso
Sant'Angelo
Malvigino Piscittina
A 20
Malò
Ficarra
Librizzi
SS113
Capri Leone
Cagnano
Baracche
Sinagra
Nasidi
Torrenova
E 90
Mirto
Castell'Umberto
San Piero Patti
Sant'Agata di Militello
Frazzanò
SS116
San Marco d'Alunzio
San Salvatore di Fitalia
Sfaranda
Ucria
Raccuja
Acquadolci
Grotta di San Teodoro
Tiranni
Militello
Marina di Caronia
21
Nicetta
Iria
Alcara li Fusi
Longi
Galati Mamertino
Tortorici
Santo Stefano di Camastra
Canneto
Caronia
San Fratello
Floresta
SS113
Casa Batessa
Portella dello Zoppo 1264 m
Motta d'Affermo
Case Mamma
Casa Cicalda
Reitano
Casa Forestale
Serra del Re 1754 m
Pettineo
Tusa
Parco dei Nebrodi
SS289
Monte Soro 1847 m
Santa Domenica Vittoria
Mistretta
Casa Atanasio
Porticelle Soprana
Portella dell'Obolo 1503 m
Portella della Miraglia 1464 m
Randazzo
Casa Siracusa
Pizzo Pilato 1567 m
Maniace
Murazzo Rotto
Castel di Lucio
Monte Pomiere 1544 m
Monti Nebrodi
Abbazia di Maniace
SS120
Rocca Calanna 976 m
Api
SS117
San Teodoro
Cesarò
SS284
Pizzo Nobile
Colle del Contrasto 1107 m
Capizzi
Maletto
Monte Sambughetti
Castello di Bolo
Pzo. Rivoglia 1025 m
Ris. Nat. Sambuchetti-Campanito
1558 m
Cerami
Mulini di Failla
SS120
Casa Pacione
Grotta d. Vanette
Pancallo
Lercara
Bronte
Parco
Portelle
SS120
Troina
Masseria Longhitano
M. Ruvolo 1410 m
SP29
Villa Marigo
Casa Fellauto
Capp. Ciraldo
SS284
215
Sperlinga
Villa Pietralunga
Musa Soprana
Casa Squillaci
Masseria Pietrerosse
Case Andronico
Grotta di Intraleo
SS575
Nicosia
Gagliano Castelferrato
Casa Marchesini
M. Turchio 1265 m
Masseria San Silvestro
Mandre
Salso
Casa Speciale
Villaggio Santa Margherita
Casa Reccella
Villa Cesareo
Timpone
Chiesa di Montalto
SS117
Lago di Pozzillo
Adrano
Ferrovia Circumetnea
Villadoro
Casuto
Case Tre Fontane
Sparacollo
Carcadi
Salso
Biancavilla
Nissoria
Agira
SS121
Regalbuto
Centuripe
Renaria
Leonforte
San Giorgio
Casa Castro
Vallone Salito
La Rosamarina
SS121
Valle di Manna
Lago Nicoletti
Assoro
Casa Stancanelli
Santa Maria di Licodia
Casa Commenda
Rca. d'Aquila 455 m
SS290
Scardilli
Calascibetta
SS121
Dittaino
Carrubba
Catenanuova
Muglia
Paternò
Masseria Pernice
216
Enna
Calderari
Casa Sant'Anna
SS192
220
Masseria Speciale
SS192
Simeto
Cavallaro
Masseria Parlato
Libertina
Mulinello
Masseria Gazzuto
SS117bis
Pergusa
M. Libra
Granilia
La Rocca

Isola Vulcano
Gelso
Lipari
D
E
F
Golfo di Milazzo
Golfo di Patti
Spartà
SS113dir
Castanea delle Furie
San Giorgio
Mortelle
Sindaro Marina
Faro Superiore
Ganzirri
Salice
Sant' Agata
Trivio
Grotta
Villafranca Tirrena
A 20
E 90
Due Torri
Bauso
Serro
Paradiso
Villa San Gi
Milazzo
Fondaconuovo
Venetico Marina
SS113
Duomo
MESSINA
San Giovanni
Giammoro
Valdina
Venetico
Saponara
23
Santa Marina
Torregrotta
Roccavaldina
Cumia
SS114
Olivarella
Pace del Mela
Monforte San Giorgio
Antennamare 1124 m
S. Lucia
Gazzi
Contesse
Barcellona-Pozzo di Gotto
Calderà
San Filippo del Mela
San Pier Niceto
Pistunina
Tremestieri
Stretto di Messina
Giorgio
Marina di Patti
Tyndaris (Tindari)
Lido Marchesana
Sicaminò
Pellegrino
Larderia
Mili San Pietro
22
Castroreale Terme
Acquaficara
Santa Lucia del Mela
Galati Marina
REGGIO DI CALABRIA
SS113
Moreri
Oliveri
Portosalvo
Monti Peloritani
S. Stefano di Briga
A 18
Patti
Falcone
Migliardo
Pezzolo
Briga Marina
Furnari
Rodi
Castroreale
Monte Poverello 1279 m
Altolia
Giampilieri Marina
San Gregorio
Murmari
Mazzarrà Sant'Andrea
Milici
Bafia
Ris. Nat. Fiumedinisi e M. Scuderi
Itala
Scaletta Zanclea
Guidomandri Inferiore
Pellaro
Basicò
Alì
E 45
Marina d'Itala
Piero Patti
Santa Barbara
SS185
Fiumedinisi
Bocale
Tripi
San Marco
Santa Margherita
Montalbano Elicona
Novara di Sicilia
Monte Fossazza 1245 m
Mandanici
Alì Terme
Nizza di Sicilia
Scigio
Botteghelle
Rubina
Pagliara
Roccalumera
Portella Zilla 1104 m
Portella Ceresa 1113 m
Antillo
Misserio
Fondachelli
Casalvecchio
Furci Siculo
Savoca
Ris. Nat. Bosco di Malabotta
Borgo Piano
Portella Mandrazzi 1125 m
Ss. Pietro e Paolo
Santa Teresa di Riva
Limina
SS114
SS116
Roccafiorita
Sant' Alessio Siculo
Roccella Valdemone
Mongiuffo
3
Borgo San Giovanni
Forza d'Agrò
Malvagna
Francavilla di Sicilia
Moio Alcantara
Mella
Graniti
Alcantara
San Teodoro
SS185
Motta Camastra
Letojanni
Gola dell' Alcantara
Castelmola
Mazzaro
Passopisciaro
Castiglione di Sicilia
25
Gaggi
Taormina
5
Teatro Greco
Monteguardia
SS120
Solicchiata
24
Giardini-Naxos
Linguaglossa
Calatabiano
La Nave
Rifugio Grotta delle Conti Palombe
Naxos
Piedimonte Etneo
Pasteria Lapide
S. Marco
M. Crisimo 1354 m
Vena
Presa
Fiumefreddo di Sicilia
Rifugio Citelli
Fondachello
2
Puntalazzo
Nunziata
Mascali
Citelli
Monte Etna 3350 m
Sant' Alfio
Riposto
2
Parco dell'Etna
Fornazzo
Giarre
Macchia
M. Albano 1734 m
La Montagnola 2640 m
Milo
Zafferana Etnea
Villa Calanna
Dagala
Battiati
Rifugio Sapienza
SP92
Santa Venerina
Mangano
Pisano
Cosentini
Pozzillo
E 45
Stazzo
Pennisi
S. Tecla
Rocca
S. Alfio
A 18
SP8
S. Maria la Scala
Pedara
Trecastagni
ACIREALE
Nicolosi
SP10
Viagrande
Aci S. Lucia
SS114
Tremestieri Etneo
S. Giovanni la Punta
Gazzena
Belpasso
San Pietro Clarenza
San Gregorio di Catania
Torre S. Anna
I
Camporotondo Etneo
Mascalucia
Aci Trezza
Gravina di Catania
Aci Castello
San Giovanni di Galermo
Riviera dei Ciclopi
Villa Caruso
Misterbianco
Duomo Sant'Agata
221
CATANIA
28
Motta Sant'Anastasia

Quisquina
Burgio
Villafranca Sicula
Lucca Sicula
Casa Cannatello
Verdura
Calamonaci
Ribera
Casa Antogna
M. Sara
434 m
Pozzo Alto
634 m
Casa Strasatto
Bonsignore
Fiume Platani
Eraclea Minoa
Capo Bianco
Torre Salsa
Siculiana Marina
Casa Villa
Montallegro
Casa Tortorici
Casa Lombardo
Cattolica Eraclea
Monti Sicani
214
Alessandria della Rocca
Cianciana
Cozzo Tre Monaci
970 m
Casteltermini
Magri
Casa Castiglioni
San Biagio Platani
Platani
Masseria Spoto
Sant' Angelo Muxaro
Grotta Murata
M. Giafaglione
674 m
Santa Elisabetta
Raffadali
Masseria Pasciuta
Casa Zuppardo
Casa Baccarone
Giardina Gallotti
Aragona
Vulcanelli di Macalube
Ioppolo Giancaxio
San Michele
Siculiana
Realmonte
Lido Rossello
Scala dei Turchi
Porto Empedocle
AGRIGENTO
Valle dei Templi
San Leone
Cannatelle
Masseria Mandrascava
Casa Salina
Acquaviva Platani
Mussomeli
Scala Nuova
Sutera
Campofranco
Masseria Buonanotte
Bompensiere
Masaniello
Milena
Masseria Bellavia
Montedoro
Serradifalco
Bosco
Villanuova
V. di Aragona
Grotte
Racalmuto
Villa Nallone
Qattro Strade
Casa Matrona
Canicattì
Castrofilippo
Casa Torricelli
Casa San Silvestro
Villa Bagli
Favara
Naro
Malvizzo
Masseria Borraiti
La Loggia
Sant' Agostino
Camastra
Fattoria Bancina
Casa Zarcaria
Castellazzo di Montechiaro
Palma di Montechiaro
Mortilli
Marina di Palma
Castellazzo di Palma
Casa Lomb
Grascuria
SS386
SS118
SP20
SS118
SS189
SS640
SP85
SS410
SS410dir
SS115
SS576
SS115
E 931
E 931
213
38
3
Mar Mediterraneo
A
B
C
5
4
3
2
1

D
E
F
Barriera Noce
Villarosa
Enna
Calderari
Casa Sant' Anna
Borgo Petilia
Masseria Pizzuto
Pergusa
Libertina
M. Libra 490 m
Xirbi
Lago di Pergusa
Mulinello
Cunazzo
Vecchie
Masseria Scioltabino
Valguarnera Caropepe
Casa Castani
Raddusa
CALTANISSETTA
San Cataldo
36
Floristella-Grottacalda
Castello di Cresti
Grottacalda
Ris. Nat. Monte Capodarso e Valle dell' Imera meridionale
M. Rossomanno 889 m
Ris. Nat. Rossomanno Grottascura Bellia
Gornalunga
Morgantina
Giulfo
M. Polino 723 m
Aidone
Pietraperzia
Masseria Foriana
Marcato d'Arrigo
Piazza-Armerina
35
Masseria Toscano
M. Cane 643 m
Eremo
Ramilia
Santa Rita
Barrafranca
Villa Romana del Casale
7
Borgo Baccarato
Cappellano
Casa Bonferraro
M. Navone 754 m
Case Parisi
Casa Galasse
Masseria Gulle
Delia
Borgo Braemi
Mirabella Imbaccari
Borgo Gallitano
Casa Bonifacio
Sommatino
Gibbesi vecchio
Casa de Vecchi
San Cono
San Michele di Ganzaria
Trabia Miniere
Mazzarino
Tenutella
Cattonera
Riesi
M. Gibli 603 m
Villa Turco
Caltagirone
27
Campobello di Licata
Ravanusa
Casa Don Calorio
Cave di Gesso
Casa San Giuliano
Casa Rigiurfo Grande
Casa Tre Poggi
Santa Maria di Gesù
Casa Contino
Casa Musta
Casa Chierchiaro
Casa del Purgatorio
La Valpera
Casa dei Drasi
Case Vecchie Castelluccio
Butera
Lago Disueri
Casa Poggiodiano
Masseria Valle Filieri
Villa Gravina
Passaretto
Casa Ficuzza
Le Quattro Finaite
Casa Disueri Cammarata
Gela
220
Casa San Pietro
Lago Comunelli
Niscemi
Ris. Nat. Sughereta di Niscemi
Salso
Casa Burgio
Casa Ripellino
Masseria la Carruba
Castelluccio
Casa Chiaranda
San Pietro
Casa Sant' Antonio
Maroglio
Casa Sabuci
Mazzarrone
Falconara
Poggio Terrana 233 m
Licata
37
Castello di Falconara
Manfria
GELA
Casa Russo
Case Iacono
Acate o Dirillo
Golfo di Gela
Case Caruso
Acate
Case Cicirello
Case Biazzo
Casazza
Piana di Gela
Riserva Naturale Biviere
Cali
Battaglia
Gaspanella
Vittoria
Berdia Nuova
Ippari
Denaro
Scoglitti
Camarina
Necropoli Camarina
Santa Croce Camerina
Punta Bracetto
Villa
Casazza
Santa Barbara
Castellana
Valle di Niscemi
A 19
215
E 932
E 931
E 45
SS121
SS122bis
SS640
SS117bis
SS42
SS626
SS191
SS190
SS123
SS644
SS626dir
SS124
SS417
SS115
SS192
SP183
SP8
SP10
SP15
SP31
SP49
SP3
SP87
SP17
SP118
SP105
5
4
3
2
1

Enna
Calderari
Casa Sant' Anna
Pergusa
Lago di Pergusa
Valguarnera Caropepe
Floristella-Grottacalda
Grottacalda
M. Rossomanno 889 m
Ris. Nat. Rossomanno Grottascura Bellia
M. Polino 723 m
Piazza Armerina
Barrafranca
Villa Romana del Casale
M. Navone 754 m
Masseria Gulfe
Casa Bonifacio
Mazzarino
San Cono
Cunazzo
Casa Castani
Castello di Cresti
Morgantina
Aidone
Eremo
Case Parisi
Mirabella Imbaccari
San Michele di Ganzaria
Libertina
M. Libra 490 m
Granilia
Raddusa
Masseria Speciale
Masseria Parlato
Castel di Iudica
Calderaro
Borgo Franchetto
Cinquegrana
Masseria Albospino
Lago di Ogliastro
Gornalunga
Masseria Tenutella
Masseria Stimpato
Masseria Pernice
Cavallaro
Simeto
Dittaino
La Rotonda
Piana Ca
Ramacca
Casa Macri
Masseria Toscano
Borgo Baccarato
Borgo Pietro Lupo
Masseria Madichella
La Callura
Alcovia
Masseria Arcimusa
Santa Febbronia
Castellana
Palagonia
Sette Feudi
Case Casalvecchio
Sierra Pietralisca
Masseria Balchino
Mineo
Linziti
Militello in Val di Catania
Scord
Case Callari
Francofonte
Caltagirone
Santa Maria di Gesù
Mulino dei Margi
Grammichele
Nociforo
Masseria Passanetella
Casa San Giuliano
Casa Rigiurfo Grande
Casa Tre Poggi
Casa del Purgatorio
Lago Disueri
Butera
Casa Poggiodiano
Masseria Valle Filieri
Croce del Vicario
Villa Gravina
Casa Umana
Casa di Pietro
Vizzini
Licodia Eubea
Casa de Blasi
Buccheri
Casa Disueri Cammarata
Niscemi
Ris. Nat. Sughereta di Niscemi
Granieri
Masseria Vacarizza
Case Molinia
Monterosso
Buscemi
Castelluccio
Casa Sant' Antonio
Casa Chiaranda
Maroglio
Casa Sabuci
San Pietro
Mazzarrone
Botteghelle
Fattoria della Motta
Casa Maccione
Presa
Akrai le Grazie
Poggio Terrana 233 m
Chiaramonte Gulfi
Giarratana
GELA
Casa Russo
Case Iacono
Case Caruso
Acate
Acate o Dirillo
Quaglio
Roccazzo
Bastonca
Pedalino
Casa Serravalle
Casa Infirri
Casa Floridia
Case Cicirello
Case Biazzo
Casazza
Cali
Casa Iacomo
Aeroporto Pio La Torre
Casa Donnadolce
Santa Rosalia
San Giacomo
Balata di Modica
Riserva Naturale Biviere
Piana di Gela
Golfo di Gela
Battaglia
Gaspanella
Vittoria
Comiso
Annunziata
Ragusa
Casa Rizza
Gianforma
Frigintini
Berdia Nuova
Ris. Nat. Pino d'Aleppo
Ippari
Palazzo Donnafugata
Denaro
Scoglitti
Camarina
Necropoli Camarina
Donnafugata
Casa Fossa Tonda
Modica
Casa Floridia
Grassullo
Masseria Cuturi
Villa Grazia
Santa Croce Camerina
Punta Bracetto
Villa Ficazza
Villa Griscione
Irminio
Masseria San Diego
Scicli
Casazze
Marina di Ragusa
Convento Madonna delle Milizie
Fattoria
Santa Barbara
Castellanapark
Donnalucata
Casa de Caro
Casa Colombo
Casa Liccio
Villa Grimaldi
Cava d' Aliga
Sampieri
Marina di Modica
A
B
C

Misterbianco
Duomo Sant'Agata
CATANIA
28
E
217
F
Motta
Sant'Anastasia
Fontana
Rossa
E 45
Golfo di Catania
SP53var
Aeroporto
Catania-Fontana Rossa
5
Mar Ionio
Riserva Naturale
Oasi del Simeto
Symaethus
Cuccumella
Bonifiche
Corridore del Pero
Palazzelli
Madonna dei Malati
SS385
SS194
SS114
Agnone
Bagni
A 18
Casa
Russo
Lentini
E 45
Brucoli
Carlentini
SP95
Saramico
Vignali
Scardina
4
SS193
Villasmundo
Masseria
Ogliastro
Masseria
Casazza
Borgo
Angelo Rizza
Augusta
Virgonello
SP23
Megara Hyblaea
Casa Piana
dei Monaci
Cozzo San Giorgio
510 m
Melilli
Golfo di Augusta
Pedagaggi
SP9
Masseria
Spinelli
Thapsos
Priolo
Gargallo
Penisula Magnisi
M. S. Venere
869 m
Lanteri
Sortino
Ris. Nat. Pantalica
Valle dell' Anapo e Torrente
Cavagrande
Maria di Melilli
SP5
La Villa
SP25
Santa
Panagia
Necropoli di
Pantalica
Masseria
Morghella
Anapo
Euryalos
Ferla
Anapo
Casa
Melilli
Solarino
Belvedere
6
SS124
Cassaro
M. Grosso
695 m
Floridia
SIRACUSA
3
Villa Bibbia
SS124
Timparossa
Cifalino
Masseria
Roselli
Palazzolo
Acreide
Necropoli di
Bibbinello
Casa S. Alfano
Masseria
Quattropani
Ciane
Villa Bosco
Penisula della
Maddalena
Canicattini
Bagni
Casa Monterosa
A 18
Casa
Buongiorno
Case
Lombardo
SS287
Casa
Sorvegliana
Villa del
Marchese
E 45
SS115
Lido Arenella
Rigolizia
Monti Iblei
Cassibile
Ognina
Carpinteri
Cava
Grande
Fontane Bianche
Testa dell'
Acqua
Villa Vela
Ris. Nat.
Cavagrande del Cassibile
Convento
della
Scala
Convento di Avola Vecchia
Castelluccio
SP55
Noto Antica
Margione
S. Corrado
di Fuori
Avola
S. Giovanni
2
SP18
Noto
4
Casa
Poidomani
Casa Vasquez
Calabernardo
Tellaro
Noto Marina
A 18
Cava d' Ispica
SS115
San Paolo
Eloro
Golfo di Noto
Rosolini
Case Fullo
Villa Romana del Tellaro
Casa
Castellano
Riserva Naturale di Vendicari
Roveto
29
Isola Vendicari
E 45
Casale Modica
Ispica
Villa
Modica
SP26
Staz. S. Lorenzo Lo Vecchio
Fattoria San Lorenzo
Casa
Maccari
SP49
Marzamemi
SP19
SP46
Roselle
Modica
Burgio
Pachino
Grotta Calafarina
SP22
Pant.
Marghella
1
Pozzallo
Casa
Lo Presti
Isola di Capo Passero
SP67
Marza
Maucini
Portopalo di Capo Passero
SP6
Casa
Gavarra
D
E
F

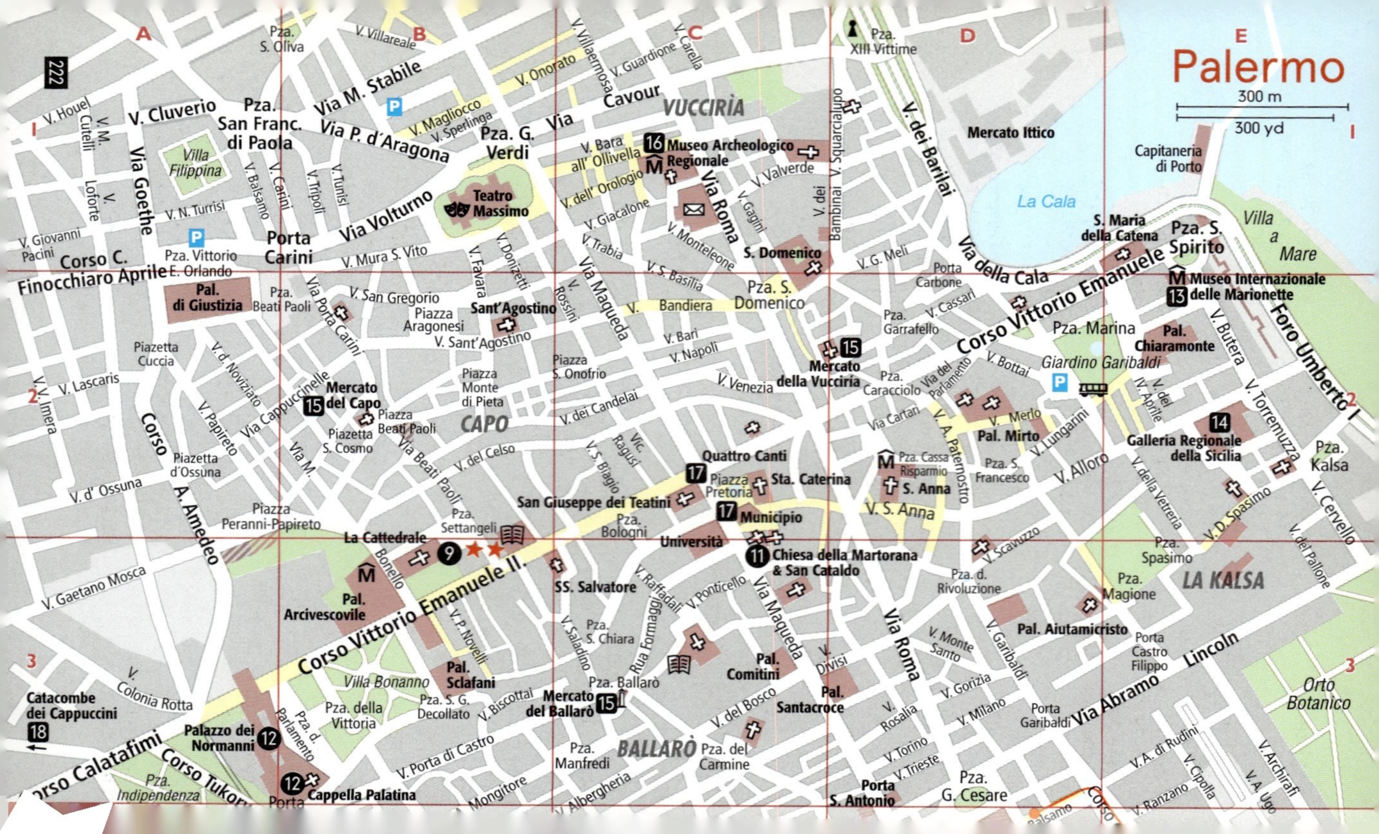
Palermo
300 m
300 yd
A
B
C
D
E
1
2
3
Mercato Ittico
Capitaneria di Porto
La Cala
Villa a Mare
V. dei Barilai
Via della Cala
S. Maria della Catena
Pza. S. Spirito
Museo Internazionale delle Marionette
Foro Umberto I
Corso Vittorio Emanuele
Pza. Marina
Pal. Chiaramonte
Giardino Garibaldi
Galleria Regionale della Sicilia
Pza. Kalsa
V. Cervello
V. del Pallone
LA KALSA
Pza. Spasimo
Pza. Magione
Pal. Aiutamicristo
Porta Castro Filippo
Orto Botanico
Via Abramo Lincoln
Porta Garibaldi
Pza. G. Cesare
Porta S. Antonio
Via Roma
Via Maqueda
Quattro Canti
Piazza Pretoria
Sta. Caterina
Municipio
Università
Chiesa della Martorana & San Cataldo
S. Anna
V. S. Anna
Pal. Mirto
Mercato della Vucciria
VUCCIRÌA
Cavour
Museo Archeologico Regionale
S. Domenico
Pza. S. Domenico
V. Bandiera
Teatro Massimo
Pza. G. Verdi
Via Volturno
Porta Carini
Via M. Stabile
Via P. d'Aragona
V. Cluverio
Pza. San Franc. di Paola
Via Goethe
Villa Filippina
Corso C. Finocchiaro Aprile
Pza. Vittorio E. Orlando
Pal. di Giustizia
Sant'Agostino
CAPO
Mercato del Capo
Corso A. Amedeo
La Cattedrale
Pal. Arcivescovile
Corso Vittorio Emanuele II.
San Giuseppe dei Teatini
SS. Salvatore
Pal. Sclafani
Villa Bonanno
Mercato del Ballarò
BALLARÒ
Pza. Ballarò
Pal. Comitini
Pal. Santacroce
Palazzo dei Normanni
Cappella Palatina
Catacombe dei Cappuccini
Corso Calatafimi
Corso Tukory
Pza. Indipendenza
V. Colonia Rotta
V. Gaetano Mosca
Porta Carbone
Pza. Garraffello
Pza. Caracciolo
V. A. Paternostro
Pza. Cassa Risparmio
Pza. d. Rivoluzione
V. Garibaldi
Pza. Bologni
Pza. Settangeli
Pza. S. Chiara
Pza. Manfredi
Pza. del Carmine
Pza. della Vittoria
Pza. S. G. Decollato
Pza. d. Parlamento
Piazza Peranni-Papireto
Piazzetta d'Ossuna
Piazzetta Cuccia
Piazzetta S. Cosmo
Piazza Beati Paoli
Piazza Monte di Pietà
Piazza S. Onofrio
Piazza Aragonesi
Pza. Beati Paoli
Pza. S. Oliva
Pza. XIII Vittime
V. Alloro
V. Torremuzza
V. Butera
V. Lungarini
V. Merlo
V. Bottai
V. Venezia
V. Napoli
V. Bari
V. Maglioccо
V. Onorato
V. Villaermosa
V. Guardione
V. Carella
V. Villareale
V. Houel
V. Cutelli
V. Loforte
V. Giovanni Pacini
V. Lascaris
V. Imera
V. d'Ossuna
V. Papireto
Via Cappuccinelle
V. d. Noviziato
V. San Gregorio
Via Porta Carini
V. Mura S. Vito
V. Tunisi
V. Tripoli
V. Carini
V. Balsamo
V. N. Turrisi
V. Favara
V. Donizetti
V. Rossini
V. Sant'Agostino
V. dei Candelai
V. del Celso
Via Beati Paoli
V. S. Biagio
Vic. Ragusi
V. Raffadali
V. Ponticello
Rua Formaggi
V. Saladino
V. P. Novelli
V. Biscottai
V. Porta di Castro
V. Mongitore
V. Albergheria
V. del Bosco
V. Divisi
V. Rosalia
V. Torino
V. Trieste
V. Milano
V. Gorizia
V. Monte Santo
V. Scavuzzo
V. della Vetreria
V. D. Spasimo
V. A. di Rudini
V. Cipolla
V. Ranzano
V. A. Ugo
V. Archirafi
V. G. Meli
V. Cassari
V. Squarcialupo
V. dei Bambinai
V. Valverde
V. Gagini
V. Monteleone
V. S. Basilia
V. Trabia
V. Giacalone
V. dell' Orologio
V. Bara all' Ollivella
V. Sperlinga
Via del Parlamento
Via Cartari
V. del IV. Aprile
Pza. S. Francesco
Corso Balsamo

Register

AA/K. Paterson: 192 u.
AA/C. Sawyer: 15, 167
AA/N. Setchfield: 16, 21, 107 u. r., 33, 54, 57 u., 172, 182

akg-images: Eric Vandeville 60, Alfons Rath 79 u. r.

DuMont Bildarchiv/Stefan Feldhoff/A. C. Martin: 6 (Nr. 8), 73 u., 103 u., 107 u. l., 145, 166

DuMont Bildarchiv/Sabine Lubenow: 5 u., 6, (Nr. 1, 2, 3, 5, 7, 9, 10), 7, 9, 10, 19 u. r., 21 o. l., 28, 36/37, 42, 47, 48, 52, 55, 57 o., 61, 62, 67, 68/69, 77 u. r., 79 o., 83, 84, 87, 88, 91, 92, 93, 104/105, 107 o., 111, 114, 117, 118, 120, 122, 124, 125, 126/127, 134, 138, 140, 149, 152, 154/155, 165, 168, 169, 175, 176, 179, 183, 188 u. r., 194, 196, 198/199

Fotolia: grinchh 22, majonit 74, MP 131, Daniele 161 u.

Getty Images: Wayne Walton 24, NurPhoto/Guglielmo Mangiapane 27 o., AFP/Romano Osservatore 27 u., Marco Restivo 79 u. l., Gamma-Rapho/Sylvain Grandadam 89, Krzysztof Dydynski 116, imagebroker/Renato Bordoni 159 u., UIG/Reda&Co/Domenico Piccione 162, 162/163 o., De Agostini Picture Library/DEA/R. Carnovalini 184/185

huber-images: Alessandro Saffo 5 o., Gabriel Croppi 6 (Nr. 6), Sabine Lubenow 45 o., Paolo Giocoso 58, 63, Günter Gräfenhain 94, Alessandro Saffo 103 o., Patrizio del Duca 105 u., Gabriel Croppi 109, Günter Gräfenhain 151, Giorgio Filippini 159 o., Alessandro Saffo 180, 188 o. 190, 192 o.

Imago: suedraumfoto 41 u.

laif: hemis.fr/Philippe Renault 25, SZ Photo/Jose Giribas 42, 42/43 u., Franco Barbagallo 44, Franco Barbagallo 64, Redux/The New York Times 65, Christophe Boisvieux 132, Dorothea Schmid 143, Fulvio Zanettini 148, hemis.fr/Franck Guiziou 160, 162/163 u.,

Lookphotos: age fotostock 6 (Nr. 4), Thomas Stankiewicz 12/13, TerraVista 19 u. l., Sabine Lubenow 35, Sabine Lubenow 97, age fotostock 98/99, 174

mauritius images: CuboImages 29, United Archives 30, CuboImages/Riccardo Lombardo 41 o., Alamy/FirstShot 44/45, Masterfile/R. Ian Lloyd 45 u., Alamy/Awakening/Simone Padovani 73 o., Alamy/Angelo Giampiccolo 75 u., Alamy/Awakening/Simone Padovani 76, 77 o. r., Alamy/Universal Images Group North America LLC/DeAgostini 77 l., Alamy/Realy Easy Star/Toni Spagone 105 o., Alamy/RealyEasyStar/Luca Scamporlino 113, Alamy/Ivan Vdovin 132/133, age fotostock/Stefano Paterna 133 o., imagebroker/BAO 133 u., CuboImages 146, hemis.fr/Jean-Pierre Degas 161 o., 163, Westend61/Martin Moxter 178, CuboImages/Riccardo Lombardo 188 u. l.

picture-alliance: PantherMedia 104 l.

Shutterstock: Alvaro German Vilela 42/43 o., CG__Photography 75 o., elesi 170

Titelbild: U1 oben: Westend61/gettyimages
U1 unten: Stefano Montesi/gettyimages
U8: Matthew Williams-Ellis/robertharding/gettyimages

4. Aufl. 2019
Völlig überarbeitet und neu gestaltet

Text: Andrea Behrmann, Sally Roy, Dr. Peter Peter
Übersetzung: Anne Pitz
Redaktion & Gestaltung: Frank Müller, Michaela Salden, Anette Vogt, Julia Wilhelm (red.sign, Stuttgart)
Projektleitung: Dieter Luippold
Programmleitung: Birgit Borowski
Chefredaktion: Rainer Eisenschmid

Kartografie: © MAIRDUMONT GmbH & Co. KG, Ostfildern
3D-Illustrationen: jangled nerves, Stuttgart

Anzeigenvermarktung: MAIRDUMONT MEDIA
Tel. 0711 45 02-0, media@mairdumont.com
media.mairdumont.com

Printed in Poland

Trotz aller Sorgfalt von Autoren und Redaktion sind Fehler und Änderungen nach Drucklegung leider nicht auszuschließen. Dafür kann der Verlag keine Haftung übernehmen. Berichtigungen, Kritik und Verbesserungsvorschläge sind uns jederzeit willkommen, bitte informieren Sie uns unter:

Verlag Karl Baedeker / Redaktion
Postfach 3162
D-73751 Ostfildern
Tel. 0711 45 02-262
smart@baedeker.com
www.baedeker.com

FSC
www.fsc.org
MIX
Papier aus verantwortungsvollen Quellen
FSC® C018236

Meine Notizen

Meine Notizen